21 世纪高等学校数字媒体专业规划教材

Flash 多媒体课件制作教程
（第二版）

梁瑞仪　主编

孔维宏　曾亦琦　梁斌　编著

清华大学出版社

北京

内 容 简 介

本书以 Flash CS6 和 ActionScript 3.0 语言作为介绍重点,从理论和操作两方面入手,阐述了多媒体课件从设计到制作的完整过程。该书理论联系实际,内容由浅入深,覆盖面广,不仅包含各种课件素材设计与制作的过程,也包括当前中小学应用较多的课堂演示型、训练复习型、资料工具型、自主学习型等多媒体综合型课件的具体设计和制作过程。

该书实例丰富实用,制作步骤清晰明了,既可作为高校相关专业和不同层次的多媒体课件制作培训班教材使用,也可作为广大中小学教师和相关人员制作互动多媒体课件的参考手册使用,所附配套资料提供了本书课件范例源文件和各种素材,教师可将范例源文件直接应用于教学中,也可以范例作为模板,制作出适合自己教学需要的多媒体课件。

图书在版编目(CIP)数据

Flash 多媒体课件制作教程/梁瑞仪主编. --2 版. --北京:清华大学出版社,2014(2019.10重印)
　21 世纪高等学校数字媒体专业规划教材
　ISBN 978-7-302-32951-0

Ⅰ. ①F… Ⅱ. ①梁… Ⅲ. ①多媒体课件-动画制作软件-高等学校-教材 Ⅳ. ①G434

中国版本图书馆 CIP 数据核字(2013)第 148120 号

责任编辑: 魏江江　薛　阳
封面设计: 杨　兮
责任校对: 焦丽丽
责任印制: 杨　艳

出版发行: 清华大学出版社
　　　　网　　址: http://www.tup.com.cn, http://www.wqbook.com
　　　　地　　址: 北京清华大学学研大厦 A 座　　　　邮　　编: 100084
　　　　社 总 机: 010-62770175　　　　邮　　购: 010-62786544
　　　　投稿与读者服务: 010-62776969, c-service@tup.tsinghua.edu.cn
　　　　质量反馈: 010-62772015, zhiliang@tup.tsinghua.edu.cn
　　　　课件下载: http://www.tup.com.cn, 010-62795954
印 装 者: 北京富博印刷有限公司
经　　销: 全国新华书店
开　　本: 185mm×260mm　　**印　张:** 18　　　　**字　　数:** 423 千字
　　　　(附光盘 1 张)
版　　次: 2010 年 3 月第 1 版　2014 年 1 月第 2 版　　**印　　次:** 2019 年 10 月第 9 次印刷
印　　数: 8501~9000
定　　价: 29.50元

产品编号: 047841-01

数字媒体专业作为一个朝阳专业,其当前和未来快速发展的主要原因是数字媒体产业对人才的需求增长。当前数字媒体产业中发展最快的是影视动画、网络动漫、网络游戏、数字视音频、远程教育资源、数字图书馆、数字博物馆等行业,它们的共同点之一是以数字媒体技术为支撑,为社会提供数字内容产品和服务,这些行业发展所遇到的最大瓶颈就是数字媒体专门人才的短缺。随着数字媒体产业的飞速发展,对数字媒体技术人才的需求将成倍增长,而且这一需求是长远的、不断增长的。

正是基于对国家社会、人才的需求分析和对数字媒体人才的能力结构分析,国内高校掀起了建设数字媒体专业的热潮,以承担为数字媒体产业培养合格人才的重任。教育部在2004年将数字媒体技术专业批准设置在目录外新专业中(专业代码:080628S),其培养目标是“培养德智体美全面发展的、面向当今信息化时代的、从事数字媒体开发与数字传播的专业人才。毕业生将兼具信息传播理论、数字媒体技术和设计管理能力,可在党政机关、新闻媒体、出版、商贸、教育、信息咨询及 IT 相关等领域,从事数字媒体开发、音视频数字化、网页设计与网站维护、多媒体设计制作、信息服务及数字媒体管理等工作”。

数字媒体专业是个跨学科的学术领域,在教学实践方面需要多学科的综合,需要在理论教学和实践教学模式与方法上进行探索。为了使数字媒体专业能够达到专业培养目标,为社会培养所急需的合格人才,我们和全国各高等院校的专家共同研讨数字媒体专业的教学方法和课程体系,并在进行大量研究工作的基础上,精心挖掘和遴选了一批在教学方面具有潜心研究并取得了富有特色、值得推广的教学成果的作者,把他们多年积累的教学经验编写成教材,为数字媒体专业的课程建设及教学起一个抛砖引玉的示范作用。

本系列教材注重学生的艺术素养的培养,以及理论与实践的相结合。为了保证出版质量,本系列教材中的每本书都经过编委会委员的精心筛选和严格评审,坚持宁缺毋滥的原则,力争把每本书都做成精品。同时,为了能够让更多、更好的教学成果应用于社会和各高等院校,我们热切期望在这方面有经验和成果的教师能够加入到本套丛书的编写队伍中,为数字媒体专业的发展和人才培养做出贡献。

21 世纪高等学校数字媒体专业规划教材
联系人:魏江江   weijj@tup. tsinghua. edu. cn

随着多媒体技术和网络技术的发展,在各级各类学校的各种课程教学中,大量使用多媒体课件传递教学知识、辅助教学过程已经成为教学过程中的一种主要手段,因此,多媒体课件的设计与制作自然也就成为师范学生、各级各类学校教师必备的教学手段和技术,成为教师信息技术素养的一个最重要的组成部分。

设计和制作多媒体课件,首先要了解和掌握各种媒体制作工具和多媒体素材的开发平台。目前,多媒体课件制作平台工具种类繁多,对于广大教师和教育工作者来说,在制作多媒体课件时,挑选一个合适的多媒体课件制作工具对于提高工作效率和提高课件教学质量都十分重要。在众多多媒体课件制作工具中,Flash 在提升课件的多媒体性、交互性和网络化功能上,具有比其他课件制作工具更强的综合设计能力。同时,其面向对象的程序设计理念、丰富的媒体开发平台和网络运行能力,既降低了课件开发的难度,也为课件呈现的媒体多样化、提升课件运行的交互能力、扩大课件的共享面提供了广阔的空间。Flash 自然也就成为众多多媒体课件编制工具中的佼佼者。

设计和制作多媒体课件,单纯只是掌握某种制作工具的使用方法是不够的,在没有完善的教学设计和系统设计的基础上开发的多媒体课件,并不一定能真正符合教学需求。因此,利用学习理论和教学设计的原理、方法,分析教学需求,明确教学目标,设计最优化的课件教学信息结构和教学组织策略,才能产生真正适应教学规律的课件。

目前,有关多媒体课件设计与制作的书籍比较多,但内容要么是纯粹阐述理论,要么是罗列制作步骤,把多媒体课件的设计和制作割裂开来。所以,本书在系统介绍制作工具及详细讲解开发步骤的同时,与学习理论和教学设计有机结合,从学习理论和教学设计的角度阐述课件设计和制作的原理和方法,试图让读者在打下良好的课件设计理论的基础上,帮助读者更有针对性地使用工具开发课件。

本书在写作上具有以下的特点:

1. 知识内容循序渐进

本书依据认知规律,内容从简到难,从零散到整体,循序渐进地提升内容的深度和广度。本书第 1 部分(第 1 章)主要针对 Flash 的基本理论和概念,介绍 Flash 动画的基本含义和所需知识准备;第 2 部分(第 2～5 章)则针对课件所需的素材内容,结合 Flash 绘图功能、基本动画功能、简单交互功能和视音频处理编辑功能,介绍课件素材的设计与制作方法;第 3 部分(第 6～8 章)根据教学中常用的几种课件类型,以具体案例的形式,介绍了演示型、操练型、资料型课件的设计与制作方法;第 4 部分(第 9 章)则将前面所学内容进行综合应用,介绍了一个 Flash 自主学习型多媒体从设计到最终制作完成的完整设计与制作过程。内容编排上遵循了学习的基本规律,因此,无论对于应用该书进行自学还是将此书作为教材,其知识体系对于提升个人认知水平,适应具体教学活动均具有不错的效果。

Ⅳ

2. 理论和技术有机结合

为保证课件在设计理念上能符合教学规律,满足教学需要,本书各章均从课件的教学设计、系统设计、制作过程三个方面一步一步进行详细讲解,从理论设计和技术实现上全面介绍了多媒体课件设计和制作的完整过程。

3. 内容新,覆盖面广

本书采用了当前最新的 Flash CS6 版本和 ActionScript 3.0 语言作为介绍重点,与具体案例相结合,对 Flash CS6 的各项功能,特别是新增功能进行重点阐述。教学素材的制作涵盖了图像、文字、动画、视频和音频等内容,教学案例覆盖了当前中小学教学中常用的演示型、训练型、游戏型、资料型和自主学习型等。内容点面结合,不仅可作为中小学和大学教师制作多媒体课件参考用书,也可以作为师范类院校多媒体课件制作课程的教材使用,应用覆盖面十分广泛。

4. 课件实例操作性强

每个课件实例的制作过程讲解得都非常详细,读者可以按照书中给出的步骤,一步一步制作出与书中实例结构相似的课件。同时课件所使用的技术全面,具有较强的综合性。

第二版教材的内容有以下几点更新和改进。

(1) 以 Adobe 公司最新推出的 Flash CS6 版本作为本书介绍的主要平台。

(2) 结合教学需要及课件制作特点,补充添加了与 Flash CS6 新增功能相关的教学案例。

(3) 进一步完善案例和代码内容,使案例的教学借鉴性更高,运行更为顺畅。

(4) 为提高教学效果,强化学生的知识掌握,根据部分章节内容的教学特点,课后习题增加了上机练习内容,上机练习不仅是对章节内容的温故知新,也是对章节知识内容的综合应用。

本书由梁瑞仪负责总体结构设计、统稿和审稿工作。第 1、2 章由孔维宏撰写,第 3～5 章由曾亦琦撰写,第 6、9 章由梁斌撰写,第 7、8 章由梁瑞仪撰写。

我们在此将本书奉献给读者,衷心希望它能成为教师和多媒体设计制作和相关人员的良师益友。由于设计理论、制作技术日新月异,还有很多工作有待于研究和探索,加之作者经验与学识有限,书中难免有不足之处,敬请读者指正。

编　者

2013 年 8 月

第 1 部分　Flash 课件制作准备篇

第 2 部分　Flash 课件设计与制作素材准备篇

第3部分 Flash 课件设计与制作实战篇

第 4 部分　Flash 课件设计与制作综合应用篇

第1部分

Flash课件制作准备篇

第1章 Flash课件制作概述

‣‣▶

【本章学习导读】

【知识重点】

（1）认识与了解 Flash CS6 以及利用该软件制作多媒体课件的特点与优势。

（2）理解 Flash CS6 动画制作基本概念和术语。

（3）认识 Flash CS6 界面及动画基本类型。

（4）初步感受 Flash 动画及课件的魅力。

【学习任务】

（1）打开、启动与关闭 Flash CS6。

（2）设置与选择工作区。

（3）设置 Flash 文件属性。

（4）设置与自定义工具面板。

（5）浏览与欣赏经典 Flash 动画与课件。

1.1 初识 Flash CS6

1.1.1 Flash CS6 简介

Adobe Flash Professional CS6 为创建数字动画、交互式 Web 站点、桌面应用程序以及手机应用程序开发提供了功能全面的创作和编辑环境，是创建动画和多媒体内容的创作平台。这款交互式矢量多媒体技术动画软件以操作简单、功能强大、易学易用、浏览速度快等特点受到广大动画与设计人员的喜爱，在网页动画和多媒体课件制作方面有着广泛的用途。事实上，Flash 已经成为交互式矢量动画和 Web 动画的标准。网页设计者使用 Flash 能创建漂亮的、可改变尺寸的、极其紧密的导航界面、技术说明以及其他奇特的效果。目前，最新版本为 CS6，由 Adobe 公司于 2012 年 4 月 26 日推出。其新增功能有以下几种。

1. 精灵表生成器

这个特色工具可以方便地将在舞台上或库中的任意元件或导入的图像生成一个序列图。游戏中需要添加循环动画时使用这个工具生成的序列图，图形显示会变得非常高效。

2. HTML 的新支持

以 Flash Professional 的核心动画和绘图功能为基础，利用新的扩展功能（单独提供）创建交互式 HTML 内容。

3. 广泛的平台和设备支持

锁定最新的 Adobe Flash Player 和 AIR（全名 Adobe Integrated Runtime），能针对 Android（安卓，基于 Linux 的自由及开放源代码的操作系统，主要使用于便携设备）和 iOS（由苹果公司开发的手持设备操作系统）平台进行设计。

4. 创建预先封装的 Adobe AIR 应用程序

使用预先封装的 Adobe AIR captive 运行时创建和发布应用程序，简化应用程序的测试流程，使终端用户无须额外下载即可运行内容。

5. Adobe AIR 移动设备模拟

模拟屏幕方向、触控手势和加速计等常用的移动设备应用互动来加速测试流程。

6. 锁定 3D 场景

使用直接模式作用于针对硬件加速的 2D 内容的开源 Starling Framework（基于 Stage3D API 的 2D 框架），从而增强渲染效果。

Flash CS6 启动画面如图 1.1 所示。

图 1.1　Flash CS6 的启动画面

1.1.2　Flash CS6 制作课件的特点和优势

Flash 软件可以实现多种动画特效。动画都是由一帧帧的静态图片在短时间内连续播放而造成的视觉效果，是表现动态过程、阐明抽象原理的一种重要媒体。使用设计合理的动画，不仅有助于学科知识的表达和传播，使学习者加深对所学知识的理解，提高学习兴趣和教学效果,同时也能为课件增加生动的艺术效果,特别对于以抽象教学内容为主的课程更具有特殊的应用意义。

1."身材"纤细

Flash 采用的是流行的矢量技术,用它创作的作品,不但交互功能强大,动画效果丰富多彩,无级放大的矢量图永远不会产生令人讨厌的锯齿,而且"身材"纤细,文件小。

2.图文并茂

Flash 本身具有极其灵巧的图形绘制功能,更重要的是它不但能导入常见格式的图像(如文件扩展名为.jpg,.gif,.bmp 等的图像),而且能导入专业级绘图工具(例如 Adobe Freehand,Adobe Illustrator 等)绘制的图形,并能使其产生翻转、拉伸、擦除、歪斜等效果,还能利用套索工具或魔术棒在图像中选择颜色相同的区域并创建遮罩(Mask);将图像打散分成许多单一的元素进行编辑,设置图形的属性(例如,产生平滑效果和质量无损压缩等)。Flash 可以处理自定义的字体及它的颜色、大小、间距、行距、缩进等的设置。在用 Flash 制作的课件中,可以加入各种各样的标题和动态文本,它们的数据量非常小。还可以将特殊字体转换为图形,从而避免了因客户端字体短缺造成作品输出时字体无法显示的尴尬。

3."舞姿"优美

用 Flash 表现物体的运动和形状渐变非常容易,其发生过程完全自动生成,无须人为地在两个对象间插入关键帧。利用遮罩及路径,可产生极好的动画效果。如果绘画技巧过硬,还可以绘制帧动画,让创意无限发挥。Flash 采用精灵动画的方式,用户可以随意创建动态按钮、多级弹出式菜单、复选框以及复杂的交互式游戏。如果熟悉 VB、JavaScript,那么 Flash 的精髓 Action 功能将带你进入一个世外桃源。

4.声音处理灵活

Flash 支持同步 wav、aiff、MP3 格式的声音文件和声音的连接,可以用 Flash 内的声音编辑功能使同一主声道中的一部分来产生丰富的声音效果,而无须改变文件量的大小。

5.网上运行方便

用 Flash 制作的课件极易上网发布、交流。Flash 还可以将制作成的影片生成独立的可执行文件(.exe),在不具备 Flash 播放器的电脑平台上运行,因此,除制作网页、课件外还可以将其应用于商业演示及电子贺卡制作等。此外,许多多媒体软件内如 PowerPoint 都可以直接使用 Flash 制作的影片(.swf),无缝集成 Flash 小巧的、漂亮的、可缩放的矢量图形和动画,旋转、缩放 Flash 动画质量毫无损失。

1.2　Flash CS6 动画制作基本概念和术语

1.2.1　时间轴与帧

时间轴用来通知 Flash 显示图形和其他项目元素的时间,也可以使用时间轴指定舞台上各图形的分层顺序。Flash 动画的播放是由时间轴来控制的,即时间轴用于组织和控制文档内容在一定时间内播放的层数。时间轴预设的位置在工作区的下方,其位置和大小可以随意调整。时间轴内有时间标尺和代表画格的小方格。如图 1.2 所示的时间轴左边为

"层"区，右边由播放指针、帧、时间轴标尺及状态栏组成。"层"区用于对动画中的各图层进行控制和操作，当创建一个新的 Flash 文档后，它就会自动创建一个层。用户可以根据需要添加其他层，用于在文档中组织图形、动画和其他元素。在时间轴窗口中有一条红色的标记线为播放指针，它可以在时间轴中任意移动以显示当前帧。单击时间轴中的帧格或拖动播放指针，时间轴中的某一帧就被定位。

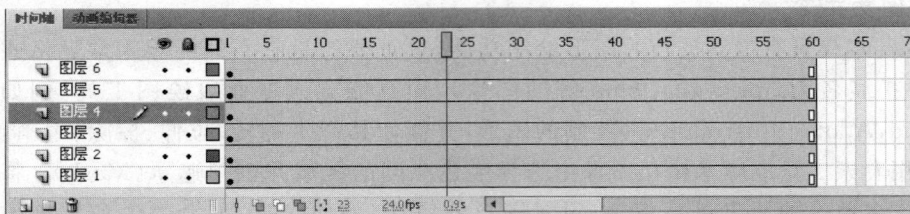

图 1.2　时间轴

　　一段动画（电影）是由一幅幅的静态的连续的图片所组成的，在这里称每一幅的静态图片为"帧"。一个个连续的"帧"快速地切换就形成了一段动画。这段动画的流畅真实程度取决于单位时间内（s）构成这段动画的帧的多少（也就是播放帧的多少），帧越多则动画看起来就比较流畅自然，反之，则显得生硬不连贯。单位时间内播放帧的多少称为"帧速"。在 Flash 中，"帧"一般分为三种：关键帧、空白帧和过渡帧，这三种类型在时间线上有明确的表示，如图 1.3 所示。

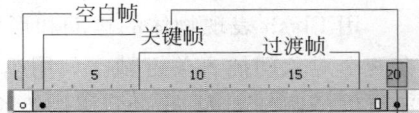

图 1.3　帧的类型

　　关键帧中定义对动画的对象属性所做的更改，或者包含 ActionScript（运用在 Flash 上的脚本语言）代码以控制文档的某些方面。Flash 能自动填充关键帧之间的帧即补间，以便生成流畅的动画。通过关键帧，不用画出每个帧就可以生成动画，使动画的创建更为方便。

1.2.2　元件与实例对象

　　元件是指在 Flash 创作环境中或使用 Button（AS 2.0）、Simple Button（AS 3.0）和 Movie Clip 类创建过一次的图形、按钮或影片剪辑，可在整个文档或其他文档中重复使用。元件是 Flash 舞台中的"演员"，可表演不同的角色。

　　演员从"休息室"走上"舞台"就是"演出"；同理，"元件"从"库"中进入"舞台"就被称为该"元件"的"实例"。实例就是指位于舞台上或嵌套在另一个元件内的元件副本。实例可以与它的元件在颜色、大小和功能上有差别。编辑元件会更新它的所有实例，但对元件的一个实例应用效果则只更新该实例。

　　在文档中使用元件可以显著减小文件的大小；保存一个元件的几个实例比保存该元件内容的多个副本占用的存储空间小。例如，通过将诸如背景图像这样的静态图形转换为元件然后重新使用它们，可以减小文档的文件大小。使用元件还可以加快 SWF 文件的回放速度，因为元件只需下载到 Flash 播放器中一次。

　　在创作时或在运行时，可以将元件作为共享库资源在文档之间共享。对于运行时共享资源，可以把源文档中的资源链接到任意数量的目标文档中，而无须将这些资源导入目标文档。对于创作时共享的资源,可以用本地网络上可用的其他任何元件更新或替换一个元件。

每个元件都有一个唯一的时间轴和舞台,以及几个图层。创建元件时需要选择元件类型。元件的类型有以下三种。

图形元件:可用于静态图像,并可用来创建连接到主时间轴的可重用动画片段。图形元件与主时间轴同步运行。交互式控件和声音在图形元件的动画序列中不起作用。由于没有时间轴,图形元件在 FLA 文件中的尺寸小于按钮或影片剪辑。

按钮元件:可创建用于响应鼠标单击、滑过或其他动作的交互式按钮,定义与各种按钮状态关联的图形,然后将动作指定给按钮实例。

影片剪辑元件:可创建可重用的动画片段。影片剪辑拥有各自独立于主时间轴的多帧时间轴。可以将多帧时间轴看作是嵌套在主时间轴内,它们可以包含交互式控件、声音甚至其他影片剪辑实例。也可以将影片剪辑实例放在按钮元件的时间轴内,以创建动画按钮。

1.2.3 图层

图层就像是含有文字或图形等元素的胶片,一张张图层按顺序叠放在一起,组合起来形成最终效果。图层可以帮助组织文档中的元素,可以在图层上绘制和编辑对象,而不会影响其他图层上的对象。在图层上没有内容的舞台区域中,可以透过该图层看到下面的图层。要绘制、涂色或者对图层或文件夹进行修改,在时间轴中选择该图层以激活它。时间轴中图层或文件夹名称旁边的铅笔图标表示该图层或文件夹处于活动状态。一次只能有一个图层处于活动状态。如图 1.4 所示,图层 3 处于活动状态。

创建 Flash 文档时,其中仅包含一个图层。要在文档中组织插图、动画和其他元素,必须添加更多的图层。对图层可进行添加/删除、显示/隐藏、锁定/开放或重新排列等操作。创建的图层数只受计算机内存的限制,而且图层不会增加发布的 SWF 文件的文件大小。只有放入图层的对象才会增加文件的大小。

在 Flash 中图层有普通层、遮罩/被遮罩、引导/被引导层这 5 类(各类的层可以方便地进行转换),其中遮罩/被遮罩、引导/被引导层是成对出现的。

要组织和管理图层,可以使用图层文件夹,然后将图层放入其中。可以在时间轴中展开或折叠图层文件夹,而不会影响在舞台中看到的内容。对声音文件、ActionScript、帧标签和帧注释分别使用不同的图层或文件夹,有助于快速找到这些项目以进行编辑,如图 1.5 所示。

图 1.4 图层

图 1.5 图层的管理

1.2.4 场景和影片

场景一般是指电影、戏剧作品中的各种场面,由人物活动和背景等构成。电影需要很多场景,并且每个场景的对象可能都是不同的。与拍电影一样,Flash 可以将多个场景中的动

8

作组合成一个连贯的电影。开始要编辑电影时，都是在第一个场景中开始，场景的数量是没有限制的。在 Flash 中"场景"可以看作是舞台或是容器，构成 Flash 影片的所有元素都被包含在场景中，如图 1.6 所示。Flash 中可以有多个场景，在不同场景中可以进行跳转。所以场景在一段 Flash 电影中是不可缺少的（至少要有一个场景）。当一段 Flash 电影包含多个场景时，播放器会在播放完第一个场景后自动播放下一个场景的内容直至最后一个场景播放完。可以通过场景面板来完成对场景的添加/删除操作，并可以拖曳其中各场景的排列顺序来改变播放的先后次序。

图 1.6　场景

影片是将实在活动的形象在银幕上连续放映，Flash 中影片是指 Flash 最终的产品即动画，一般以 SWF 为文件扩展名。这里所指的影片和影片剪辑元件不同，影片剪辑顾名思义可以存放影片（即动画），当图形元件和影片剪辑都有动画时，把影片剪辑元件放到主场景时，它会循环不停地播放。

1.3　Flash CS6 界面及动画基本类型

1.3.1　Flash CS6 界面介绍

如图 1.7 所示，Flash CS6 界面简洁灵活，其默认的界面为"基本功能"界面，显示出了"场景"、"时间轴"、"常用工具"、"文档"基本属性等面板。

下面就"基本功能"界面做一介绍。

1. "工作区"控制面板

"工作区"控制面板如图 1.8 所示。

"工作区"控制面板主要是进行工作区的选择、设置与管理，以及文档界面的最小化、最大化与关闭。其中，工作区的选择、设置与管理可通过"基本功能"下拉式菜单来实现，如图 1.9 所示。其他工作区还有动画、传统、调试、设计和开发工作区，可根据不同的需求来灵活显示出不同的面板组合，也可以自定义工作区。

图 1.7　Flash CS6 界面

图 1.8　"工作区"控制面板

2. 菜单栏

菜单栏(图 1.10)中包含 11 个菜单,它位于工作界面的顶端,也是很多软件都具有的,分类的菜单中有一些共性的类似操作方式或任务。

"文件"菜单:主要用于对 Flash 文档进行各种操作。主要包括文件的打开、关闭、保存、导入和导出,发布 Flash 文档,页面设置和打印等常用操作。

"编辑"菜单:主要用于对 Flash 文档和图形对象进行各种编辑操作。主要包括撤销和重复编辑操作、复制和移动操作、选择对象、查找和替换对象,以及对帧、元件的操作和参数设置等。

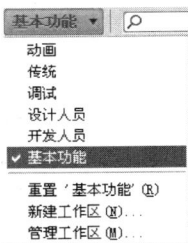

图 1.9　工作区选择

图 1.10　菜单栏

"视图"菜单:主要用于以各种方式查看 Flash 动画中的内容。主要操作包括转到其他场景、缩放场景显示比例、预览模式、显示或隐藏工作区和对齐对象的辅助工具等。

"插入"菜单:通过"插入"菜单,用户可以插入元件、帧、图层和场景,并添加时间轴特效。使用时间轴特效可以快速添加过渡特效和动画,如分离、展开、投影和模糊等效果。

"修改"菜单:用于对各种对象进行修改编辑。包括修改文档的属性、元件及图形属性、修改图形形状、修改帧/图层和时间轴特效、变形/排列/对齐对象、打散与组合等。

"文本"菜单:主要用于编辑文本。在其中可以对文字的字体、大小和样式进行设置,也可以设置不同文本的对齐方式和间距等,还可对文本进行拼写和检查等操作。

9

"命令"菜单：通常与"历史记录"面板结合使用。当在"历史记录"面板中将用户的某个操作保存起来后，在"命令"菜单下就会显示保存的该操作名称，并可通过各选项对该命令进行各种操作。

"控制"菜单：用于测试动画影片和对影片播放进程进行控制。动画制作完成后，不必每次都将整个动画全部播放来测试，如果只想测试动画中的某一部分，则可通过"控制"菜单下的命令来实现。

"调试"菜单："调试"菜单提供了影片调试的相关命令，如设置影片调试的环境，进行远程调试。若在 ActionScript 代码中添加断点以中断代码执行。执行被中断之后，可以逐行跟踪并执行代码。

"窗口"菜单：用于显示和隐藏各种面板、工具栏、窗口并管理面板布局。若要显示某个面板或工具栏，只需在"窗口"菜单中选择相应的命令，使其前面出现黑色的小勾即可。如果要隐藏它，只需再次选择该命令即可。

"帮助"菜单：提供了 Flash 在线帮助信息和支持站点的信息，包括新增功能、使用方法和动作脚本词典等内容。

3. "场景"面板

"场景"位于 Flash 工作界面的中间部分，是进行矢量图形的绘制和展示的工作区域，可以选择不同的场景以及不同的显示比例，如图 1.11 所示。

图 1.11　"场景"面板

4. "工具"面板

"工具"面板中放置了创作 Flash 元件以及绘图中最常用的工具，熟练使用这些工具可以达到事半功倍的效果，如图 1.12 所示。使用此面板中的工具可以绘图、上色、选择和修改插图，并可以更改舞台的视图。常用工具面板分为 4 个部分："工具"区域包含绘图、上色和选择工具；"查看"区域包含在应用程序窗口内进行缩放和平移的工具；"颜色"区域包含用于笔触颜色和填充颜色的功能键；"选项"区域包含用于当前所选工具的功能键。功能键影响工具的上色或编辑操作。

5.“属性”面板

在默认的“属性”面板中显示了文档的名称、大小、背景色、帧频、播放器类型、脚本类型和版本等信息,如图 1.13 所示。在“属性”面板中单击 🔍 按钮,将打开如图 1.14 所示的“文档设置”对话框,在其中可以设置文档的大小、背景颜色和帧频等内容。可以设置动画的帧频,帧频数值越大,播放速度越快,帧频数值越小,播放速度越慢,默认的帧频为 24fps。

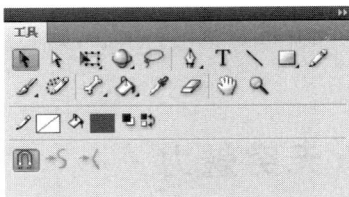

图 1.12 “工具”面板

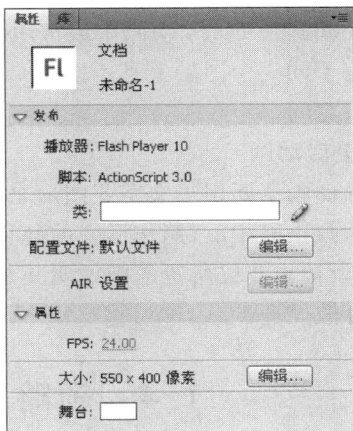

图 1.13 “属性”面板

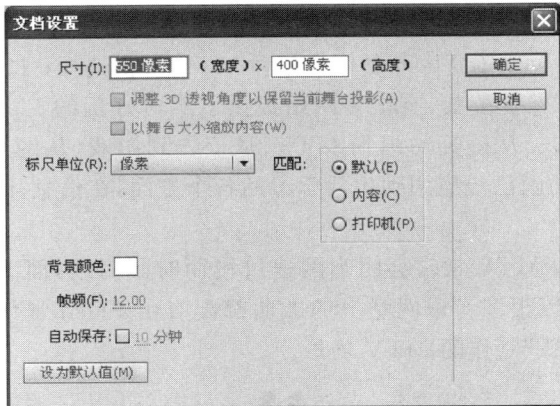

图 1.14 “文档设置”对话框

6.“时间轴”面板

“时间轴”面板在前文已经介绍,如图 1.15 所示。

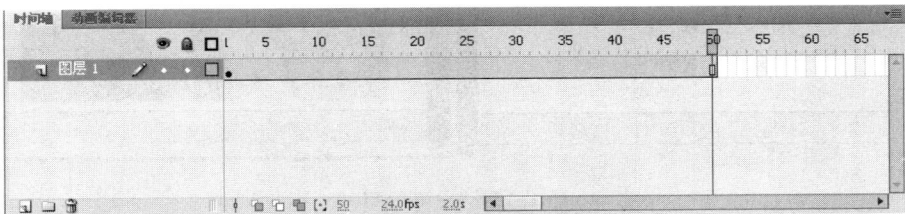

图 1.15 “时间轴”面板

第1章 Flash课件制作概述

1.3.2 Flash CS6 动画基本类型

1. 逐帧动画

逐帧动画是利用人的视觉暂留特性，像电影一样虽然每格胶片内容都不同却能形成连续的动态画面。它在 Flash 时间轴上的每一帧按照一定的规律都有所变化。

2. 运动渐变动画

运动渐变动画是 Flash 动画中最常用的动画效果。制作运动渐变动画时要求：被操作的对象必须位于同一个图层上且不能是形状（可以是文字、组件实体或组合）；运动不能发生在多个对象之间。

3. 形状渐变动画

形状渐变动画主要用于文字或图形之间的变换。在制作形状渐变动画时，需要注意其与运动渐变动画正好相反，制作形变的起止对象要求一定都是形状。判定形状的方法是单击对象，若对象被斜波纹所覆盖则说明其是形状。如果该对象不是形状，则必须先选取该对象对其进行打散处理。

1.4 领略 Flash 无穷魅力

1.4.1 缤纷多彩的 Flash 动画世界

Flash 动画世界是缤纷多彩的。节日期间给同事、老师、亲戚朋友发一张贺卡，可以用 Flash 贺卡；想听音乐，网上有 Flash 制作的各种 MTV 可供选择；打开任意一个网站，常常会看到各种动画广告；想玩游戏，有很多网站提供了经典好玩的 Flash 游戏；等等。Flash 动画世界真是多姿多彩。从搞笑动画到 MTV、从广告到游戏、从网页到多媒体课件、从贺卡到影视片头，Flash 动画已经应用到生活学习的各个方面，在信息社会中无处不在。

1. MTV

在网络上观看视频 MTV 常常会因为网速过慢而时断时续，而 Flash 文件相对于视频文件来说要小很多，所以很多音乐网站上的歌曲都配有由 Flash 制作的 MTV。如图 1.16 所示就是根据歌曲"白狐"制作的 MTV 场景。

图 1.16 "白狐"MTV

2. 节日贺卡

Flash节日贺卡,制作精美,动画丰富,成为信息时代人们互相祝福和表达问候的主要传播媒体。如图1.17所示就是一个典型的春节贺卡。

图1.17　节日贺卡

3. 搞笑动画

制作搞笑动画的目的是让观众开怀一笑,心情舒畅。一个好的搞笑动画,制作的角色形象要滑稽、有趣、入木三分,而且内容爆笑、幽默。如图1.18所示就是搞笑动画"男子气概GOGO上班族"中的两个场景。

图1.18　搞笑动画"男子气概 GOGO 上班族"

4. 广告

一个好的网站的浏览量很大,自然就有了网络广告。用Flash制作的网络广告具有直接明了、占用空间小和视觉冲击力强等特点,正好满足在网络这种特殊环境下的要求。如图1.19所示就是一个闪客帝国网站所推出的两款广告动画。

5. 游戏

年轻的读者一般都对游戏很感兴趣,从小时候开始,俄罗斯方块、魂斗罗、超级玛莉和松鼠大战等游戏已经陪伴在我们身边,现在,网络游戏如传奇、仙剑和魔兽等更加受到大家的喜爱。而利用Flash也可以制作一些简单有趣的游戏,如图1.20所示就是用Flash制作的经典推房子游戏。

图 1.19　Flash 广告

图 1.20　Flash 游戏

6. 片头动画

Flash 还可以为网站、宣传片、电影和光盘制作片头动画，如图 1.21 所示就是一个公司网站的片尾动画和激情世界杯（片头）。

图 1.21　Flash 片头片尾

1.4.2 初识 Flash 课件的魅力

1. Flash 课件制作基本步骤

1）前期策划

在制作课件之前,应首先明确制作课件的目的、知道课件最终应达到什么样的效果和有什么反响、课件的整体风格应该以什么为主及应用什么形式将其体现出来。在制定了一套完整的方案后,就可以为要制作的课件做初步的策划,包括动画中出现的人物、背景、音乐及动画剧情的设计、动画分镜头的制作手法和动画片段的过渡等构思。

2）搜集素材

完成了前期策划之后,应开始对课件中所需素材进行搜集与整理。搜集素材时应注意不要盲目地搜集一大堆,而要根据前期策划的风格、目的和形式来有针对性地搜集素材,这样就能有效地节约制作时间。

3）制作课件

创作课件中比较关键的步骤就是制作 Flash 课件,前期策划和素材的搜集都是为制作课件而做的准备。要将之前的想法完美地表现出来,就需要作者细致地制作。课件的最终效果很大程度上取决于动画的制作过程。

4）后期调试与优化

课件制作完毕后,为了使整个动画看起来更加流畅、紧凑,必须对动画进行调试。调试动画主要是针对动画对象的细节、分镜头和动画片段的衔接、声音与动画播放是否同步等进行调整,以保证课件作品的最终效果与质量。

5）测试课件

制作与调试完课件后,应对课件的效果、品质等进行检测,即测试课件。因为每个用户的电脑软硬件配置都不尽相同,而 Flash 课件的播放是通过电脑对课件中的各矢量图形、元件等的实时运算来实现的,所以在测试时应尽量在不同配置的电脑上测试课件。然后根据测试后的结果对课件进行调整和修改,使其在不同配置的电脑上均有很好的播放效果。

6）发布课件

Flash 课件制作的最后一步就是发布课件,用户可以对动画的格式、画面品质和声音等进行设置。在进行动画发布设置时,应根据动画的用途和使用环境等进行设置,以免增加文件的大小而影响动画的传输。

2. Flash 课件的魅力

1）丰富的表现力

Flash 课件不仅可以更加自然、逼真地表现多姿多彩的视听世界,还可以对宏观和微观事物进行模拟,对抽象、无形事物进行生动、直观的表现,对复杂过程进行简化再现等。这样,就使原本艰难的教学活动充满了魅力。如图 1.22 所示,Flash 课件"十二生肖英语"用多媒体来表现学习内容;如图 1.23 所示,Flash 课件"童区寄传"以直观的形象创设了情景。这些丰富的表现力大大提高了学习的质量与效果。

15

图 1.22　Flash 课件"十二生肖英语"

图 1.23　Flash 课件"童区寄传"

2）良好的交互性

多媒体课件不仅可以在内容的学习使用上提供良好的交互控制，而且可以运用适当的教学策略，指导学生学习、更好地体现出"因材施教的个别化教学"。

如图 1.24 所示，Flash 课件"氯化氢、氯气制取装置组装"对复杂过程的模拟来表现学习内容，并让学习者操作，拖动氯化氢、氯气的制取装置中的仪器与物品，直到完整地、正确地组装好氯化氢、氯气的制取装置，增加学习中的有效交互。

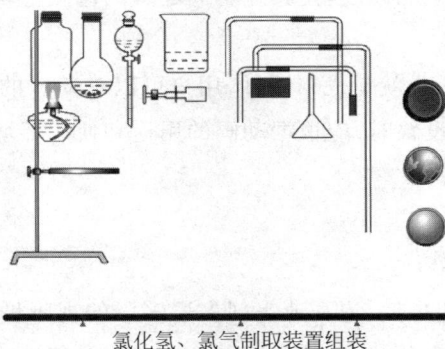

氯化氢、氯气制取装置组装

图 1.24　Flash 课件"氯化氢、氯气制取装置组装"

1.5 Flash 课件的含义及应用

Flash 课件是根据教学大纲的要求，经过教学目标确定，教学内容和任务分析，教学活动结构及界面设计等环节，利用 Flash 动画制作软件加以制作的课程软件。Flash 课件具有集成性、控制性和交互性。Flash 课件在教学和学习中的应用可有以下几个方面。

1. 辅助学习

应用到辅助学习一般都要求此课件具有很强的交互性，能模拟和代替教师向学习者进行讲授、指导和帮助，能够实现自主学习、探究学习等个别化学习方式。如图 1.25 所示，Flash 课件"小猫钓鱼"就可用于学生的自学与探究。

图 1.25 Flash 课件"小猫钓鱼"

2. 课堂演示

用于课堂演示的 Flash 课件就是辅助教师完成诸如创设情景、提出问题、解释概念、突出重点、剖析难点、引发课堂讨论等教学任务。如图 1.26 所示，Flash 课件"精诚所至"，创设了学习的情景，逐步呈现内容。

3. 趣味游戏

趣味游戏的作用是创设一种具有趣味性、挑战性和参与性的学习情境，使教学寓于游戏之中。如图 1.27 所示，Flash 课件"超市"创设和模拟了具体的生活情境，以游戏的方法让学生巩固和应用简单的数学知识。

4. 模拟再现

Flash 课件用于模拟再现就是要模拟自然界与社会中的某些规律，产生各种与现实世界相类似的现象，供学生观察，帮助学生认识、理解或发现这些现象的本质，包括物理模拟、过程模拟、程序模拟和情景模拟等多种形式。如图 1.28 所示，Flash 课件"多媒体教学系统"以交互模拟的方式展现了课堂多媒体教学系统的使用操作。

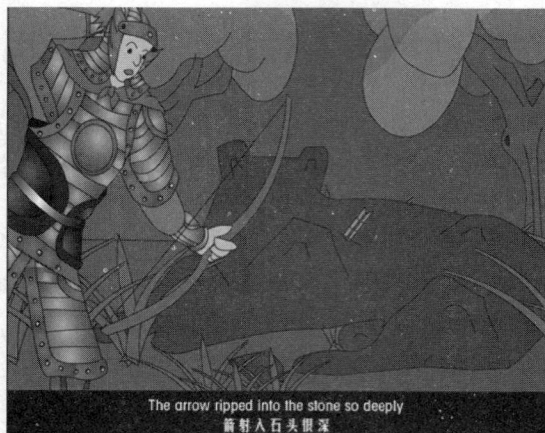

图 1.26　Flash 课件"精诚所至"

图 1.27　Flash 课件"超市"

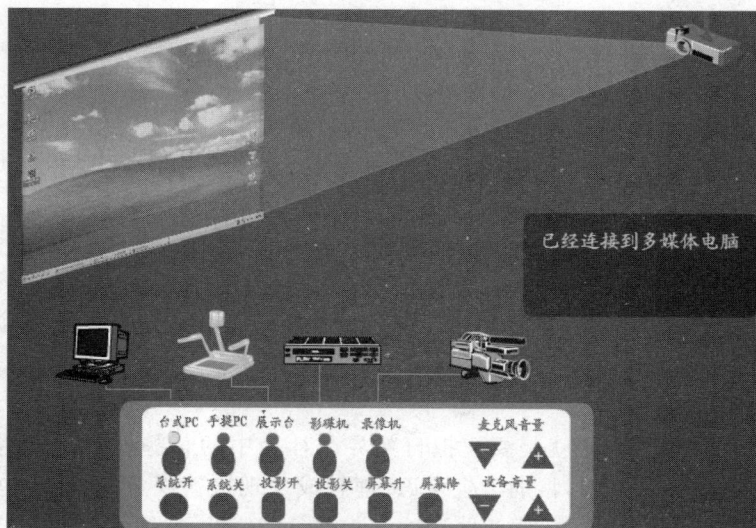

图 1.28　Flash 课件"多媒体教学系统"

小　　结

本章主要认识与了解 Flash CS6 以及利用该软件制作多媒体课件的特点与优势；理解 Flash CS6 动画制作的基本概念和术语；认识 Flash CS6 界面及动画基本类型；感受 Flash 动画及课件的魅力。

（1）Adobe Flash CS6 是一款交互式矢量多媒体技术动画软件。Flash 已经成为交互式矢量动画和 Web 动画的标准。

（2）Flash 软件可以实现多种动画特效。动画都是由一帧帧的静态图片在短时间内连续播放而造成的视觉效果，是表现动态过程、阐明抽象原理的一种重要媒体。

（3）时间轴用来通知 Flash 显示图形和其他项目元素的时间，也可以使用时间轴指定舞台上各图形的分层顺序。一段动画（电影）是由一幅幅的静态的连续的图片所组成的，在这里称每一幅的静态图片为“帧”。元件是 Flash 舞台中的“演员”，可表演不同的角色。实例就是指位于舞台上或嵌套在另一个元件内的元件副本。影片是实在活动的形象在银幕上连续放映，Flash 中影片是指 Flash 最终的产品即动画，一般以 SWF 为文件扩展名。

（4）Flash CS6 界面简洁灵活，其默认的界面为“基本功能”界面，显示出了场景、时间轴、常用工具、文档基本属性等面板。Flash CS6 动画的基本类型有：逐帧动画、运动渐变动画、形状渐变动画。

（5）Flash 动画世界是多姿多彩、魅力无穷的。Flash 课件是根据教学大纲的要求，经过教学目标确定，教学内容和任务分析，教学活动结构及界面设计等环节，利用 Flash 动画制作软件加以制作的课程软件。

思考与练习

1. 根据本章的导引和提示，打开、启动与关闭 Flash CS6。
2. 认识 Flash CS6 界面，设置与选择工作区，设置 Flash 文件属性。
3. 设置与自定义工具面板。
4. 浏览与欣赏经典 Flash 动画与课件，感受 Flash 动画及课件的魅力。

第2部分

Flash课件设计与制作
素材准备篇

第2章 课件文字、图形图像素材的设计与制作

▶▶▶

【本章学习导读】

【知识重点】
（1）理解课件文字、图形图像素材设计基本原理。
（2）学会多媒体课件图形图像的绘制。
（3）学会多媒体课件图形图像的编辑。
（4）学会静态文字的处理与编辑。
（5）学会动态文字的处理与编辑。

【学习任务】
（1）直线、曲线和任意线的绘制。
（2）图形图像的编辑。
（3）静态文字的处理与编辑。
（4）动态文字的处理与编辑。
（5）完成本章中的实例。

2.1 课件文字、图形图像素材设计基本原理

2.1.1 多媒体课件图形设计原理

图形常用于表达形状、大小经常改变的画面，同时它们又有很高的精度要求。例如，用于表达工程建筑图、电子线路图和各种统计图等。

课件中简单图形的制作通常都在多媒体课件开发工具中直接进行。而稍复杂的图形则是在图形处理软件中进行制作的。常用的图形制作软件有 Illustrator 和 CorelDraw，常用的图形文件格式有 AI、WMF 等。图形的产生有时也采用将图像转换为图形的方法。

图形主要是通过颜色和亮度所组成的形状向人们表达信息，因此在制作图形时应注意下面几点。

1. 满足教学内容的表达的要求

在课件表达的教学内容中，有许多是对图形有很高要求的。例如，在医学多媒体课件

中,要求图形的形状真实,颜色应符合医学教育的规定等。在制作这些图形时,应满足教学上的要求。

2．加强图形的艺术性

在满足教学要求的前提下,应努力加强图形的艺术性,尽量避免不协调的颜色搭配,这样可减少学生视觉疲劳和提高学习时心理上的愉悦感,进而提高教学效果。

3．提高图形的制作效率

高度复杂的图形在制作时会占用较多的资源,提高图形制作效率是非常必要的。灵活地采用将图像转换为图形并进一步处理的方法,常常可提高制作效率。

2.1.2 多媒体课件图像设计原理

在多媒体课件中,图像是被采用最多的媒体之一,常用于表达各种教学内容中的照片、透明胶片、单帧视频和数字化实物景象等。

图像数据设计是将制作多媒体课件中的静止图像数据所需的各种信息总结为静止图像数据制作指示书的过程。静止图像包括各种图形、图片和照片,它可分为二维静止图像和三维静止图像。静止图像数据是基于静止图像源进行制作的。静止图像源是指绘在纸上的各种草图、概图、原画和图片、照片。静止图像数据是指将静止图像源经扫描仪等各种数字化图像输入设备读入到计算机中的数字化数据。

图像数据的制作应首先基于静止图像数据制作指示书制作静止图像源,再根据静止图像源制作相应的静止图像数据。静止图像数据制作指示书包括表示静止图像源的各种草图、概图和静止图像数据清单。静止图像数据清单给出了多媒体课件中应包括的全部静止图像及其基本特性的清单。

图像色彩基调统一,一般将色彩赋予了各种情感,如红色为热烈、蓝色为恬静等。在课件创作中应根据这些约定俗成的色彩情感来进行设计,例如,生物课件建议使用绿色系,避免使用灰色系,用颜色来培养学生爱护自然、保护自然的情操;在数学课件中,建议使用蓝色系,避免使用红色系,给学生营造一个便于思维、逻辑缜密的情境。使用同色系进行课件的创作,可以利用颜色的外延感贯穿整个课件,将课件的各个部分结合成一个整体,使学生感觉知识点紧密、相辅相成,融为一体。

另外,图像风格应整体协调:无论是课件封面、引导页、教学页面、退出页都要在风格上相互统一。课件的风格是一个综合体,是各种艺术因素的协调组合,任何一种因素过分的强调、突出都会影响到课件的整体风格。课件的整体风格应该在课件创作之初即已确立,风格一旦确立就要坚持不变,依据对教学内容的理解确定其风格,会增加课件的艺术表现力和感染力。课件作品的风格统一,会将多媒体课件提高到一个艺术作品的角度,学生看到的、听到的是一个艺术作品,在感性中水乳交融,而不是在看一个枯燥、呆板的软件。

2.1.3 多媒体课件文字素材的设计原理

文字是多媒体课件最重要的组成因素,在课件中常用于表达科学原理、概念、公式、原则、命题、图像说明和各种功能菜单、使用说明等。它能够清晰准确地传递知识,是学生获取知识的主要对象。多媒体课件中的文字设计应遵循以下原则:

1. 简明扼要 清晰明了

课件中的文字不应完全复制教案中的内容,长篇累牍只会使学生分散注意力。将教学内容的重点知识、难点知识利用文字表现出来,不仅能够起到画龙点睛的作用,而且还会加深印象。论述性的文字,教师可以用语言来表述观点,这样既可发挥文字的作用,又有利于掌握课堂上的教学节奏。

2. 字体协调 位置合理

多媒体课件的文字设计一定要与课件主体思想相协调,经常看到在古诗文欣赏课件中出现现代变体文字字体,这虽然不违反课件本身传递知识的宗旨,但是却无法将文字和课件主题融为一体,令人产生文字游离于主题之外的感觉。文字的位置设计不应满、小、变形,整篇幅的文字使学生没有思考、想象的空间;字号小的文字不利于学生阅读;变形的位置设计不利于学生对内容的理解。还应该注意的是,在创作课件时,应尽量使用标准文字字体,避免使用变形字体。

2.2 多媒体课件图形图像的绘制

2.2.1 工具箱介绍

1. 工具箱概述

图形图像的绘制要经常使用工具箱中的工具,如图 2.1 所示。每个工具都能实现不同的效果,熟悉各个工具的功能特性是 Flash 学习的重点之一。由于工具太多,一些工具被隐藏起来,在工具箱中,如果工具按钮右下角含有黑色小箭头,则表示该工具中还有其他隐藏工具。

1) 选择变换工具

工具箱中的选择变换工具包括"选择工具"、"部分选择工具"、"套索工具"、"任意变形工具"和"渐变变形工具",利用这些工具可对舞台中的元素进行选择、变换等操作。

2) 绘画工具

绘画工具包括"钢笔工具组"、"文本工具"、"线条工具"、"矩形工具组"、"铅笔工具"、"刷子工具组"以及"Deco 工具",这些工具的组合使用能让设计者更方便地绘制出理想的作品。

3) 绘画调整工具

该组工具能让设计者对所绘制的图形、元件的颜色等进行调整,它包括"骨骼工具组"、"颜料桶工具组"、"滴管工具"、"橡皮擦工具"。

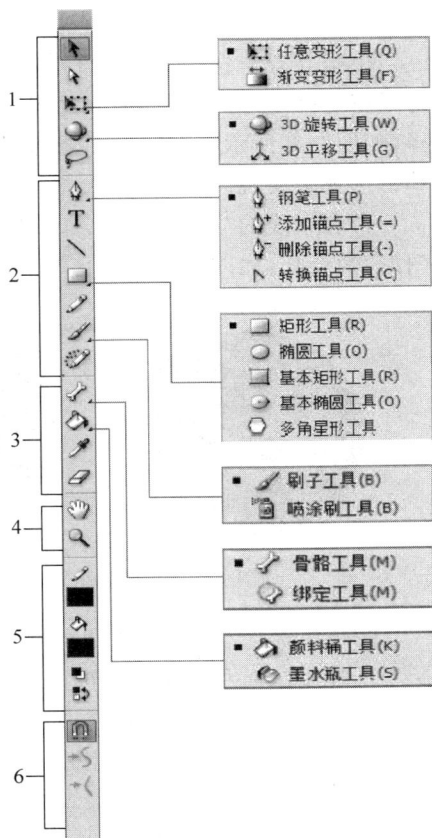

图 2.1 工具箱

4）视图工具

视图工具中含有"手形工具"用于调整视图区域，"缩放工具"用于放大/缩小舞台大小。

5）颜色工具

颜色工具主要用于"笔触颜色"和"填充颜色"的设置和切换。

6）工具选项区

工具选项区是动态区域，它会随着用户选择的工具的不同而显示不同的选项。

2. 选择工具

1）选择工具第一方面——选择

选择图形：在舞台中绘制"椭圆"和"矩形"两个图形。要把"椭圆"与"矩形"合在一起，就需要使用选择工具，移动"椭圆"到"矩形"所在的位置上，如图 2.2 所示。

图 2.2　选择和移动图形

单击与双击选择：如果直接使用椭圆工具绘制一个带边线的椭圆，使用选择工具，单击边线就选择了边线，图形部分没有被选择；单击"椭圆图形"部分就选择了图形，边线没有选择，如图 2.3 所示。在图形图像的制作中经常需要选择某一处图形或某条线段，就可以通过单击选择来实现。

带有边线的"椭圆图形"，如果使用选择工具双击图形，就选择了包括边线在内的"椭圆图形"的全部，如图 2.4 所示。

图 2.3　分别选择了边线和图形　　　　图 2.4　同时选择了边线和图形

按住鼠标拖动选择：如果需要选择"椭圆图形"的一部分，如半个椭圆时，就可以通过选择工具按住鼠标左键并拖动选择，就选择了半个椭圆。

2）选择工具第二方面——改变形状

如果想把"一条直线"变成弧线，就需要使用选择工具，当选择工具接近直线时，在黑色箭头下会出现一个"小弧线"，这时按住鼠标左键向下或向上拖动，就将"直线"改变为"弧线"，如图 2.5 所示。

如果想把"一条直线"改变成 S 形线，也可以通过选择工具来实现。

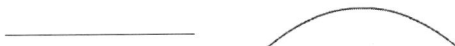

图 2.5　用选择工具把直线改变为弧线

使用选择工具,在直线中部上端,按住鼠标左键向下拖动,选择"线段"中的一段。这时线段被分成了两个部分。使用选择工具将前端和后端线段一个向上,一个向下分别拖动成"弧形",再把靠近中心部分的弧形起点连接起来,S 形线段就绘制完毕了,如图 2.6 所示。

图 2.6　用选择工具把直线改变为 S 线

选择工具的两个作用就介绍到这里,在选择和改变形状的过程中,还可以配合快捷键的使用而增加更多的功能,比如按住 Alt 键同时拖动为复制操作,按住 Shift 键选择图形为多选图形。

3. 套索工具

套索工具可以对图形进行选择,可以对图形的任意选择区域进行编辑。当选择了套索工具后,在选项区中会有三个按钮,分别是魔术棒、魔术棒设置、多边形模式。直接选择套索工具,可以对使用 Flash 软件绘制的图形进行不规则选择,也就是任意范围选择。

魔术棒:如果使用矩形工具和椭圆工具绘制图形,魔术棒并不能进行区域选择,魔术棒是针对图片的,可以是导入到舞台中的图片,将图片通过 Ctrl＋B 键打散后,就可以使用魔术棒对颜色相同的区域进行选择了。

魔术棒设置:可以输入 0～200 之间的整数,数值越大,选择范围越大,在"平滑"下拉菜单中提供了"像素"、"粗略"、"一般"和"平滑"选项。

多边形模式:可以通过单击移动区域进行图形的选择。

4. 手形工具和缩放工具

手形工具和缩放工具在 Flash 的工具箱中下部,下面分别介绍它们的作用。

1) 手形工具

手形工具的快捷键是 H,按 H 键,即会变为手形工具。当光标变为手形以后就可以通过拖曳鼠标实现对舞台的移动,这样可以更好地观察画面,不管在使用 Flash 制作动画的过程中使用的是任何工具,只要按下空格键,都可以临时变为手形工具,松开空格键,则又恢复到之前的工具。

2) 缩放工具

缩放工具的快捷键是 M 和 Z,两个快捷键按任何一个都可以切换为缩放工具。当选择了缩放工具后,在工具箱最下方的"选项区"出现两个按钮,一个是"放大操作按钮",一个是"缩小操作按钮"。可以通过鼠标选择放大或缩小的按钮,实现对舞台工作区的放大和缩小。

"放大操作按钮"可以通过 Ctrl＋＋键来实现。"缩小操作按钮"可以通过 Ctrl＋－键来实现。"放大操作按钮"和"缩小操作按钮"之间可以通过 Alt 键进行切换,当正选择"放大操作按钮"时,若需要临时切换为"缩小操作按钮",只需要按住 Alt 键,就会临时变为"缩小操作按钮",当松开 Alt 键后,则又变为"放大操作按钮"。

27

5. 刷子工具

刷子工具可以绘制任意形状的矢量色块图形。可以选定笔触的大小和样式以及它的填色模式。其中，填色模式有如下几种。

（1）标准绘画：不管是线条还是填色范围，只要是画笔经过的地方，都变成了画笔的颜色。

（2）颜料填充：只影响填色的内容，不会遮盖住线条。

（3）后面绘画：无论怎么画，都在图像的后方，不会影响前景图像。

（4）颜料选择：选择"颜料选择"模式，先要选择范围。

（5）内部绘画：在绘画时，画笔的起点必须是在轮廓线以内，而且画笔的范围也只作用在轮廓线以内。

6. Deco 工具

Deco 工具是 Flash 中一种类似"喷涂刷"的填充工具，使用 Deco 工具可以快速完成大量相同元素的绘制，也可以应用它制作出很多复杂的动画效果。将其与图形元件和影片剪辑元件配合，可以制作出效果更加丰富的动画效果。

7. 3D 工具

Flash CS4 之后提供了一个 Z 轴的概念，可以用 3D 工具把从原来的二维环境拓展到一个有限的三维环境。它必须对影片剪辑实例才起作用，也要求使用 AS3.0 版本。

8. 骨骼工具

骨骼工具可以为动画角色添加上骨骼，以制作各种动作的动画。

2.2.2 直线的绘制

在 Flash 中，绘制直线的工具有多种，线条工具 ◥ 是其中最简单的工具，可以直接绘制所需直线。在绘制的时候可以设置绘制笔触的颜色、大小以及样式，如图 2.7 所示。

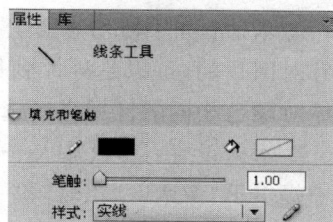

图 2.7 线条工具的"属性"面板

【提示】 拖动鼠标时，按住 Shift 键可以限制绘制以 45°为基数的倍数的线条。

直线的绘制也可以使用钢笔工具。钢笔工具是本书要重点介绍和学习的一个工具。使用钢笔工具可以绘制的最简单路径是直线，方法是通过单击钢笔工具创建两个锚点。继续单击可创建由转角点连接的直线段组成的路径。

用钢笔绘制直线如图 2.8 所示，其方法如下：

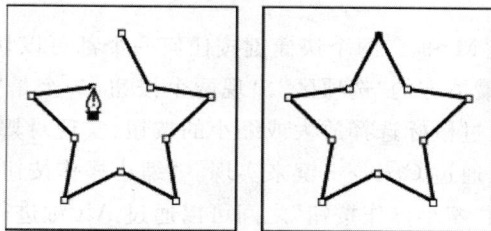

图 2.8 用钢笔工具绘制直线

（1）在工具面板中选择钢笔工具。

（2）将钢笔工具定位在直线段的起始点并单击，定义第一个锚点。如果方向线出现，而意外地拖动了钢笔工具，则选择"编辑"|"撤销"命令，然后再次单击。

【提示】单击第二个锚点后，绘制的第一条线段才可见（除非已在"首选参数"对话框的"绘制"类别中指定"显示钢笔预览"）。

（3）在想要该线段结束的位置处再次单击（按住 Shift 键单击将该线段的角度限制为 45°的倍数）。

（4）继续单击，为其他的直线段设置锚点。

（5）若要完成一条开放路径，双击最后一个点，然后单击"工具"面板中的钢笔工具，或者按住 Ctrl 键单击路径外的任何位置。

2.2.3 闭合图形的绘制

（1）若要闭合路径，将钢笔工具放置于第一个（空心）锚点上，当位置正确时，钢笔工具指针旁边会显示一个小圆圈，单击或拖动以闭合路径。

（2）若要按现状完成形状，选择"编辑"|"取消全选"命令或在"工具"面板中选择其他工具。

2.2.4 曲线的绘制

曲线是绘制图形很重要的元素，要画好图形，首先就要画好曲线。若要创建曲线，在曲线改变方向的位置处添加锚点，并拖动构成曲线的方向线。特别要记住的是方向线的长度和斜率决定了曲线的形状。绘制曲线对新手来说稍微难点，只有多练习才能熟能生巧，可通过调整方向线长度和角度绘制间隔宽的锚点和练习设计曲线形状。

曲线的绘制如图 2.9 所示，其步骤如下：

（1）在工具面板中选择钢笔工具。

（2）将钢笔工具定位在曲线的起始点，并按住鼠标左键。此时会出现第一个锚点，同时钢笔工具指针变为箭头。

（3）拖动设置要创建曲线段的斜率，然后松开鼠标左键。一般而言，将方向线向计划绘制的下一个锚点延长约 1/3 距离（之后可以调整方向线的一端或两端）。按住 Shift 键可将工具限制为 45°的倍数。

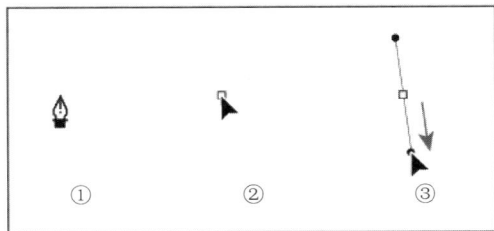

图 2.9 用钢笔工具绘制曲线

【提示】　绘制曲线的第一个点的三个步骤：①定位钢笔工具；②开始拖动(按下鼠标左键)；③拖动以延长方向线。

（4）将钢笔工具定位到曲线段结束的位置，则根据不同的目的执行操作：

①若要创建 C 形曲线，以上一方向线相反方向拖动，然后松开鼠标按键，如图 2.10 所示。

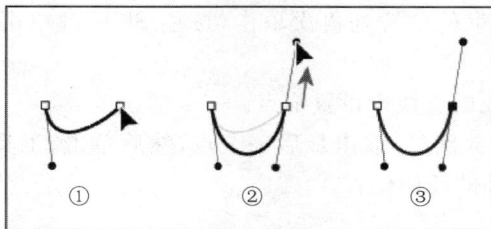

图 2.10　用钢笔工具绘制 C 形曲线

【提示】　绘制曲线中的第二个点：①开始拖动第二个平滑点；②远离上一方向线方向拖动，创建 C 形曲线；③松开鼠标左键后的结果。

② 若要创建 S 形曲线，以上一方向线相同方向拖动，然后松开鼠标左键，如图 2.11 所示。

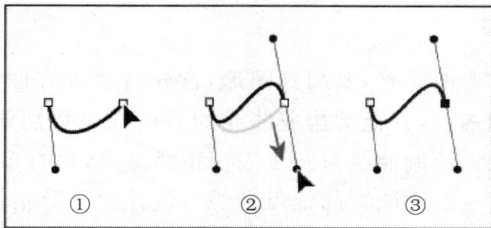

图 2.11　用钢笔工具绘制 S 形曲线

【提示】　绘制 S 形曲线：①开始拖动新的平滑点；②往前一方向线的方向拖动，创建 S 形曲线；③松开鼠标左键后的结果。

（5）若要创建一系列平滑曲线，继续从不同位置拖动钢笔工具。将锚点置于每条曲线的开头和结尾，而不放在曲线的顶点。若要断开锚点的方向线，按住 Alt 键拖动方向线。

（6）若要完成路径，可执行下列操作之一：

若要闭合路径，将钢笔工具定位在第一个(空心)锚点上。当位置正确时，钢笔工具指针旁边将出现一个小圆圈，单击或拖动以闭合路径。

若要保持为开放路径，按住 Ctrl 键单击所有对象以外的任何位置，然后选择其他工具或选择"编辑"|"取消全选"命令。

2.2.5　任意线条的绘制

学会了直线和曲线的绘制，本节进一步来学习任意线条的绘制。任意线条的绘制必须对线条上锚点进行自如的操作和控制，分别从以下三点来说明。

1. 添加或删除锚点

添加锚点可以更好地控制路径，也可以扩展开放路径。但是，最好不要添加不必要的点。点越少的路径越容易编辑、显示和打印。若要降低路径的复杂性，应删除不必要的点。

工具箱中包含三个用于添加或删除点的工具：钢笔工具🖋、添加锚点工具🖋⁺和删除锚点工具🖋⁻。默认情况下，当钢笔工具定位在选定路径上时，它会变为添加锚点工具，或者当钢笔工具定位在锚点上时，它会变为删除锚点工具。

> 【提示】 不要使用 Delete、Back Space 和 Clear 键，或者"编辑"|"剪切"或"编辑"|"清除"命令来删除锚点；这些键和命令会删除点以及与之相连的线段。

2. 调整路径上的锚点

在使用钢笔工具绘制曲线时，会创建曲线点，即连续的弯曲路径上的锚点。在绘制直线段或连接到曲线段的直线时，会创建转角点，即在直线路径上或直线和曲线路径接合处的锚点。

默认情况下，选定的曲线点显示为空心圆圈，选定的转角点显示为空心正方形。若要将线条中的线段从直线段转换为曲线段或者从曲线段转换为直线段，就要把转角点转换为曲线点或者将曲线点转换为转角点，如图 2.12 所示。

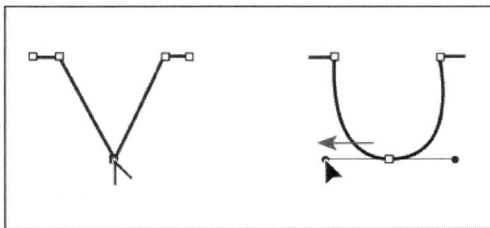

图 2.12　将方向点拖动出角点以创建平滑点

可以移动、添加或删除路径上的锚点。若要移动锚点，使用部分选取工具来调整直线段的长度或角度或者曲线段的斜率。可以轻推选定的锚点来进行微调。

> 【提示 1】 删除曲线路径上不必要的锚点可以优化曲线并减小文件大小。
>
> 【提示 2】 若要移动锚点，请用部分选取工具🖎来拖动该点。
>
> 【提示 3】 若要轻推锚点，请用部分选取工具选择锚点，然后使用箭头键进行移动。按住 Shift 键单击可选择多个点。
>
> 【提示 4】 若要将转角点转换为曲线点，使用部分选取工具选择该点，然后按住 Alt 键拖动该点以放置切线手柄。
>
> 【提示 5】 若要将曲线点转换为转角点，可用钢笔工具单击该点。指针🖋旁边的插入标记^指示指针位于曲线点上方。
>
> 【提示 6】 若要添加锚点，请用钢笔工具单击线段。如果可以向选定的线段添加锚点，钢笔工具旁边将出现一个加号（＋）。如果还未选择线段，可用钢笔工具单击线段来选中它，然后添加锚点。
>
> 【提示 7】 若要删除转角点，可用钢笔工具单击该点一次。如果可以删除选定线段中的锚点，钢笔工具旁边将出现一个减号（一）。如果还未选择线段，可用钢笔工具单击线段来选中它，然后删除锚点。
>
> 【提示 8】 若要删除曲线点，用钢笔工具单击该点一次。如果可以删除选定线段中的锚点，钢笔工具旁边将出现一个减号（一）。如果还未选择线段，可用钢笔工具单击线段来选中它，然后删除转角点（单击一次将该点转换为转角点，再单击一次删除该点）。

第2章　课件文字、图形图像素材的设计与制作

3. 调整线段

要更改直线段的角度或长度，或者调整曲线段以更改曲线的斜率或方向，就要调整线段。

移动曲线点上的切线手柄时，可以调整该点两边的曲线。移动转角点上的切线手柄时，只能调整该点的切线手柄所在的那一边的曲线。

要调整直线段，就选择部分选取工具，然后选择直线段。使用部分选取工具可以将线段上的锚点拖动到新位置。

要调整曲线段，则选择部分选取工具，然后拖动该线段。

【提示】 单击路径时，Flash 将显示锚点。使用部分选取工具调整线段会给路径添加一些点。

如图 2.13 所示，要调整曲线上的点或切线手柄，选择部分选取工具，然后选择曲线段上的锚点。要调整锚点两边的曲线形状，就拖动该锚点，或者拖动切线手柄。要将曲线限制为倾斜 45°的倍数，按住 Shift 键拖动。要单独拖动每个切线手柄，按住 Alt 键拖动。

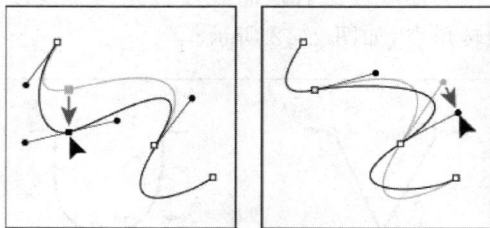

图 2.13 拖移锚点或拖移方向点

2.2.6 图形图像绘制案例

案例：绘制笑脸

【步骤1】 新建文档。新建一个 Flash 文档，在文档属性中设置它的大小、背景颜色等。本例中大小为 400×400，背景颜色设置为白色，帧频默认为 24fps，单位默认为像素，保存的文件名称为"笑脸"，如图 2.14 所示。

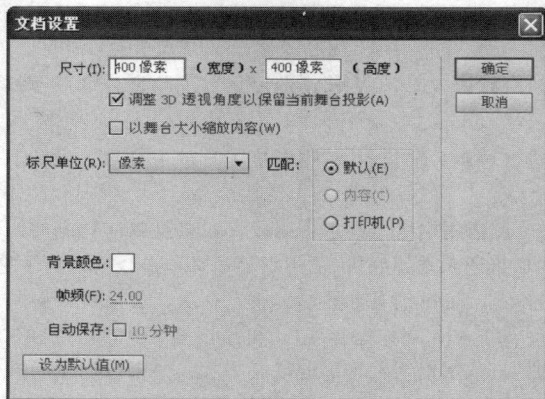

图 2.14 创建新的 Flash 文档

【步骤 2】 选择椭圆工具。单击"工具箱"中的椭圆工具 ⬭，如显示为矩形工具，则会出现如图 2.15 所示界面，然后选择"椭圆工具"。

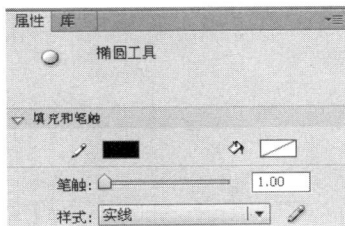

【步骤 3】 设置椭圆工具参数。选择椭圆工具后，单击"属性"面板。每个不同的工具，都有"属性"面板，可设置不同工具参数，效果如图 2.16 所示。在这里，把笔触颜色设置为黑色，填充颜色设置为无，笔触大小为1，样式为实线，其他参数均为默认。

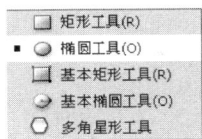

图 2.15   选择"椭圆工具"

图 2.16   设置椭圆工具的参数

【步骤 4】 绘制笑脸轮廓。设置好椭圆工具的参数之后，用鼠标在空白文档的界面上拖动画脸的轮廓，然后利用钢笔工具和线条工具画出左边耳朵。把左边耳朵复制，用任意变形工具左右调整方向，调整左右耳朵的位置到脸轮廓上。效果如图 2.17 所示。

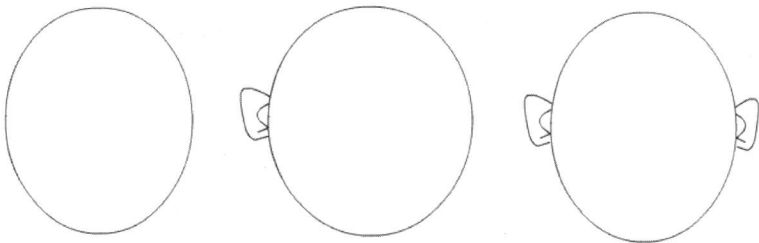

图 2.17   绘制脸的轮廓

【步骤 5】 填充颜色。选择颜料桶工具 ⬩，设置填充颜色为 "♯FFE7CE"，然后在笑脸轮廓上单击，颜色就填充好了。由于耳朵是非闭合图形，填充的时候要注意填充的空隙大小。空隙大小的选择在工具箱的"选项"区中，如图 2.18 所示。

空隙大小默认为不封闭空隙，也就是说填充的是一个封闭的空间。由于耳朵为不封闭的空间，如果选为"不封闭空隙"将无法填充颜色，因此在这里选择"封闭大空隙"。填充颜色的效果如图 2.19 所示。

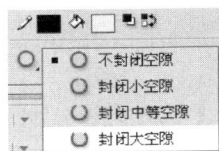

图 2.18   填充模式的选择：空隙大小

【提示】 颜料桶工具——空隙大小。

不封闭空隙：在填充过程中要求图形边线完全封闭，如果边线有空隙，没有完全连接的情况，就不能填充任何颜色。

封闭小空隙：在填充过程中计算机可以忽略一些线段之间的小空隙，而且可以进行填充颜色。

封闭中等空隙：在填充过程中可以忽略一些线段之间较大的空隙，并可以进行填充颜色。

封闭大空隙：在填充过程中可以忽略一些线段之间的大空隙，并可以进行填充颜色。

【步骤6】 绘制眉毛。用线条工具画一条短线，然后切换到选择工具。将光标靠近，当光标显示为⤵时，可以直接拖动边框让它变形。用选择工具调整大小位置等。效果如图2.20所示。

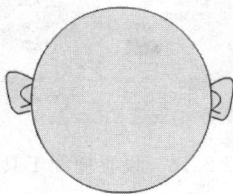

图2.19 填充颜色　　　　图2.20 绘制眉毛

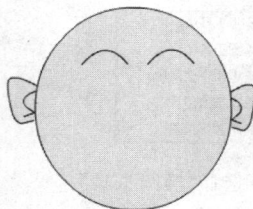

【步骤7】 绘制眼睛。选择椭圆工具，笔触颜色为无，填充颜色为黑色，画两个圆眼睛，调整至合适的位置。效果如图2.21所示。

【步骤8】 绘制头发。用线条工具画上若干头发，用选择工具把直线修改为弧线，如图2.22所示。

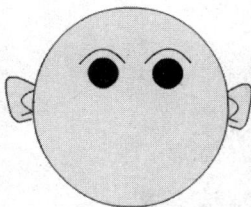

图2.21 绘制眼睛　　　　图2.22 绘制头发

【步骤9】 绘制鼻子和嘴巴。用线条工具画上一条竖线和一条横线，用选择工具调整形状、大小和位置，模拟鼻子和笑脸的嘴巴。最后的效果图如图2.23所示。

图2.23 绘制鼻子和嘴巴

【步骤10】 按Ctrl＋Enter键，查看最终的效果，如图2.24所示。

图 2.24　最终效果

2.3　多媒体课件图形图像的编辑

2.3.1　图形图像对象的选取、变形、复制与删除

1. 图形图像的选取

要修改一个对象,必须先选择它。选取工具▶可以选择全部对象,方法是单击某个对象或拖动对象以将其包含在矩形选取框内。

【提示】　要选择选取工具,也可以按 V 键。要在其他工具处于活动状态时临时切换到选取工具,可按下 Ctrl 键。

2. 图形图像的变形

使用任意变形工具或"修改"|"变形"菜单中的选项,可以将图形对象、组、文本块和实例进行变形。根据所选元素的类型,可以变形、旋转、倾斜、缩放或扭曲该元素。在变形操作期间,可以更改或添加选择内容。可以单独执行某个变形操作,也可以将诸如移动、旋转、缩放、倾斜和扭曲等多个变形操作组合在一起执行。

【提示】　任意变形工具不能变形元件、位图、视频对象、声音、渐变或文本。如果多项选区包含以上任意一项,则只能扭曲形状对象。要将文本块变形,首先要将字符转换成形状对象。

图形图像的变形步骤如下。

【步骤 1】　在舞台上选择图形对象、组、实例或文本块。

【步骤 2】　单击任意变形工具▦。在所选内容的周围移动指针,指针会发生变化,指明哪种变形功能可用。

【步骤 3】　拖动手柄使所选内容变形。

第2章　课件文字、图形图像素材的设计与制作 ◀◀

要移动所选内容，将指针放在边框内的对象上，然后将该对象拖动到新位置。不要拖动变形点。

要设置旋转或缩放的中心，将变形点拖到新位置；要旋转所选内容，将指针放在角手柄的外侧，然后拖动。所选内容即可围绕变形点旋转。按住 Shift 键并拖动可以以 45°为增量进行旋转。

要围绕对角旋转，可按住 Alt 键（Windows）或按住 Option 键（Macintosh）并拖动。

要缩放所选内容，沿对角方向拖动角手柄可以沿着两个方向缩放尺寸。按住 Shift 键拖动可以按比例调整大小。水平或垂直拖动角手柄或边手柄可以沿各自的方向进行缩放。

要倾斜所选内容，将指针放在变形手柄之间的轮廓上，然后拖动。

要扭曲形状，按住 Ctrl 键拖动角手柄或边手柄。

要锥化对象，即将所选的角及其相邻角从它们的原始位置起移动相同的距离，同时按住 Shift 和 Ctrl 键并单击和拖动角部的手柄。

【步骤 4】 单击所选项目以外的地方结束变形操作。

3. 图形图像的复制

要在图层、场景或其他 Flash 文件之间移动或复制对象，可以将对象粘贴在相对于其原始位置的某个位置。选择一个或多个对象，使用菜单"编辑"|"剪切"命令或"编辑"|"复制"命令。然后选择其他层、场景或文件，再选择菜单"编辑"|"粘贴到当前位置"命令，将所选内容粘贴到相对于舞台的同一位置。选择"编辑"|"粘贴到中心位置"命令，将所选内容粘贴到工作区的中心。

4. 图形图像的删除

删除对象可以将其从文件中删除。删除舞台上对象的实例不会从库中删除元件。要删除图形图像对象，先选择一个或多个对象，按 Delete 键或 Back Space 键即可直接删除。也可以用菜单"编辑"|"清除"命令或"编辑"|"剪切"命令。

2.3.2 图形图像对象色彩的处理

1. 认识调色板

在 Flash 中，各种颜色都存放于颜色面板中，供用户选择。每个 Flash 文件都包含自己的调色板，在进行填充、画线以及创建矢量文字时，都会使用到调色板。选择"窗口"|"颜色"命令或按 Shift＋F9 键，把笔触设置为空，类型设置为纯色，单击颜料桶进行颜色的选择与设置，此时出现系统调色板，如图 2.25 和图 2.26 所示。

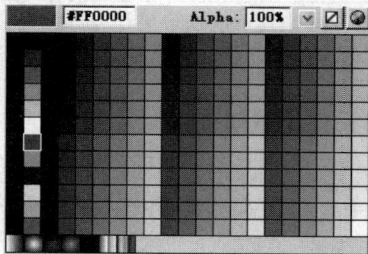

图 2.25　"颜色"面板　　　　图 2.26　系统调色板

2. 自定义颜色

在单色选择调色板和复合选择调色板内单击右上角的色盘时,都将打开如图 2.27 所示的 Windows 自带的"颜色"对话框。除了可使用基本颜色外,还可在右边颜色框中自定义所需要颜色。调好颜色后,单击"添加到自定义颜色"按钮,则左边"自定义颜色"列表框中将出现设定好的颜色,最后单击"确定"按钮即可。

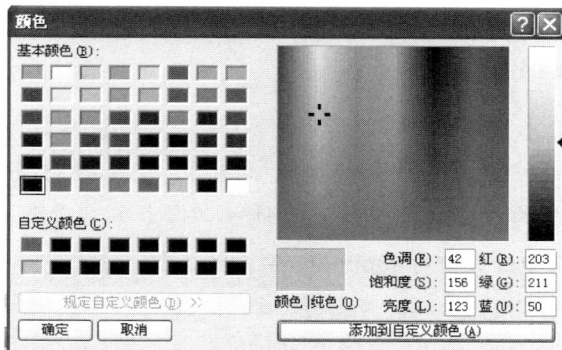

图 2.27　自定义颜色

3. 创建新的渐变色

在复合选择调色板内选择一种渐变色之后,所选渐变色的类型和颜色等都会出现在颜色混合器面板中。一般地,渐变色是由起始颜色和目标颜色决定的,拖动代表上述颜色的滑块,可以改变渐变的起始位置和终止位置,渐变距离也是可调的,如图 2.28 所示。

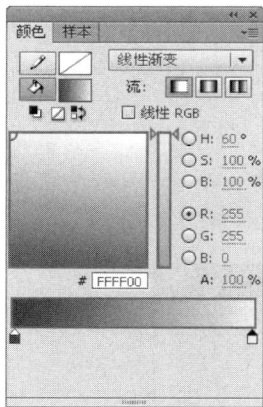

图 2.28　创建新的渐变色

4. 颜料桶工具

使用颜料桶工具在舞台上绘制矢量图时,可对填充颜色、间隔大小、锁定填充和变化填充等选项进行设置,其中填充颜色的设置是通过绘图工具栏的填充色工具来完成的,它与使用笔刷、矩形和椭圆等工具绘制矢量图时设置填充颜色的方法完全相同。

5. 吸管工具

使用吸管工具,可以从现有的铅笔线条、画笔描边或者填充上取得颜色和风格信息,再将该信息应用到目标对象上。也就是说,吸管工具可以拾取舞台中已经存在的颜色或填充样式。

在绘图工具栏中单击吸管工具按钮,这时在舞台中的光标就会变为一个吸管形状,当把光标移动到某个线条上时,吸管工具的下方就会多出一个铅笔形状,当吸管工具在某个填充区域内的时候,吸管工具的下方就会多出一个刷子形状,这时如果单击即可拾取该线条的颜色或将该区域作为填充样式。

2.3.3　图形图像外框线的处理

可以将若干个单个对象组成一组,然后作为一个对象来处理。修改线条和形状会改变

37

同一图层中的其他线条和形状。选择对象或笔触时，Flash 会用选取框来加亮显示它们。可以只选择对象的笔触，也可以只选择其填充。可以隐藏所选对象的加亮显示，这样，在编辑对象时就不会看到加亮显示。

当选择了某个对象时，"属性"检查器会显示：对象的笔触和填充、像素尺寸以及对象的变形点的 x 和 y 坐标。如果选择了多个项目即混合选择，则显示的是所选项目组的像素尺寸以及 x 和 y 坐标。我们可以使用形状的属性检查器更改该对象的笔触和填充；若要防止选中组或元件被意外修改，请锁定组或元件。

2.3.4 图形图像编辑案例

案例：绘制一朵小花

【步骤1】 新建一个 Flash 文档，设置它的大小、背景颜色等属性。本例中大小为 300×300，背景颜色设置为白色，帧频默认为 24fps，单位默认为像素，如图 2.29 所示。

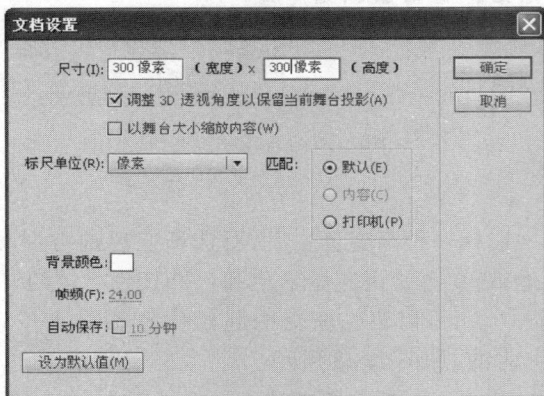

图 2.29 新建文件

【步骤2】 单击"插入"|"新建元件"命令或按 Ctrl＋F8 键，新建一个元件，元件的名称为"花"，元件类型为图形，如图 2.30 所示，单击"确定"按钮后进入元件编辑界面。

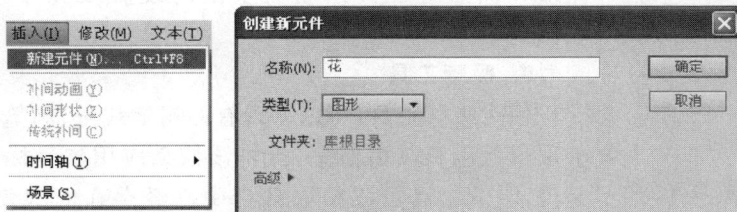

图 2.30 新建图形

【步骤3】 单击"窗口"|"颜色"命令或按 Shift＋F9 键，把笔触设置为空，类型设置为线性，并双击颜色指针进行设置，其中一个指针为红色，一个颜色指针为黄色，如图 2.31 所示。

【步骤4】 在工具面板上选择椭圆工具，在舞台上画一椭圆。用渐变工具调整渐变色的方向和左右浓度，如图 2.32 所示。

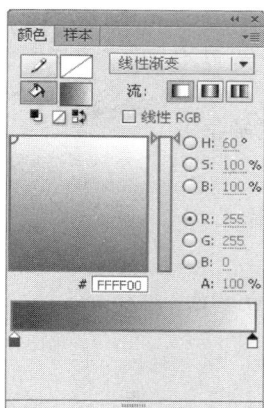

图 2.31　设置线形填充颜色

图 2.32　设置渐变

【提示】　任意变形工具在 Flash 动画制作中的使用频率是非常高的,通过使用任意变形工具,可以改变图形的基本形状。当选择了任意变形工具时,会有 4 个功能供选择,分别是:"旋转与倾斜"、"缩放"、"扭曲"和"封套"功能。当选择了对象时,在它的周围会出现 8 个控制柄,使用鼠标拖动这些控制柄,可以对所选对象进行"缩放"、"挤压和拉伸"的等操作。

【步骤5】　在工具面板上选择任意变形工具,选中所画椭圆,如图 2.33 所示。用鼠标指向中心点,并移动旋转中心点处于椭圆的最下方。

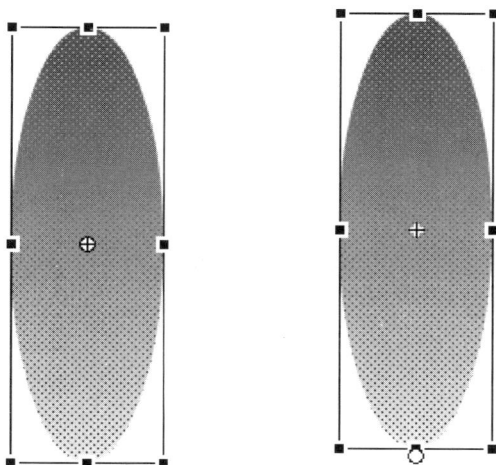

图 2.33　设置对象的旋转中心点

【提示】　在画面中,渐变色的填充可以为画面增加丰富的色彩,通过渐变变形工具可以对渐变色的范围进行调整。使用填充变形工具单击所填充的线性渐变,会出现填充变形的控制柄,中间的空心圆点,当鼠标放在空心圆点上时,会出现四方向的箭头图标,通过移动箭头,可以改变填充色的中心位置。当鼠标移动到右上角有个黑色正三角形的圆点时,鼠标会变为旋转的 4 个箭头样的图标,这时按住鼠标移动,可以对填充色进行方向旋转。当鼠标拖动右边中部有个指向右方箭头的方框时,可以调整渐变色的范围,比如拉伸渐变色,使过渡更细致。

39

【**步骤6**】 单击"窗口"|"自由变形"命令或按 Ctrl＋T 键，设置旋转角度为 45°，其他属性默认不变，单击"重制选区和变形"按钮，如图 2.34 所示。

【**步骤7**】 重复执行步骤 6，则出现如图 2.35 所示效果，总共执行 8 次。

【**步骤8**】 全部选中这 8 个花瓣，调整大小和位置，如图 2.36 所示。

【**步骤9**】 用钢笔工具画一曲线，把颜色设置为绿色，调整位置和大小，最终效果如图 2.37 所示。

至此，绘制小花图形全部完成。

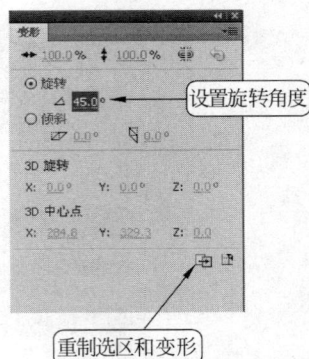

图 2.34 设置对象的旋转中心点

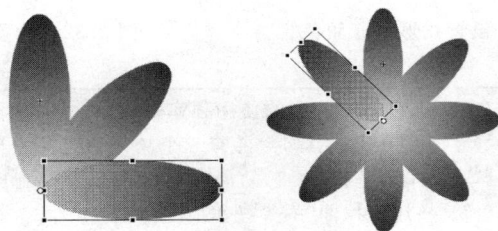

图 2.35 连续执行步骤 6

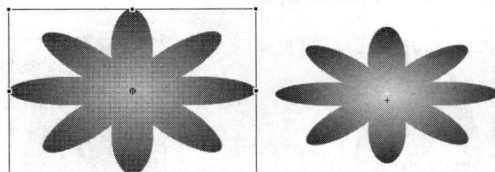

图 2.36 调整花的大小和位置

图 2.37 最终效果

2.4　静态文字的处理与编辑

静态文本是指在设计时设定，播放动画时内容不能改变的文本。

2.4.1　创建文本

文本工具是 Flash 中一个常见的重要工具，单击工具栏中的 **T**，或直接按 T 键，就可选中文本工具，"属性"面板中就会出现相应的文本工具的属性（如果看不到"属性"面板，可选择菜单栏上的"窗口"|"属性"选项），单击"属性"面板侧面的小三角可以显示或隐藏部分"属性"面板。

单击绘图工具栏中的文本工具之后，在舞台上单击时将出现一个文本框，用于决定输入文字的大致范围。鼠标指针在指向文本框的边框时将变为箭头与十字形，拖动鼠标将会改变文本框在舞台上的位置，如图 2.38 所示。

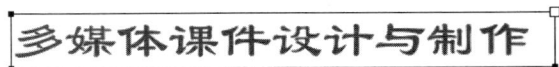

图 2.38　创建文本

2.4.2　字体属性的设置与修改

输入静态文本后切换到选择工具，则输入的文字呈选中状态。在右边的"属性"面板中可观察到静态文本的一些属性。

（1）"位置和大小"属性设置，如图 2.39 所示。

在此类属性中可以调整字体在舞台中的大小和位置，把鼠标放到数值下方，则可直接向左或向后进行拖动调整。

（2）"字符"属性设置，如图 2.40 所示。

图 2.39　文本"位置和大小"属性设置　　图 2.40　文本"字符"属性设置

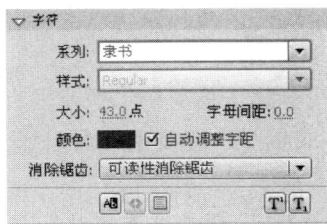

在此类属性中可以调整文本的字体、样式、大小和颜色，以及消除锯齿属性与上标下标等。可根据实际需要进行调整与设置，本例中字体设置为隶书，大小为 43 点，颜色为红色。

（3）"段落"属性设置，如图 2.41 所示。

在此类属性中可以调整文本的居中格式、间距、边距、是否多行等属性。

（4）"选项"属性设置，如图 2.42 所示。

在此类属性中可以调整文本的链接及目标状态，可方便超链接到其他地址。

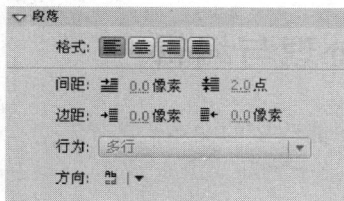

图 2.41 文本"段落"属性设置

图 2.42 文本"选项"属性设置

（5）"滤镜"属性设置，如图 2.43 所示。

在此类属性中可以设置文本的一些效果，加入一些特殊的滤镜。单击左下角的添加滤镜按钮，则可进行滤镜的添加。本例中加入了投影滤镜，并对相对应的属性进行了细微的调整。最终效果如图 2.44 所示。

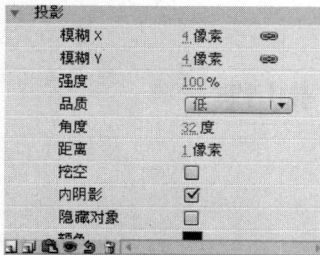

图 2.43 文本"滤镜"属性设置

多媒体课件设计与制作

图 2.44 静态文本实例

2.4.3 排列文本

选择绘图工具栏的指针选择工具之后，在舞台上单击文本框时区域的周围将出现实线边框，将鼠标指针移动到文本框的内部，当它的形状切换成箭头与十字形时，拖动鼠标便可改变文本框在舞台上的位置。

将鼠标指针移动到控制点上方时，它就会切换成水平箭头状，拖动鼠标时，可改变文本框的宽度，此时的圆形控制点也变成方形控制点。

排列文本就是文本在水平或垂直轴对齐，可以沿选定对象的右边缘、中心或左边缘垂直对齐对象，或者沿选定对象的上边缘、中心或下边缘水平对齐对象。

操作步骤如下。

【步骤1】 选择要对齐的对象。切换到选择工具，然后在舞台上选择文本对象，若要同时选择多个，在选择的同时按住 Ctrl 键则可实现，如图 2.45 所示。

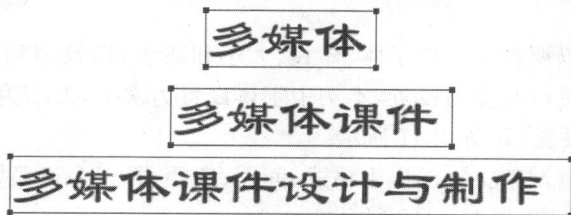

图 2.45 文本选择

【步骤2】 选择"窗口"|"对齐"命令或直接使用 Ctrl+K 键,则出现"对齐"面板,此时可以按照自己需要的排列方式进行对齐。此例中选择左对齐,如图 2.46 所示。

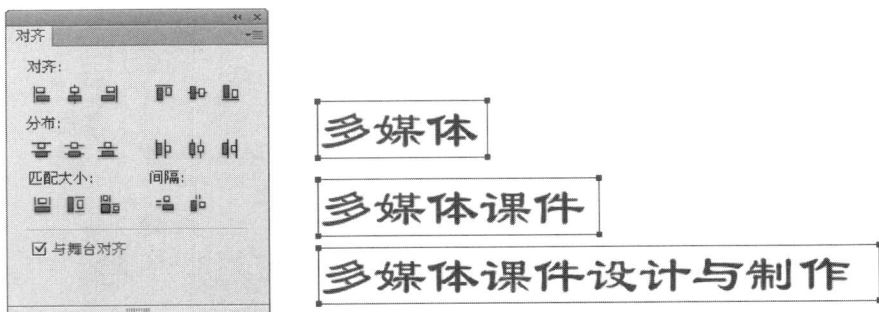

图 2.46 文本排列与对齐

【提示】 若要相对于舞台尺寸应用对齐方式发生的更改,请在"对齐"面板中选择"与舞台对齐"复选框。

2.4.4 创建文本域

在动画电影的播放过程中,文本区域的文本是可以编辑和改变的。如果动画的文本是固定的,将这样的 Flash 动画运用到网页中时,它不具有交互性,使得网页的交互性大打折扣,而且在多媒体课件的实际制作过程中某些需要经常改变的内容,例如学生成绩等信息也无法添加到 Flash 动画当中。

创建文本区域时,用户可以为这个文本区域指定一个变量,这个变量的名称是固定的,但它的值是可以改变的。用户可以通过 Action 将这个变量传送到电影中的其他部分或者服务器端的数据库中。这个变量的值可以通过运行服务器端的应用程序获得,也可以通过加载电影中的其他部分而得到。

Flash CS6 中共有两种不同的文本域,分别是 Input Text(表单文本)和 Dynamic Text(动态文本),它们的文本区域控制点位置不同,用户可以很方便地辨别不同的文本区域。

创建文本域的操作步骤如下。

【步骤1】 单击绘图工具栏中的"新建"按钮,在舞台上新建一个 Flash 文件。

【步骤2】 在"工具"面板中选择文本工具,此时右边出现文本"属性"面板。

【步骤3】 默认的文本类型为静态文本,单击下拉式箭头,在下拉列表框中,选择"输入文本",如图 2.47 所示。

【步骤4】 在舞台上单击,确定文本区域的位置。此时显示出更多文本域的属性,如图 2.48 所示。

【步骤5】 可进一步在位置和大小属性以及字符属性中设置所需要的文本域的属性。由于此例中选择的是"输入文本","输入文本"可在舞台上创建表单文本,表单是站点内收集访问者信息、实现交互功能的重要手段之一。Flash 提供的表单文本类型包括单行文本框、多行文本框和密码框,打开文本类型下方的下拉列表框,可以看到单行文本框、多行文本框、多行不绕排文本和密码框 4 个选项。密码框内输入的信息将以星号的形式出现,不允许他人观看。在段落属性中"行为"列表框中可看到,如图 2.49 所示。

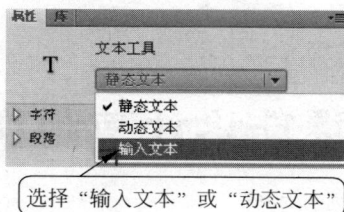

图 2.47　文本类型选择

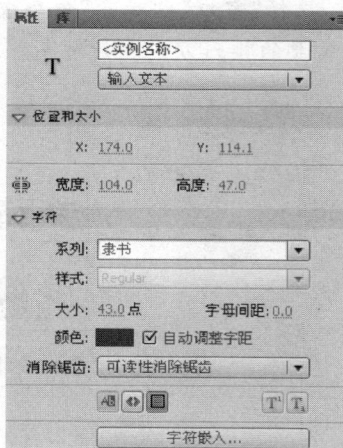

图 2.48　输入文本属性

【步骤 6】　在选项"属性"面板中输入文本区域变量的名称。

在测试影片时可在文本区域内输入文字，或者使用步骤 6 输入的变量来控制文本的显示内容。如果选择"动态文本"时，表示在舞台上创建用于随时更新的信息，对于 Flash 游戏这样的项目来说，可编辑的文本提供了一种实时跟踪和显示分数的方法。

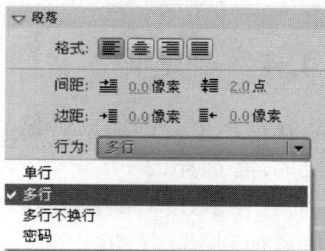

图 2.49　输入文本行为类型选择

2.4.5　静态文字制作案例

案例：七彩文字

【步骤 1】　新建一个 Flash 文档，在文档属性中设置它的大小、背景颜色等属性。本例中大小为 550×400，背景颜色设置为白色，单位默认为像素。

【步骤 2】　双击时间轴旁边的图层名，将图层 1 命名为"bg"。然后通过"文件"|"导入"命令来导入背景图形到舞台，调整大小和位置。再新建一个层，命名为"text"，如图 2.50 所示。

图 2.50　新建图层与调整图层

【步骤 3】　在"工具"面板中选择文本工具，默认类型为静态文本。根据需要设置文字大小和字体，在舞台上调整其位置，如图 2.51 所示。

【步骤 4】　在"工具"面板中选择选择工具，选中刚才的文本，选择"修改"|"分离"命令或者使用 Ctrl＋B 键，进行两次分离操作，将文本分离为图形，如图 2.52 所示。

图 2.51　输入文本

【步骤5】　选择"窗口"|"颜色"命令来设置填充颜色。类型为"线性",填充颜色设置为七彩,如图 2.53 和图 2.54 所示。

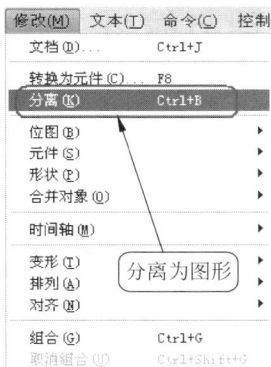

图 2.52　分离文本

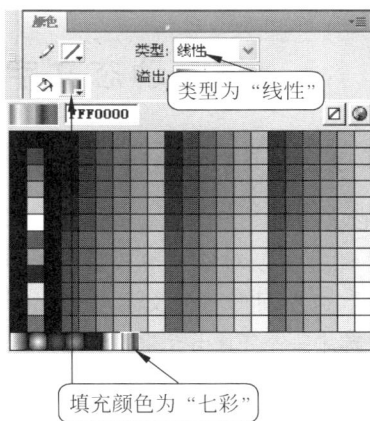

图 2.53　设置填充颜色

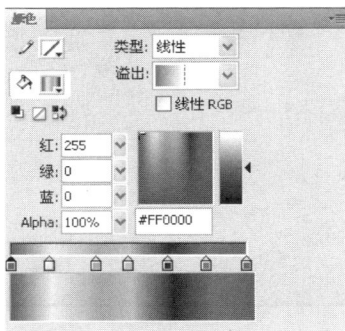

图 2.54　设置七彩颜色

【**步骤 6**】 在"工具"面板中选择颜料桶工具，填充分离了的文本，根据需要调整文字的位置和大小。按 Ctrl＋Enter 键，查看最终的效果，如图 2.55 所示。

图 2.55 "七彩文字"最终效果

2.5 动态文字的处理与编辑

2.5.1 文本变形与打散

1. 文本变形

文本变形一种是指以对象的形式进行自由变形，这种操作方法和图形图像的变形方法一样；还有一种就是补间形状的文本变形。下面以一个实例来说明。

【**步骤 1**】 新建一个 Flash 文档，在文档属性中设置它的大小、背景颜色等属性。本例中大小为 600×150，背景颜色设置为白色，帧频默认为 24fps，单位默认为像素，如图 2.56 所示。

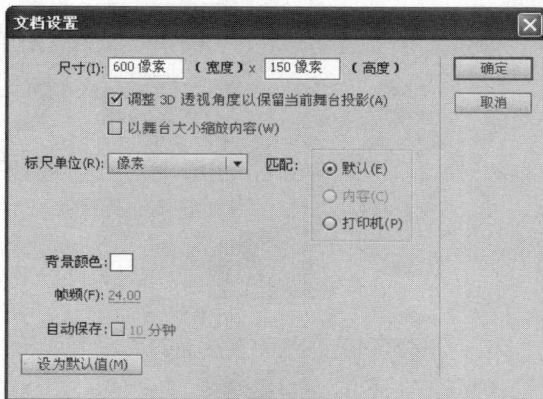

图 2.56 新建文档

【步骤2】 在"工具"面板中选择文本工具,默认类型为静态文本。根据需要设置文字大小和字体,在舞台上调整其位置。选中刚才的文本,选择"修改"|"分离"命令或者使用Ctrl＋B键,进行两次分离操作,将文本分离为图形,如图2.57所示。

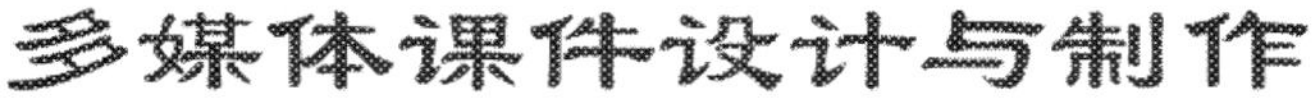

多媒体课件设计与制作

图2.57　输入文本并打散

【步骤3】 在同一图层上,于第30帧处按F7键或单击右键插入空白关键帧。在此帧中输入如图2.58所示的文字。其他操作方法如同步骤2。

广州大学教育学院

图2.58　输入文本并打散

【步骤4】 在第1帧和第30帧中间,单击鼠标右键,创建补间形状动画,如图2.59所示。

图2.59　创建补间形状动画

【提示】 制作Flash动画时,在两个关键帧中间需要"补间动画",才能实现图画的运动;插入补间动画后两个关键帧之间的插补帧是由计算机自动运算而得到的。形状补间动画是在Flash的时间帧面板上,在一个关键帧上绘制一个形状,然后在另一个关键帧上更改该形状或绘制另一个形状等,Flash将自动根据二者之间的帧的值或形状来创建的动画,它可以实现两个图形之间颜色、形状、大小、位置的相互变化。形状补间动画建立后,时间帧面板的背景色变为淡绿色,在起始帧和结束帧之间也有一个长长的箭头;构成形状补间动画的元素多为用鼠标或压感笔绘制出的形状,而不能是图形元件、按钮、文字等,如果要使用图形元件、按钮、文字,则必先打散(Ctrl＋B)后才可以作形状补间动画。

【步骤5】 形成文字与文字之间变形的补间形状动画,最终效果如图2.60所示。

广州叶数字教育学院

图2.60　文本变形效果

2. 文本打散

文本打散在前面的实例中已经用到。在Flash中,要想实现文字的变形、光晕、透明等效果,必须对其打散使其具有图形的属性。打散将元件拆分成基本的矢量元。如果要给字

第2章　课件文字、图形图像素材的设计与制作

描边，而对文字框直接使用"墨水瓶"工具是无效的。需要按两次 Ctrl＋B 键，将其彻底变成矢量图片，就可以进行操作了。打散两次的原因：文本一般会有多个字母，打散一次使字符独立出来 再打散才能全部变成图形。

另外，在场景中是不可以直接修改元件的，只能拖动位置和变形，如果想直接修改就只能打散后才能修改。

2.5.2 动态文本的制作

要使文字具有多样化的特性时（如变形文字、渐近文字），首先必须将文字对象转换成矢量图形。要注意的是，文字转换成矢量图形后，就无法使用文字工具修改文字了。在 Flash 中，可以把文本处理成各种特效动画文本，如空心文字、立体文字、光影文字、渐显文字等。在学习基本动画以后就会制作出更加丰富的动画文本效果来。

2.5.3 动态文本制作案例

以下就以一个渐显文字的制作来说明动态文本。

【步骤1】 新建一个 Flash 文档，在文档属性中设置它的大小、背景颜色等属性。本例中大小为 520×360，背景颜色设置为白色，帧频默认为 24fps，单位默认为像素，如图 2.61 所示。

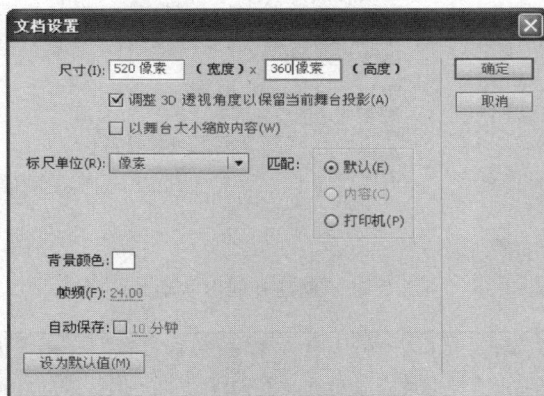

图 2.61 创建新文件

【步骤2】 双击时间轴旁边的图层名，将图层1命名为"bg"。然后通过"文件"|"导入"命令来导入背景图形到舞台，调整大小和位置。再新建一个层，命名为"text"，以竖行方式输入文本，如图 2.62 所示。

【步骤3】 新建一图层，双击时间轴旁边的图层名，将图层命名为"light"。在该层按 Ctrl＋F8 组合键，创建一个新元件，元件类型为图形，元件名称为 light，如图 2.63 所示。

【步骤4】 单击"确定"按钮后，进入元件编辑窗口。在元件编辑窗口中绘制一矩形，大小要比文字区域大一些。设置矩形填充色为线性渐变，渐变色为从左到右的黑和白，如图 2.64 所示。绘制完毕后，回到场景编辑窗口中。

【步骤5】 为了使背景不被挡住，调整各层的位置，把背景层调整到最上面，light 层在最下面，如图 2.65 所示。

图 2.62　导入背景和输入文字

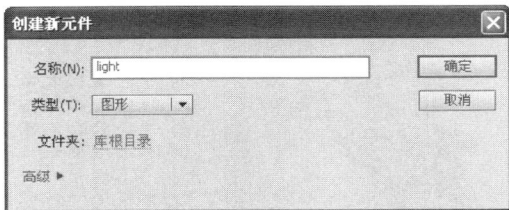

图 2.63　新建元件

图 2.64　绘制元件

图 2.65　调整图层

【**步骤 6**】　回到 text 层,选中文字,按 F8 键把其转换为元件,元件类型为图形,元件名称为 text,如图 2.66 所示。

图 2.66　"转换为元件"对话框

此时,在文件库中形成了图片资源和元件资源,在舞台中可多次使用,如图 2.67 所示。

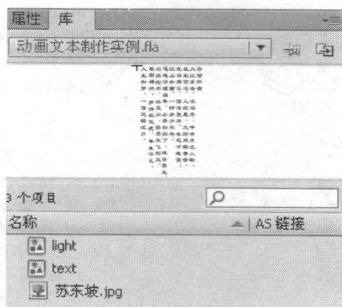

图 2.67　库中资源

【**步骤 7**】　把元件 light 的实例放入到 light 层的第 1 帧即把元件从库中拖动到舞台上,位于文本层的左侧,如图 2.68 所示。选中该关键帧,单击鼠标右键创建补间,自动产生若干帧,在舞台中选择该实例,向右拖动,使得其正好挡住文字,如图 2.69 所示。

图 2.68　将实例放在文字左侧

图 2.69　拖动矩形实例挡住文本

【步骤8】　在 text 层上,单击鼠标右键,在弹出菜单中选择"遮罩层"命令,如图2.70所示。此时会发现两层出现了相对应的标记且都被锁定。最终效果如图2.71所示。

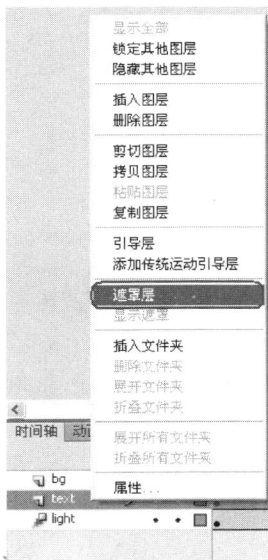

图2.70　选择"遮罩层"命令　　　　　　图2.71　最终效果

　　至此,动画文本案例制作完毕,整个时间轴如图2.72所示。大家可以使用组合键 Ctrl+Enter 测试电影看看效果。

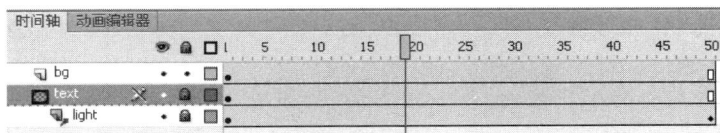

图2.72　时间轴

2.6　课件文字、图形图像素材制作实例

2.6.1　课件图形图像素材制作实例

案例1：月亮

【步骤1】　新建文档,大小为默认,背景颜色设置为黑色,保存文件名为"月亮",如图2.73所示。

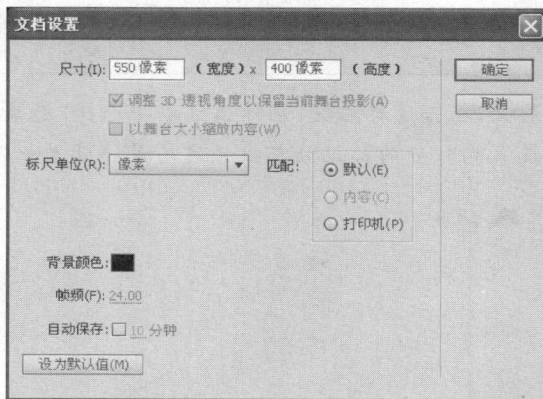

图 2.73　新建文档

【步骤2】　选择椭圆工具，设置笔触颜色为无，填充颜色为黄色，在舞台上画一个大小合适的正圆，如图 2.74 所示。

【步骤3】　选择椭圆工具，设置笔触颜色为无，填充颜色为黑色（和背景色相同），在舞台上画另一个正圆，部分覆盖步骤2中所画圆，形成月亮，如图 2.75 所示。

图 2.74　绘制圆

图 2.75　绘制月亮

【步骤4】　创建新的图形元件，命名为"云彩"，如图 2.76 所示。

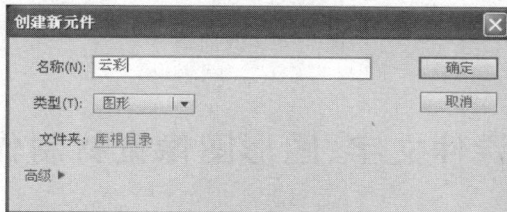

图 2.76　新建"云彩"元件

【步骤5】　选择椭圆工具，设置笔触颜色为无，填充颜色为白色，在界面上重复绘制若干个椭圆，构造云彩形状，并用选择工具对云彩形状进行调整，如图 2.77 所示。

【步骤6】　切换到场景中，按 Ctrl＋L 键打开库，拖动"云彩"元件到场景中，用任意变形工具和选择工具调整云彩的大小和位置。重复本步骤,在不同的位置上放置若干朵云彩,如图 2.78 所示。

图 2.77　绘制"云彩"

图 2.78　使用"云彩"图形元件

【提示】　库是用来存放元件、声音、视频、图片等元素的地方,在库中的对象可以反复调用,实现资源共享。元件是在库里面,一旦将元件从库中拖出来就是实例了。删除实例不会影响元件。元件需要通过实例来表现,实例是依赖于元件而存在的。在库中双击元件或在场景中双击实例可以更改元件的属性(如:颜色,大小等),当库中元件的属性发生变化时,场景中所有与该元件相关的实例都会发生变化。

【步骤 7】　按 Ctrl+Enter 键,查看最终的效果,如图 2.79 所示。

图 2.79　"月亮"最终效果

案例 2:圣诞贺卡

【步骤 1】　新建文档,大小为默认,背景颜色设置为黑色,保存文件名为"圣诞贺卡",如图 2.80 所示。

【步骤 2】　选择矩形工具,按 Shift+Alt+F9 组合键设置线性渐变,色标分别是红色和白色,如图 2.81 所示。

【步骤 3】　设置矩形工具属性,笔触为无,在舞台上画一矩形,大小为 550×400,即和舞台大小一致,也可以调用信息面板直接输入参数,并相对于舞台中央对齐,如图 2.82 所示。

53

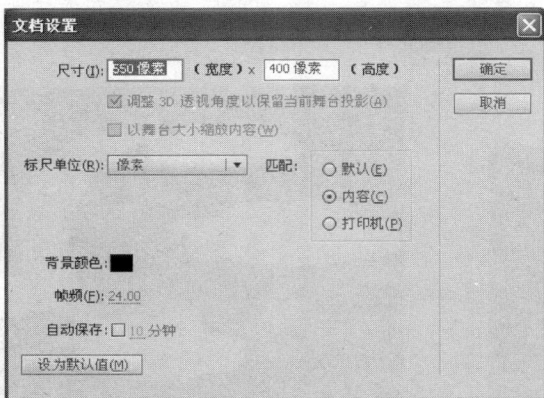

图 2.80　新建文档

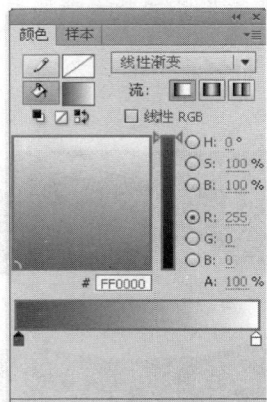

图 2.81　设置线性渐变

图 2.82　画矩形

【步骤 4】　选择渐变线性工具或按 F 键，单击舞台中的矩形对象，旋转光照中心，使得从上到下渐变，如图 2.83 所示。

图 2.83　调整渐变方向

【步骤5】 把此图层的名字修改为"背景",新建一个图层,命名为"雪花"。创建新图形元件,命名为"雪花",如图 2.84 所示。

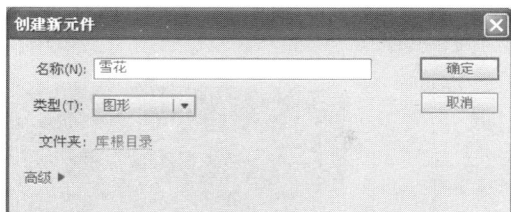

图 2.84 创建"雪花"图形元件

【步骤6】 选择线条工具,把笔触大小设置为 5,填充颜色为白色,在元件编辑界面上画雪花的一部分,如图 2.85 所示。

【步骤7】 利用任意变形工具,调整此图形的旋转、大小和位置,形成一个完整的雪花,如图 2.86 所示。

图 2.85 绘制"雪花"部分

图 2.86 形成完整雪花

【步骤8】 回到场景,按 Ctrl+L 键打开库,拖动雪花元件到舞台上,并调整大小和位置,如图 2.87 所示。

图 2.87 调整雪花大小和位置

第2章 课件文字、图形图像素材的设计与制作

【**步骤 9**】 选择 Deco 工具，设置属性，把绘制效果设为"树刷子"，高级选项选择"圣诞树"，其他值可默认，如图 2.88 所示。

【**步骤 10**】 新建一个图层，命名为"圣诞树"，按住鼠标左键在舞台上移动，绘制一个圣诞树，如图 2.89 所示。

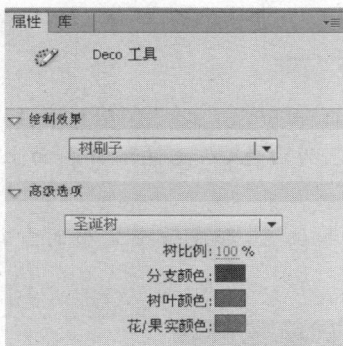

图 2.88　设置 Deco 工具参数　　　　　　　　　图 2.89　绘制圣诞树

【**提示**】 绘制效果包括：藤蔓式填充、网格填充、对称刷子、3D 刷子、建筑物刷子、装饰性刷子、火焰动画、火焰刷子、花刷子、闪电刷子、粒子系统、烟动画和树刷子。

【**步骤 11**】 新建一个图层，命名为"text"，选择文本工具，输入文本"Merry Christmas"，并设置文本的字体、大小、阴影和光晕效果，如图 2.90 所示。

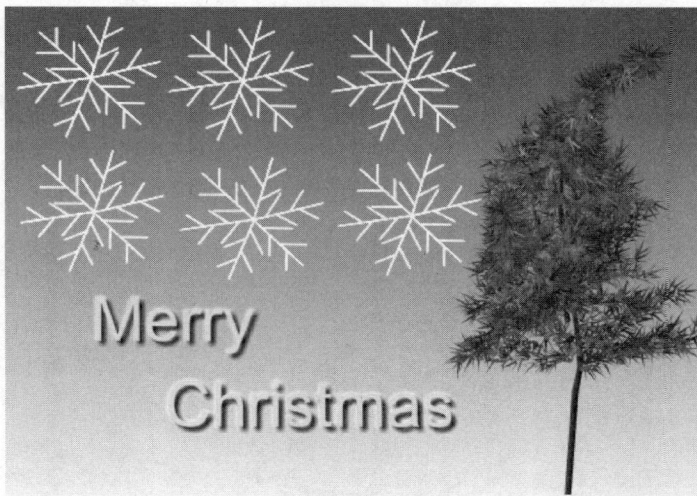

图 2.90　设置文本

【**步骤 12**】 至此，简易圣诞贺卡制作完毕。"时间轴"如图 2.91 所示。按 Ctrl＋Enter 键，查看最终的效果，如图 2.92 所示。

图 2.92 "圣诞贺卡"最终效果

图 2.91 圣诞贺卡时间轴

2.6.2 课件文字素材制作实例

案例：金属文字

【步骤1】 新建文档，设置文档属性，本例中背景色设置为黑色，其他为默认。保存文件名为"金属文字"，如图 2.93 所示。

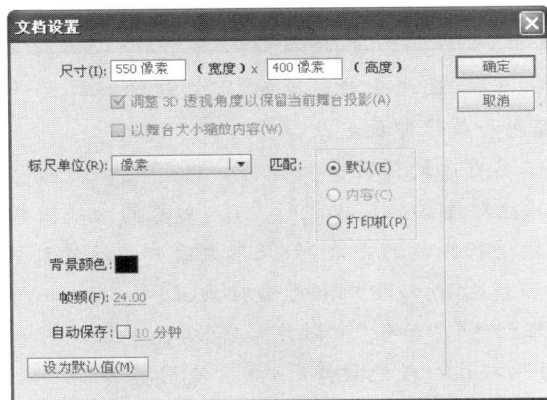

图 2.93 新建文档

【步骤2】 在工具箱中选中文本工具，并在文本"属性"面板中设置相关属性，本例中设置其字体为 Arial，文本大小为 96，文本颜色为黄色。当然读者可以根据需要自由设置，制作出不同的文字效果。单击舞台，输入"Flash world"字样，如图 2.94 所示。

【步骤3】 选择"修改"|"分离"命令或者使用 Ctrl＋B 键，进行两次分离操作，将文本分离为形状，如图 2.95 所示。

【步骤4】 使用墨水瓶工具，线条颜色随意，笔触大小设为 4，为文字的所有笔画加上边线，如图 2.96 所示。

图 2.94　输入文字

图 2.95　打散文本

图 2.96　用墨水瓶工具给文字加边线

【提示】　Flash 墨水瓶工具可以改变线段的样式、粗细和颜色，墨水瓶工具可以为矢量图形添加边线，但它本身不具备任何的绘画能力。

　　选择墨水瓶工具，在"属性"面板中对线段的颜色、粗细和样式进行设置，使用墨水瓶工具单击这段线段，线段颜色和属性即被更改。

　　线段不能被墨水瓶工具更改的情况：

　　（1）"墨水瓶工具"只能对连续的线段进行更改，如果两条线段相交在一起，需要多次使用"墨水瓶工具"单击线段进行线段的更改，如果想大面积快速更改线段颜色，只需要使用选择工具框选边线，在"笔触颜色"面板中对颜色进行设置。

　　（2）对于"组"、"图形元件"、"按钮"、"影片剪辑"首先确认图形和线段是可编辑状态，可以双击进入"组"或"元件"，确认线段能被修改，然后使用墨水瓶工具进行线段的更改。

　　选择墨水瓶工具，在"属性"面板中对边线的颜色、粗细、样式进行设置后，确认所要填充的图形为可编辑状态后，使用墨水瓶工具单击矢量图形，图形即被添加了边线。

　　【步骤 5】　按住 Shift 键，将所有笔画选中，注意不要选到边线，可以将显示比例放大到200 或更高，这样容易选一些。全部选中后，单击"修改"|"转换为元件"命令或直接按 F8键，将笔画转换为图形元件，如图 2.97 所示。

　　【步骤 6】　将舞台上的笔画元件删除，现在应该只剩下边线了，如图 2.98 所示。

　　【步骤 7】　使用选择工具选中所有边线，然后选择颜料桶工具，按 Shift＋Alt＋F9 组合键，打开"颜色"面板，将线条颜色设为"线性渐变"填充，左色标为黑色，右色标为白色，如图 2.99 所示。

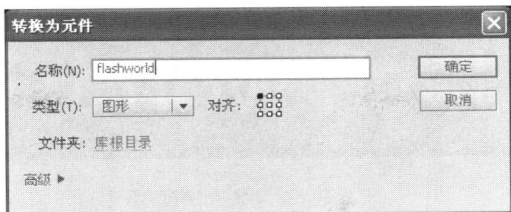

图 2.97　转换为图形元件

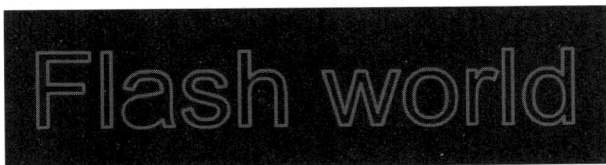

图 2.98　只有边线的文字

【步骤 8】　选择"编辑"|"全选"菜单命令或直接按 Ctrl＋A 键,选中所有轮廓线条。然后选择"修改"|"形状"|"将线条转为填充"菜单命令,将轮廓线条轮换为填充格式,单击或直接按 K 键从工具箱中选中颜料桶工具,使用颜料桶工具进行填充,如图 2.100 所示。

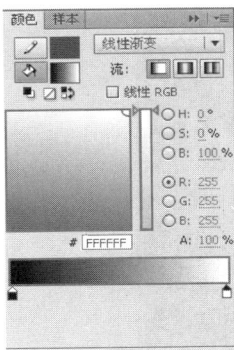

图 2.99　设置线性渐变

图 2.100　填充边线

【步骤 9】　选中所有的边线,将它转换为图形元件。打开库,双击 Flash word 元件,进入元件编辑状态,选中所有文本,打开"颜色"面板,将填充色设为"线性渐变"填充,调整线性渐变如图 2.101 所示,设置共 7 个色标,从左到右依次为白色和灰色间隔。

【步骤 10】　使用渐变变形工具,旋转,缩放渐变填充,直到金属效果明显,如图 2.102 所示。

【步骤 11】　回到主场景,将 Flash world 元件从库中拖到舞台上,放在边线元件上,这时就能看到一个不错的金属文字效果。用方向键调整元件的位置,可以得到不同角度的 3D 效果,如图 2.103 所示。

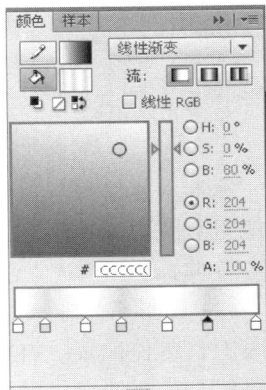

图 2.101　设置线性渐变

59

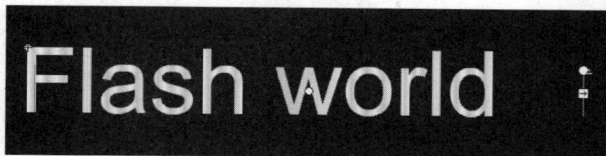

图 2.102　金属文字成型

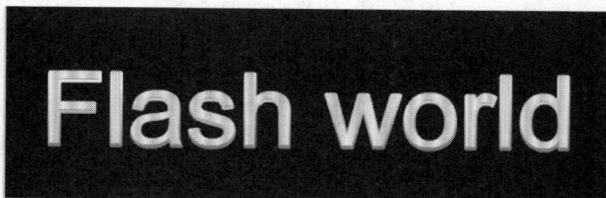

图 2.103　调整位置

【**步骤 12**】　按 Ctrl＋Enter 键，查看最终的效果，如图 2.104 所示。

图 2.104　金属文字

小　　结

　　本章主要学习与理解 Flash 课件中文字、图形图像素材设计的基本原理；学会多媒体课件图形图像的绘制、多媒体课件图形图像的编辑、静态文字的处理与编辑、动态文字的处理与编辑。

　　（1）图形常用于表达形状、大小经常改变的画面，同时它们又有很高的精度要求。图像常用于表达各种教学内容中的照片、透明胶片、单帧视频和数字化实物景象等。文字是多媒体课件最重要的组成因素，在课件中常用于表达科学原理、概念、公式、原则、命题、图像说明和各种功能菜单、使用说明等。

（2）图形图像的绘制要经常使用工具箱中的工具。每个工具都能实现不同的效果，熟悉各个工具的功能特性是 Flash 学习的重点之一。本章中的实例融合了大多数工具的使用技巧和方法。

（3）使用钢笔工具可以绘制的最简单路径是直线，方法是通过单击钢笔工具创建两个锚点。继续单击可创建由转角点连接的直线段组成的路径。曲线是绘制图形时很重要的元素，在曲线改变方向的位置处添加锚点，并拖动构成曲线的方向线，方向线的长度和斜率决定了曲线的形状。任意线条的绘制必须对线条上的锚点进行自如的操作和控制。

（4）要修改一个对象，必须先选择它。选取工具可以选择全部对象，方法是单击某个对象或拖动对象以将其包含在矩形选取框内。可以将若干个单个对象组成一组，然后作为一个对象来处理。修改线条和形状会改变同一图层中的其他线条和形状。

（5）文本工具是 Flash 中一个常见的重要工具，单击工具栏中的 T ，或直接按 T 键，就可选中文本工具，"属性"面板中会出现相应的文本工具的属性。在动画电影的播放过程中，文本区域中的文本是可以编辑和改变的。

（6）文本变形是指以对象的形式进行自由变形。在 Flash 中，要想实现文字的变形、光晕、透明等效果，必须对其打散使其具有图形的属性。打散将元件拆分成基本的矢量元。要使文字具有多样化的特性时（如变形文字、渐近文字），首先必须将文字对象转换成矢量图形，要注意的是，文字转换成矢量图形后，就无法使用文字工具修改文字了。在 Flash 中，可以把文本处理成各种特效动画文本，如空心文字、立体文字、光影文字、渐显文字等。

思考与练习

1. 以具体课件为例，体会与应用课件中文字、图形图像素材设计基本原理。
2. 练习直线、曲线和任意线的绘制。
3. 练习图形图像的编辑。
4. 练习静态文字的处理与编辑。
5. 练习动态文字的处理与编辑。
6. 完成本章中所有实例。

第3章 课件动画素材的设计与制作

▶▶▶

【本章学习导读】

【知识重点】

（1）了解多媒体课件 Flash 动画素材设计基本原理。

（2）掌握 Flash 基本动画与图层动画制作过程。

（3）学会应用 Flash 制作简单教学动画。

【学习任务】

（1）逐帧动画的制作。

（2）运动动画的制作。

（3）变形动画的制作。

（4）引导层动画的制作。

（5）遮罩层动画的制作。

（6）多媒体课件动画素材动画制作案例练习。

3.1 多媒体课件动画设计基本原理

随着多媒体信息技术的飞速发展与广泛应用，视觉表现艺术在多媒体课件中承担越来越重要的作用。动画素材作为多媒体课件中一种常用的视觉元素，其生动的形象与表现力，既能反映事物发展变化现象与规律，又能激发学习兴趣，因而在许多课件中广泛应用。

多媒体动画软件为动画素材创作提供了有力的工具和艺术想象力的空间，使电脑动画技术与教学信息完美结合，有效提高教学效果。在众多的动画软件中，Flash 作为基于矢量的具有交互性的图形编辑和二维动画制作软件，以其强大的动画制作功能和超凡的视听表现力成为应用相当广泛的平台之一，学习与掌握应用 Flash 设计制作课件动画素材成为网络动画与教学资源开发的基础。

3.1.1 动画基本原理——视觉暂留

动画即活动的画面，是通过把一系列连续变化的单个画面以一定的速率放映的形式，使画面中的对象随着时间的推移而产生运动或改变，使本来没有生命的形象活动起来，从而产生动态视觉的技术和艺术。动画与运动是分不开的，可以说运动是动画的本质，动画是运动的艺术。

作为将静止的画面变为动态的艺术，动画的形成所依托的是人类视觉中所具有的"视像暂留"特性。人的眼睛在观察景物时，当看到的影像消失后，人眼仍能继续保留其影像0.1～0.4s左右的图像，形成残留的视觉"后像"，如果前后两个视象之间的时间间隔不超过0.1～0.4s，那么前一个视象尚未消失，而后一个视象已经产生，并与前一个视象融合在一起，就会形成视觉暂留现象。电影、电视、动画技术正是利用人眼的这一视觉惰性，在前一幅画面还没有消失前继续播放出后一幅画面，一系列静态画面就会因视觉暂留作用而给观看者造成一种连续的视觉印象，一组活动的画面就会产生逼真的动感，造成一种流畅的视觉变化效果，如图3.1所示为电影画格与动画帧效果。

画格序列形成电影电视画面

动画帧序列形成动画

图3.1　动画效果

3.1.2　Flash动画基本原理

Flash软件把场景可视工作区当作舞台，如图3.2所示，诸如文字、图形、影片剪辑等表演对象以实体形式在场景中展现，使用图层来确定舞台上各个对象的前后次序、分解对象中不同动画效果构件，使用时间轴确定各个对象出场的顺序，以动画帧记载动画变化规律。Flash动画的实现采用的是图层、时间轴和关键帧技术。针对不同的对象图层，在时间轴上先后加入包含不同内容的关键帧，在关键帧中记录对象或对象属性所发生的变化，而两个关键帧之间的帧序列则由Flash软件运算"补间"生成，播放的时候按照先后顺序读取时间轴上的关键帧，随着关键帧上的内容变化而产生动画。

Flash的基本动画制作空间主要有：场景与"影片剪辑"元件编辑区。场景作为动画对象直接表现的空间，其对象的动画轨迹直接反映在舞台上，以动画帧体现在该对象所在的图层中，如图3.3所示。"影片剪辑"元件则作为场景的一个自带动画属性的对象嵌套在场景中，其内在的动画特征主要通过"影片剪辑"编辑区完成和反映，如图3.2所示。"影片剪辑"元件既可以按照元件编辑区所确定的自主动画属性自行变化，也可以作为一个整体实例同时在场景中赋予符合场景需要的另一个动画。

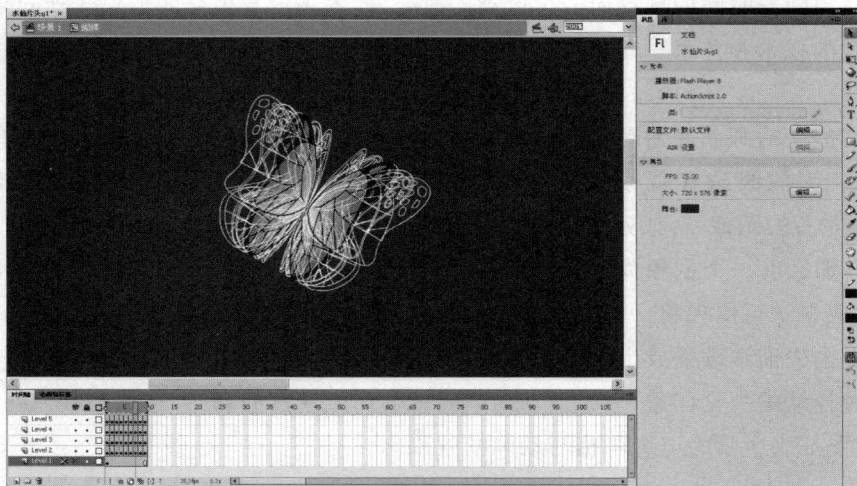

图 3.2 "影片编辑"元件编辑区

图 3.3 Flash CS6 动画创作空间

3.1.3 Flash 动画制作中的相关概念与设置

1. 动画帧

　　帧（Frame）是一个和图层的概念同等重要的概念。如同电影电视一样，Flash 动画也是一系列画格连续播放产生的一种视觉效果，而其中的画格则用"帧"来作为载体，产生动画最基本的元素正是那些画格上静止的图片（帧 Frame），Flash 的帧表现在"时间轴"上，外在特征为一个个小方格。如何生成帧，就成为制作 Flash 动画的核心。

　　与动画相关的帧主要有时间轴上的普通帧、关键帧和空白关键帧，而声音帧、动作帧则是基于关键帧的操作，因此，Flash 动画创作的要领在于"关键帧"的创建与编辑。Flash 就是在关键帧的对象变化或对象的属性变化中形成动画的，因而 Flash CS6 创建动画的关键帧主要有两种：基于对象改变来形成动画的对象关键帧和基于对象属性变化来形成动画的属性关键帧。

动画帧在时间轴上的基本操作主要是选择帧，选择帧后右击鼠标、在弹出的快捷菜单中选择相应的帧操作。

1）选择帧

在 Flash 中选择帧的方法主要有以下几种：

（1）若要选中某个图层时间轴上的单个帧，只需选择帧所在位置，如图 3.4 所示。

（2）若要同时选中多个图层时间轴上同一帧，可以选择其中一图层帧，按住鼠标左键，往上、往下移动鼠标即可同时选中多个图层帧，如图 3.5 所示。

（3）若要选择连续的多个帧，只需按住 Shift 键然后分别选中连续帧中的第一帧和最后一帧；也可选择第一帧或最后一帧，按住鼠标左键，往右、往左移动鼠标同时选中一段连续帧，如图 3.6 所示。

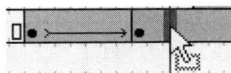

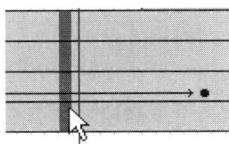

图 3.4　单选帧　　　　图 3.5　同时选多层帧　　　　图 3.6　同一层连选帧

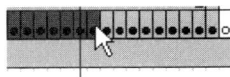

（4）若要选择不连续的多个帧，只需按住 Ctrl 键，依次用鼠标选择帧。

2）利用动画帧右键菜单选项进行帧操作

在选择帧或帧序列后，便可在选中帧或帧序列上右击鼠标，在弹出菜单上选择相应的操作选项来实现，如图 3.7 所示。

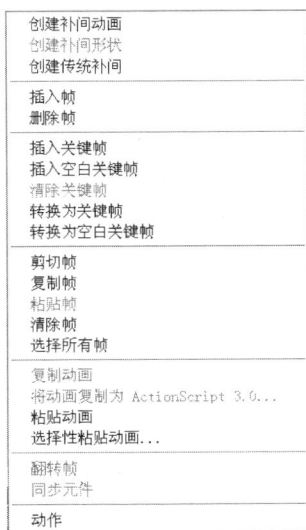

图 3.7　右键帧操作菜单

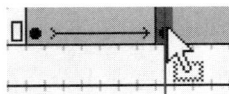

图 3.8　移动帧

3）移动帧

单击选择需要移动的帧，松开鼠标左键后重新再选并按住左键，光标变成，便可把当

第3章　课件动画素材的设计与制作

前选中帧移到任何位置，如图 3.8 所示。

熟悉时间轴上相应的帧类型，是顺利制作 Flash 动画的前提。时间轴上的动画类型则是通过单帧或帧序列的图示标识类型来显示的，如表 3.1 所示。

表 3.1　时间轴上动画帧类型

帧　类　型	帧　标　识	呈现方式与作用
普通帧		在时间轴上显示为灰色填充的小方格，为前面关键帧的后继帧序列，对关键帧形态的时间延长，用于延续前一个关键帧上的内容，不可对其进行编辑操作。序列最后一帧带有白色小矩形，预示该帧序列结束
空白帧		在时间轴上显示为白色小方格，显示当前帧没有内容
关键帧		在时间轴上显示为实心的圆点，定义动画关键内容的帧。用于定义动画变化、更改状态，即编辑舞台上存在实例对象并可对其进行编辑的帧
空白关键帧		在时间轴上显示为空心的圆点，用于隔断前面动画帧的延续，清除该帧后面的内容，添加新的实例对象
创建传统补间帧		在两个关键帧之间创建传统补间动画后，位于两个关键帧之间的系列帧通过黑线箭头连接，记录实例对象在两个关键帧之间的运动、缩放等属性变化（动画）过程。传统补间动画（运动补间）为蓝色背景帧系列
创建补间形状帧		在两个关键帧之间创建补间形状动画后，位于两个关键帧之间的系列帧通过黑线箭头连接，记录图形在两个关键帧之间的变形动画过程。变形补间动画为浅绿色背景帧系列
补间错误帧		在关键帧之间建立传统补间动画后，位于两个关键帧之间的系列帧呈现虚线连接，表示动画设置失败，补间动画存在错误
创建补间动画帧		在关键帧序列上创建补间动画后，关键帧及其后的帧序列，记录元件及实例在两个关键帧之间的属性变化（动画）过程，补间动画为浅蓝色背景帧系列
行为动作帧		帧中带有"a"表示已经为此帧分配动作，当动画播放到此帧时优先执行帧中附加的动作行为
声音帧		在帧中添加声音后，以波形表示帧序列加载声音，波形幅度表示声音音量大小

2. 帧速率（帧频）

帧速率是指动画帧播放的速度，决定动画每秒播放多少帧，也就是说，时间轴上由多少帧构成 1s 画面。过慢的帧速率会使动画播放不流畅，过快的帧速率会容易模糊动画细节，因此设置合适的动画帧速率十分必要。

帧速率的设置可从"文档设置"对话框中操作，如图 3.9 所示，在菜单栏上选择"修改"|"文档"命令，打开"文档设置"对话框，在"帧频"处单击数字，在弹出框中输入相应的帧速率。对于制作课件动画和网络动画素材，一般选择 12～15fps，而对于应用到 PAL 制数码视频中的动画，则需要选择 25fps，应用到 NTSC 制数码视频中的动画，则需要选择 30fps。

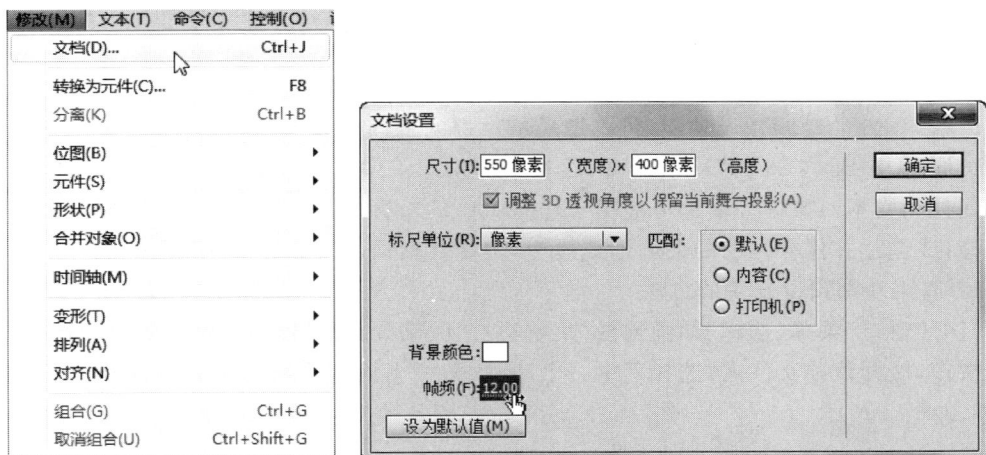

图 3.9　帧速率设置

3．图层、时间轴及动画帧的关系

在"时间轴"选项卡上，排列着承载动画对象的图层，每个图层如同一层透明的玻璃纸，按上下顺序重叠，组成一个动画对象或多个动画对象，如图 3.10 所示。图层的作用主要有两个：其一是承载舞台上具有不同动画设置的实体对象；其二是分解某一实体对象中需独立进行动画设置的部分。由于 Flash 的动画属性修改与设置往往是以整个图层作为调整设置单位，也就是说，该层所做动画设置将影响整层所有对象元素，因而，对于 Flash 对象中某个需要独立设置动画的部分，往往需要把其单独分解在另一个图层以便于进行专属的动画属性设置。例如，设置人讲话动画，往往需要把嘴巴部分分解到另一图层进行嘴巴张合动画设置。

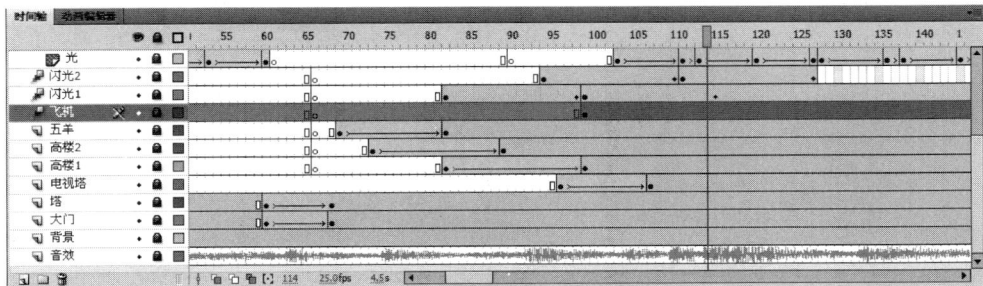

图 3.10　图层、时间轴与动画帧

每个图层均对应一条时间轴，时间轴上按照动画制作需要设置一个或多个帧序列，时间轴除决定 Flash 中各个对象的播放顺序，产生运动变化图像外，更结合动画帧序列确定对应图层所承载的对象呈现的动画演变规律。因此，在动画设置中应注意：

（1）确定场景舞台上各动画对象的前后顺序，把各对象分配到各个图层，按上下排列顺序确定其前后位置。

（2）对于需设置独立动画的对象或对象的某个部分构件，往往需要分离在另一个图层中单独进行动画设计，同时，利用图层的透明叠合原理，保证该独立设置动画的部分不会脱离原对象整体。

第3章　课件动画素材的设计与制作

（3）利用时间轴上的关键帧及帧序列，确定每个图层中对象的出场顺序、出场动画方式，结合帧速率设置，确定图层对象出场的时间长短、动画的变化时序。

4. 动画预设

Flash CS6 的动画预设功能，可以把一些做好的补间动画保存为模板，并应用到其他对象上。同时，Flash CS6 的"动画预设"面板中提供了 32 项默认预设动画效果，可以直接应用到元件和文本对象中。借助可应用于任何对象的"动画预设"面板，可以从大量预设中进行选择，或创建并保存自己的动画形成模板，实现共享预设以节省动画创作时间。

1）应用动画预设设置的方法

打开"窗口"菜单，选择"动画预设"菜单项打开"动画预设"面板，单击"默认预设"左侧的三角按钮，展开该项文件夹，选择其中一个动画，面板上面的小窗口中将出现相应的动画效果，如图 3.11 所示。

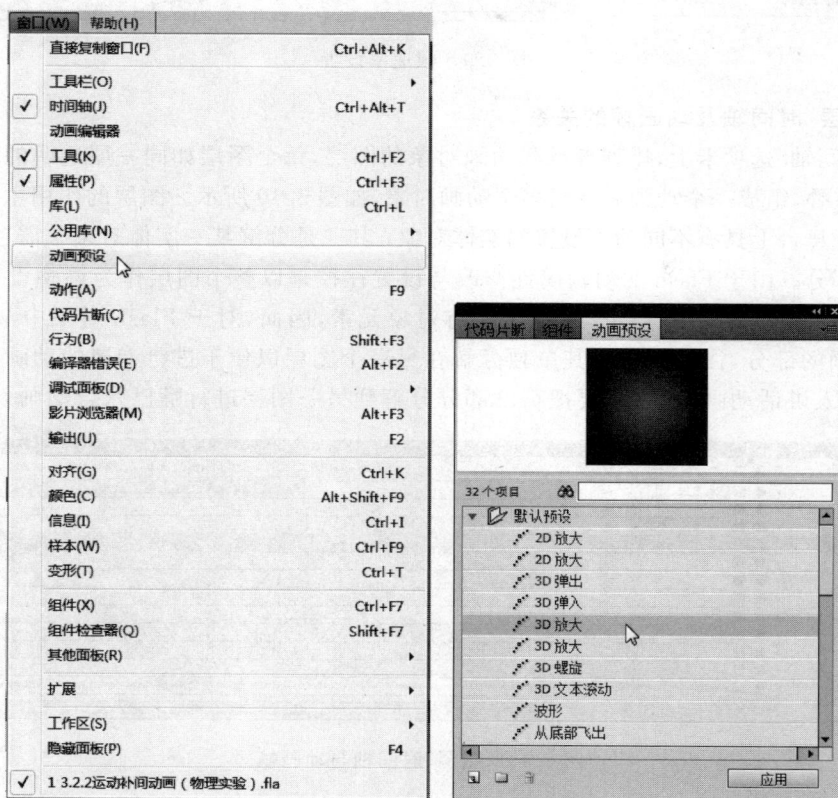

图 3.11　应用"动画预设"

【提示】 "动画预设"面板也可以通过在动画编辑区右边的快捷菜单条中单击"动画预设"快捷按钮打开。

2）保存当前制作的动画为"动画预设"方法

在时间轴上选中已制作的一段动画帧，在其上右击，在弹出菜单中选择"另存为动画预设"菜单项进行保存，如图 3.12 所示。

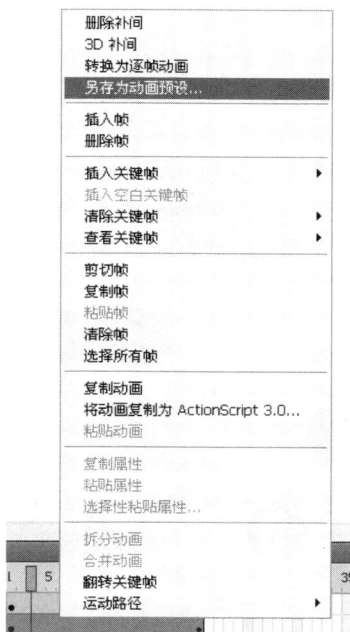

图 3.12　"另存为动画预设"命令

【提示】　由于 Flash 将预设另存为 XML 文件,因此,选择该保存的预设动画并不能看到其预览效果。可以到文件存储的目录 C:\Documents and Settings\用户\Local Settings\ApplicationData\Adobe\FlashCS6\语言\Configuration\MotionPresets 中寻找保存的动画预设文件,将其导出为 swf 文件并取相同的名字放到同一个目录中,就可以看到预览效果。

5. 动画编辑器

Flash CS6 配置了动画编辑器对关键帧参数进行细致控制,这些参数包括基本动画(位置与旋转)、转换(倾斜和缩放)、色彩效果、滤镜与缓动效果等 5 类,都使用图示显示以全面控制和轻松实现调整,如图 3.13 所示。

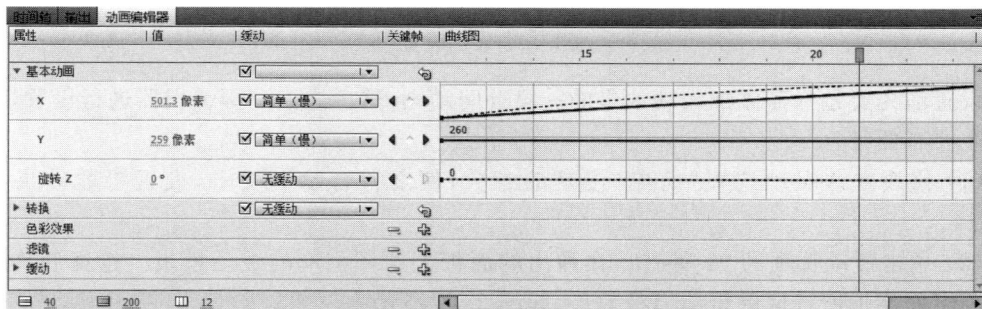

图 3.13　"动画编辑器"选项卡

其中,X 和 Y 的位移属性可以结合右边的属性曲线进行调整,旋转项中只有 Z 轴的旋转设置,而 Flash CS6 具有 3D 旋转功能,可以回到时间轴上的补间动画帧序列,在补间范围内选取想要 3D 旋转的帧,在工具箱中选择 3D 旋转工具,将动画对象按某轴旋转一定角度后，再回到动画编辑器，这时旋转选项将变成 X、Y、Z 三个选项。面板"色彩效果"、"滤镜"、"缓动"都是通过单击"＋"号来添加相应效果，并设置其属性值。

6. 缓动效果设置

"缓动"用于设定对象在补间动画过程中运动的加速度状态，默认为 0，表示动画对象补间动画过程为匀速运动变化；正数值为减速运动，补间动画过程由快到慢；负数值为加速运动，补间动画过程由慢到快。缓动应用于"创建补间动画"模式，以动画对象运动轨迹线上的帧点疏密程度来显示，如图 3.14 所示。

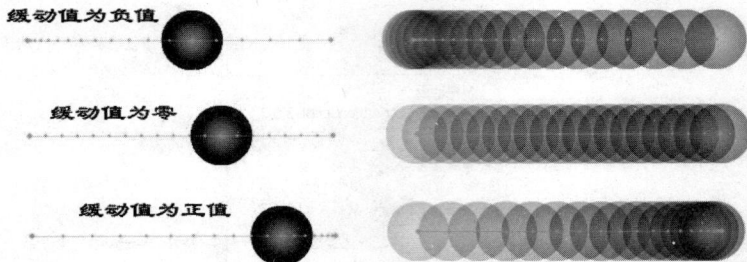

图 3.14　缓动效果比较

缓动的设置主要在动画编辑器面板中"缓动"下拉选项中设置，如图 3.15 所示。

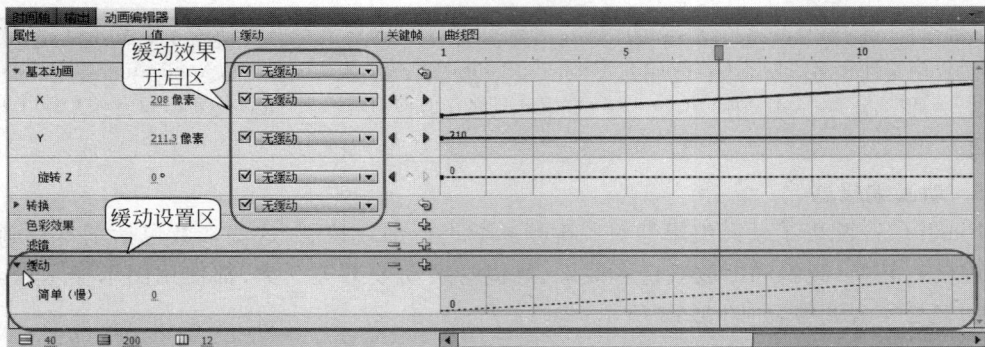

图 3.15　缓动设置

设置前先要选择需添加缓动效果的一段补间动画，然后进入动画编辑器进行设置，设置方法主要有两种：

（1）修改默认缓动选项"简单（慢）"的参数，使之符合动画要求，设置参数效果参考图 3.14。

（2）单击缓动选项的"＋"按钮，在弹出的面板上选择相应的缓动模板。选择后将在缓动选项下面添加所选取的缓动模板效果，如图 3.16 所示。

设置完成后，在需添加缓动效果的"基本动画"选项或"转换"选项效果开启区下拉菜单处选择对应的缓动效果，实现缓动效果的添加。Flash 所配置的缓动模板，可以轻松实现课件中的许多动态，如物理课件的弹性、振动等。

7. 使用绘图纸外观

作为动画辅助工具，绘图纸外观功能常用于动画制作过程。一般动画创作过程，在播放

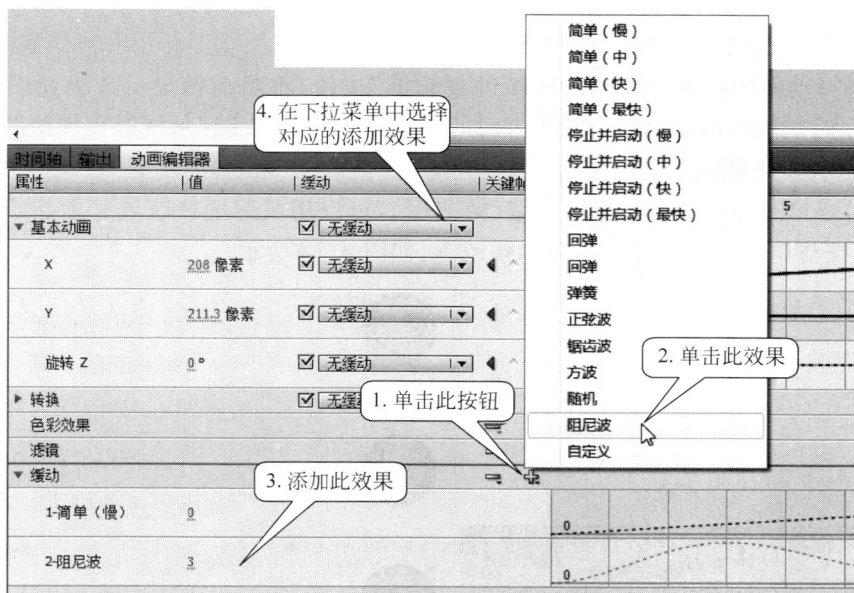

图 3.16　缓动类型添加

头指定的某个时间,舞台上仅显示动画帧序列中的一个帧。为便于定位和编辑逐帧动画,或查看动画变化过程的细节,往往需要在舞台上一次查看两个或更多的帧。应用绘图纸外观功能,便可将播放头指定的当前帧用全色彩显示,但是其余的帧则采用暗淡半透明图或轮廓外框在该帧显示位置同时呈现,看起来就像每个帧都画在一张半透明的绘图纸上,而这些绘图纸相互层叠在一起,从而可以观察到帧与帧之间动态变化的全过程。

绘图纸外观辅助工具位于时间轴对话框下方,如图 3.17 所示,提供了 4 个效果按钮:绘图纸外观、绘图纸外观轮廓、编辑多个帧以及修改绘图纸标记。其中"修改绘图纸标记"按钮的弹出菜单中配有如下选项。

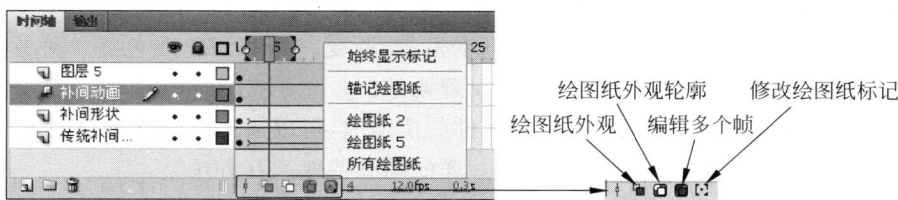

图 3.17　绘图纸外观设置

(1) 始终显示标记:总是在时间轴标题栏中显示绘图纸外观标记,无论绘图纸外观是否打开。

(2) 锚记绘图纸:将绘图纸外观标记锁定在时间轴标题栏中的当前位置。通常绘图纸外观范围是和当前帧指针及绘图纸外观标记相关,通过锚定绘图纸外观标记,可以防止绘图纸外观范围随当前帧的指针移动。

(3) 绘图纸 2:在当前帧的两边各显示两个帧。

(4) 绘图纸 5:在当前帧的两边各显示 5 个帧。

（5）所有绘图纸：在当前帧的两边显示所有帧。

绘图纸外观调用方法（以"绘图纸外观轮廓"为例）：

（1）选择动画帧系列，单击"绘图纸外观轮廓"按钮，将当前帧显示选为绘图纸外观轮廓。那么在时间轴当前帧指针位置上方时间轴标题栏的帧数字区域同时出现绘图纸外观标记及标定显示区域 ⊙5│ ⊙10 。

（2）需要修改绘图纸外观显示区域（帧范围），可以用鼠标选择区域显示起始和结束的小白圆圈，按住鼠标左键拖动到需显示帧范围，如图3.18所示。

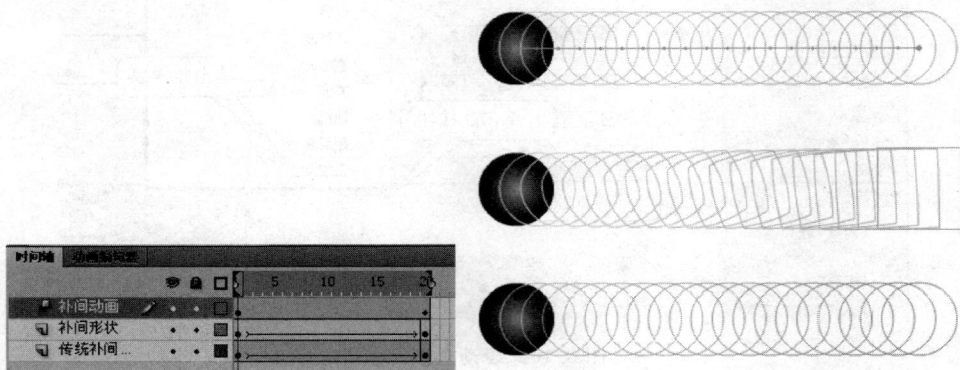

图 3.18　绘图纸外观轮廓设置

【提示】　被锁定的图层不能显示绘图纸外观。因此，为避免出现大量容易引起混乱的图像，可锁定或隐藏不希望对其应用绘图纸外观的图层。

8. 套用滤镜

Flash 如同 Photoshop 一样提供了类似的滤镜，在动画制作中可以为动画对象添加简单而且是动态的特效，使动画显得更加丰富真实。Flash 平台限定只能针对文本、按钮和影片剪辑对象应用滤镜。滤镜使用主要在"属性"面板下面的"滤镜"选项中通过附带的操作按钮进行添加、预设、删除、重置等操作，其操作界面与按钮如图3.19所示。

Flash 提供了投影、模糊、发光、斜角、渐变发光、渐变斜角和调整颜色等7种常用滤镜，每个滤镜在"属性"面板中都用相应的参数设置调整。

把滤镜添加到文本、按钮或影片剪辑元件的实例中，可以通过补间动画使滤镜产生动态变化，使静态滤镜转变为动态滤镜，制作不一样的动画特效。其方法是：

（1）在需添加滤镜的对象上设置一段补间动画帧序列，在其起始关键帧选择需添加滤镜的文本、按钮或影片剪辑实例对象，

（2）在"属性"面板中"滤镜"选项下单击"添加滤镜"按钮，在弹出的菜单中选择滤镜，相应的滤镜就会添加到"滤镜"选项面板中，并展开其可调整的参数项，修改参数，滤镜调整效果所看即所得。

（3）选择结束关键帧，选择已添加滤镜的文本、按钮或影片剪辑实例对象，在"属性"面板"滤镜"选项下相应的滤镜进行参数修改，使对象的滤镜效果产生变化，动态滤镜自然生成。

一个对象可以添加多个滤镜，滤镜可以重置、删除或启用、禁用。

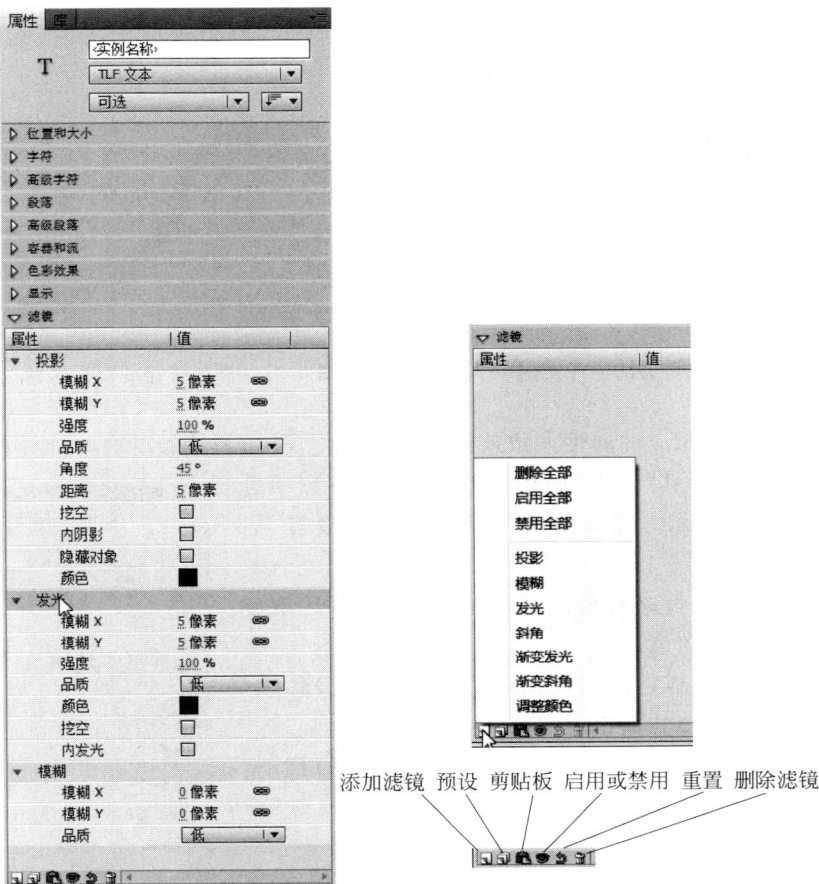

添加滤镜 预设 剪贴板 启用或禁用 重置 删除滤镜

图 3.19　滤镜套用设置面板

9. 骨骼工具

Flash 从 CS4 开始新增了制作动画的骨骼工具。应用骨骼工具制作的骨骼动画又称反向运动(IK)动画,是一种通过对对象添加骨骼并使用骨骼的关节结构对一个对象或彼此相关的一组对象进行动画处理的方法。使用骨骼工具,只需进行简单的设计工作,元件实例和形状对象就可以按复杂而自然的方式移动。例如,可以更加轻松地创建人物动画,如胳膊、腿和面部表情。

Flash 提供了两个用于处理 IK 骨骼动画的工具。使用"骨骼工具"可以向元件实例和图形形状添加骨骼;使用"绑定工具"可以调整(绑定或解除)形状对象的各个骨骼和控制点之间的关系。

可以向单独或多个的元件实例或图形形状添加骨骼,也可以对单个形状的内部添加骨骼,添加的骨骼相连形成骨骼链,又称为骨架。在父子层次结构中,骨架中的骨骼彼此相连。骨架可以是线性的或分支的。源于同一骨骼的骨架分支称为同级。在一个骨骼移动时,与启动运动的骨骼相关的其他连接骨骼也会移动。使用反向运动进行动画处理时,只需指定对象的开始位置和结束位置即可。通过反向运动,可以更加轻松地创建自然的运动,图 3.20 为已添加 IK 骨架的元件实例,图 3.21 为添加内部骨骼的图形形状。

74

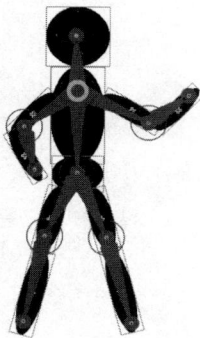

图 3.20　添加骨骼的元件实例

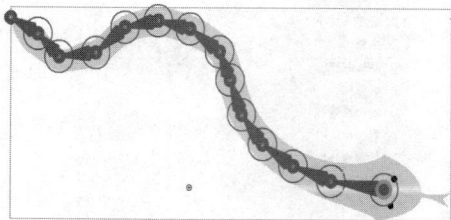

图 3.21　添加骨骼的图形形状

　　骨骼工具提供了相应的属性参数控制动画的调整，添加了骨骼以后，可以用选择工具选择需编辑的骨骼，打开其"属性"面板，选择相应的参数项进行调整，如图 3.22 所示。联接的每一项参数项都设有"启用"和"约束"选项。

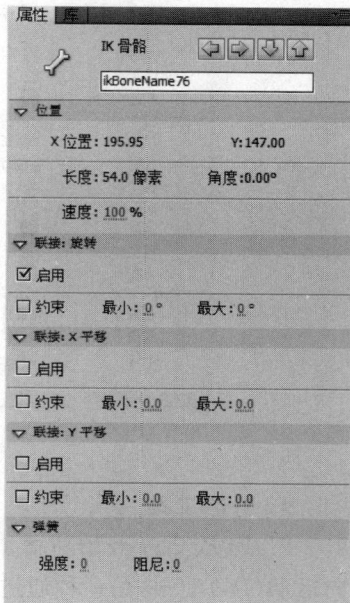

　　联接：旋转，提供骨骼对象旋转控制功能，并可约束旋转的最大角度和最小角度。

　　联接：X 平移，控制骨骼对象的水平方向（左右）移动，并可约束平移的最大值和最小值。

　　联接：Y 平移，控制骨骼对象的垂直方向（上下）移动，并可约束平移的最大值和最小值。

3.1.4　Flash 动画类型

　　在 Flash CS6 平台，基础动画按照动画变化类型主要分为基于动画对象的形状、位置、大小、颜色及透明度等基本属性变化的单图层基本动画，以及基于引导线、遮罩等特殊图层的图层动画，另外还有 CS4 版本以后新增的 3D 动画和骨骼动画。而按照动画制作技术划分则可以分为逐帧动画和补间动画，补间动画根据不同动画对象性质和物理属性变化要求，又细分为形状补间和运动补间两种。

图 3.22　骨骼工具属性

　　Flash CS6 承接 CS4 创新的动画设置手法，其一，在把前面版本设置运动动画方式定在"创建传统补间"选项、保留"创建补间形状"选项的基础上，建立了新的"创建补间动画"选项，通过基于对象的动画对个别动画属性实现全面控制，将补间直接应用于对象而不是关键帧，无须手工创建关键帧或编写任何代码；其二，Flash CS6 同样提供了直观的"动画编辑器"面板，为"创建补间动画"实现快速微调动画、转换、颜色效果等；其三，参照 Premiere 运动轨迹模式，赋予补间动画运动路径以简单的贝塞尔曲线，在曲线上提供可以调整的带关键帧点的动画轨迹，方便控制关键帧之间的更改。

1. 逐帧动画

　　逐帧动画（Frame By Frame），又名帧帧动画，顾名思义就是动画的帧序列由一系列不带补间的关键帧组成,如图 3.23 所示。逐帧动画是一种常见的动画形式,其原理是在时间轴上连续的关键帧序列中分解动画动作,在每帧界面上逐帧创建不同的内容,使其连续播放而成动画,具有较大的灵活性,几乎可以表现任何想表现的内容,很适合于表现细腻的或跳动感强的动画,例如,人物或动物急剧转身、头发及衣服的飘动、走路、说话、文字书写打字等效果。

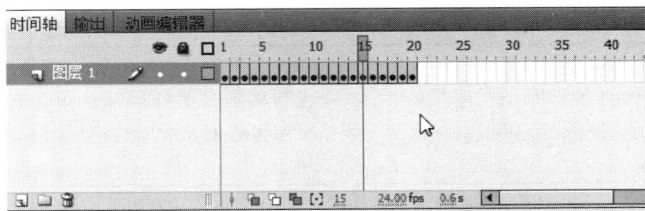

图 3.23　逐帧动画

【提示】
(1) 因为逐帧动画所涉及的帧的内容都需要创作编辑,任务量比较大,随之动画文件也会变大。

(2) 制作逐帧动画不涉及帧里面的内容是否元件、图形或是位图,这一点与移动渐变动画、形状渐变动画不同。

(3) 逐帧动画往往前帧与后帧的内容差别不大,可以使用 Flash 提供的绘图纸外观工具来观察前一帧甚至全部帧的变化,以便精确把握动画效果。

2. 补间动画

补间动画实质上是一个逐渐变化的动画,传统补间动画需要两个关键帧:动画帧序列的开始帧和结束帧,动画设置的关键在于规划设计好这两个关键帧。而在两个关键帧之间的普通帧序列则通过 Flash 软件运算自动形成从开始帧到结束帧的逐渐变化过程。术语"补间"(Tween)来源于词"中间"(In Between)。补间动画根据动画对象及其属性变化元素的不同而分为基于矢量图形的变形补间动画和基于元件实例的运动补间动画。

为方便快捷地创建和编辑动画,Flash CS6 新增直接应用于对象的"创建补间动画"模式,其效果与传统运动补间动画类似,但创建和编辑调整方法不同,如图 3.24 所示。

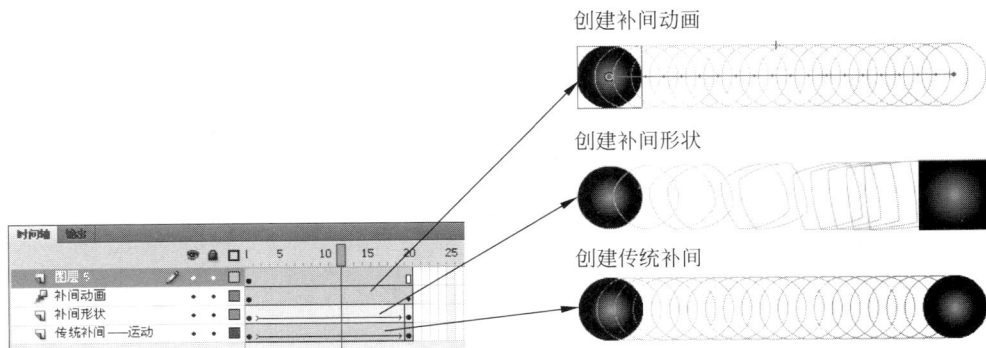

图 3.24　补间动画类型

3. 引导层动画

由引导层和被引导层上下组合构成,引导层中的引导线用于指导被引导层中的动画对象移动的路径,如图 3.25 所示。

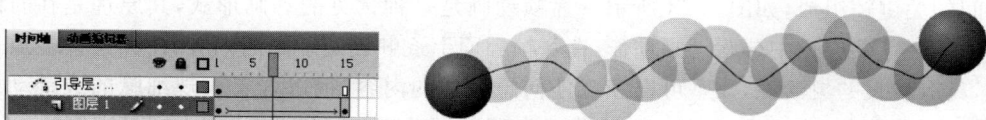

图 3.25 引导层动画

【提示】
（1）被引导的动画对象只能是元件实例，所以创建的动画必须是运动补间动画。
（2）引导层与被引导层是一对多的关系，一个引导层可以对应多个被引导层，但一个被引导层只能有一个引导层对应。

4. 遮罩层动画

遮罩层动画是 Flash 动画中应用较广的动画类型。遮罩层动画由遮罩层和被遮罩层上下组合构成，如图 3.26 所示。遮罩层位于被遮罩层上方，遮罩层中的图形外形决定被遮罩层中的动画对象显示的部分的大小，遮罩层中的图形位置决定被遮罩层中的动画对象显示的区域，相当于以遮罩层中图形外形为标准开了一个可以移动的窗口，透过此窗口看到被遮罩层中的动画对象的某部分。许多有特色的动画如探照灯效果、字体扫光、文字书写等效果都是应用遮罩动画来实现的。

5. 3D 动画

3D 动画实际上也属于"基本动画"类型的一种，只不过它属于 CS4 版本新增的功能，3D动画依托于 CS4 版本新增的 3D 编辑工具：3D 平移工具 和 3D 旋转工具 ，从而让图像在 Z 轴方向可以平移（放大缩小），在 X 轴和 Y 轴方向上也可以做旋转变化，解决以往的动画都只能在 Z 轴（正视平面）上进行顺时针或逆时针的旋转的局限，如图 3.27 所示。

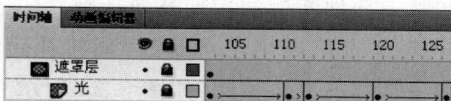

图 3.26 遮罩层动画

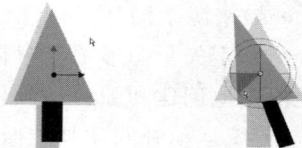

图 3.27 3D 平移和 3D 旋转

6. 骨骼动画

骨骼动画依托骨骼工具为元件实例或图形形状进行骨骼添加，形成关联的骨架，相关参与骨骼链的对象会集中形成一个新的层：骨架层 骨架 ，也称姿势图层，因而骨骼动画也可归类到图层动画类。骨骼关节结构的移动变化会使骨架层的帧变成关键帧，关键帧之间的动画形成由软件自动生成，如图 3.28 所示。

在 Flash 中可以按两种方式使用骨骼工具制作骨骼动画：

（1）基于元件实例的外部关联骨骼动画。通过向每个实例添加骨骼，用关节连接一系列的元件实例，形成骨骼链（即骨架），使连接在骨骼链中的元件实例组一起关联移动。如动画中人物动作可能具有一组影片剪辑元件，其中的每个影片剪辑元件代表人体需要活动的不同部分，通过骨骼工具将躯干、上臂、下臂和手等活动肢干连接在一起，通过骨架层关键帧的移动调整，便可创建出逼真的手臂摆动等动作。

（2）基于图形形状对象的内部添加骨架的骨骼动画。可以在场景绘制图形形状，通过骨骼工具在图形形状内部添加多个骨骼形成骨架,在骨架层的关键帧中通过调整骨骼关节移动形状的各个部分形成动画,而无须绘制图形的不同状态或创建补间形状。如向简单的蛇图形中添加骨骼链,调整骨骼关节就可以使蛇逼真地移动和弯曲。

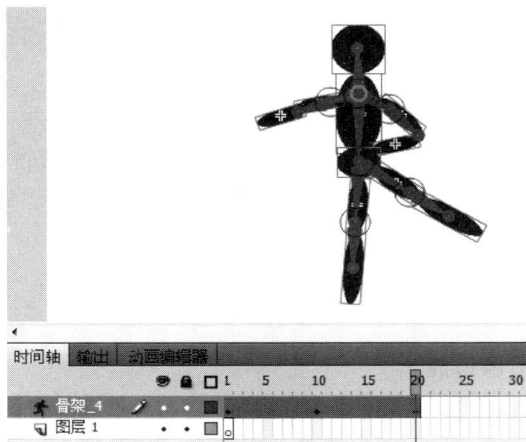

图 3.28　骨骼动画

【提示】
　　(1)在向元件实例或形状添加骨骼时,Flash 将实例或形状以及关联的骨架移动到时间轴中的新图层。此新图层一般称为姿势图层,默认为"骨架"层。每个姿势图层只能包含一个骨架及其关联的实例或形状。
　　(2)若要使用骨骼动画,必须在"发布设置"对话框的 Flash 选项卡中将 ActionScript 3.0 指定为"脚本"设置。

3.2　基本动画的制作

Flash 的基本动画主要是:
(1)基于每一帧进行创作的关键帧序列动画——逐帧动画。
(2)基于图形实体外形变化或从一个图形向另一个图形逐渐变化的变形补间动画。
(3)基于元件或组合实例的物理属性(位置、大小、颜色及透明度)变化的运动补间动画。

3.2.1　逐帧动画的制作

逐帧动画的制作主要是在时间帧上逐帧绘制帧内的动画对象形态或动作变化及场景内容。由于是一帧一帧地创建,所以逐帧动画具有非常大的灵活性,几乎可以表现任何想表现的内容,同时也带来动画文件体积的增大。

逐帧动画在时间帧上表现为连续出现的关键帧,如图 3.29 所示。

1. 创建逐帧动画的几种方法
(1)直接绘制矢量图形。
根据动画要求用鼠标或压感手写板笔在场景舞台上一帧一帧绘制、修改、调整帧内容。

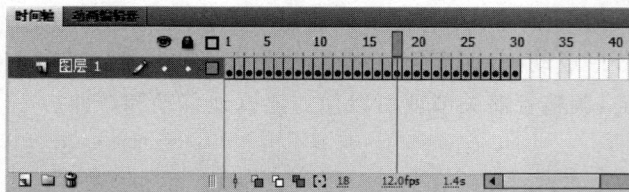

图 3.29　逐帧动画

（2）应用文字工具和分离组合选项创建文字。

用文字工具创作帧中文字，或应用分离与组合、转换成元件的方式分离整合字体和笔画，实现文字书写、打字显现、跳跃、旋转等动画效果。

（3）通过逐帧导入静态图片方式建立。

把 jpg、png 等格式的静态图片连续导入连续帧序列中并分布在各关键帧，建立一段逐帧动画。

（4）通过导入序列图像形成。

① 参考图 3.30，单击菜单栏"文件"｜"导入"｜"导入到舞台"命令直接导入舞台。

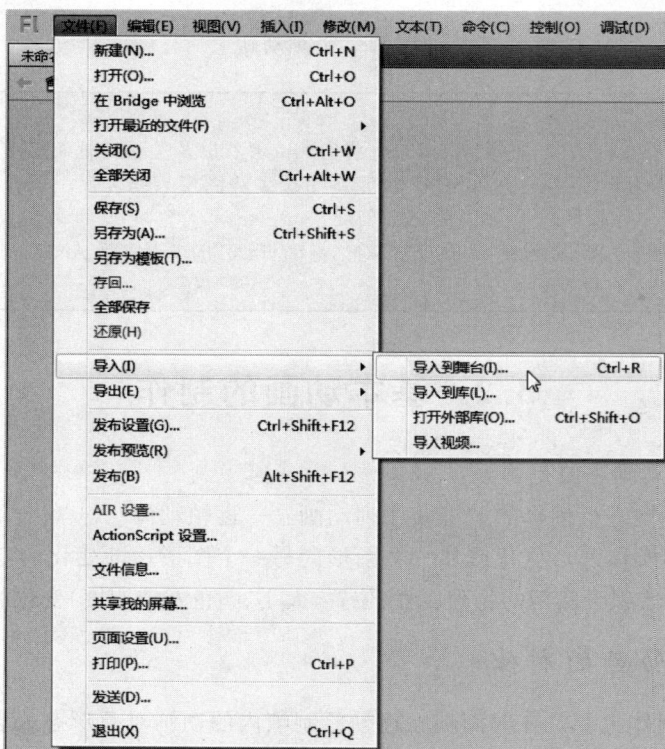

图 3.30　导入序列图像形成逐帧动画

② 直接导入 gif 序列图像、swf 动画文件或者利用第三方软件产生的动画序列，导入的文件将自动建立一个新层并把动态图像按帧展开，建立逐帧动画。

（5）应用 Deco 工具绘制。

① 选择动画起始帧位置，右击鼠标在弹出的菜单中选择"插入空白关键帧"命令。

② 如图 3.31 所示,选择工具箱中的 Deco 工具 ,在"属性"面板中绘制效果选择"藤蔓式填充"。

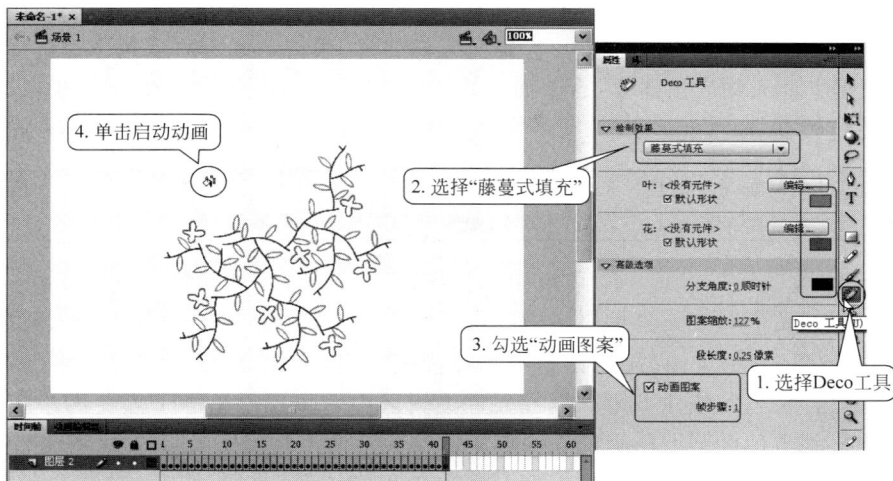

图 3.31　Deco 藤蔓式填充制作逐帧动画

③ 通过叶和花的"编辑"按钮,打开"交换元件"对话框,在该对话框罗列的库中元件选择替换,并用调色板分别选择叶、花、藤的颜色。

④ 勾选高级选项的"动画图案"复选框。

⑤ 在场景工作区中适当位置单击,Flash 将自动生成逐帧动画。

⑥ 如需停止动画,在正在生成的图案上单击即可。

【提示】 Flash CS6 在 Deco 工具的绘制效果中新增了火焰刷子、闪电刷子等新的绘制效果,可以为 Flash 动画模拟自然现象的动态效果,如图 3.32 所示。

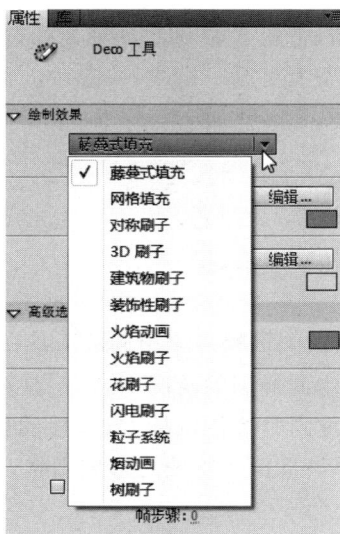

图 3.32　Deco 工具绘制效果

第3章　课件动画素材的设计与制作

2. 创建逐帧动画元件

下面以制作一个卡通人物表情为例，学习在元件编辑区中创建逐帧动画的方法。

(1) 在打开的 Flash 文档中，选择菜单栏“插入”|“新建元件”命令，打开“创建元件”对话框，在对话框中选择元件类型“影片剪辑”，元件名称“表情”，确定后进入影片剪辑编辑区。

(2) 根据卡通人物表情需要，自下而上建立 4 个图层：脸、帽、眼、嘴。并在各层第 1 帧建立空白关键帧。

> **【提示】** 如果动画对象的构件各个部分均有自定义的子动画，如眼睛眨动、嘴巴说话、手脚摆动等，需把这些子动画对象部分分解在不同的图层，以便于对其进行个性动画设置。

(3) 选择“脸”层第 1 帧，在工具箱中选择椭圆工具，在其“属性”面板中选择边线为“无色”，填充为“黄色”，在元件编辑区中间位置绘出一个黄色的椭圆作为卡通人物脸部。

(4) 选择“眼”层第 1 帧，在工具箱中选择椭圆工具，在其“属性”面板中选择边线为“无色”，填充为“黑色”，按住 Shift 键，在元件编辑区中间位置绘出一个黑色的小正圆形，把此黑色小圆移到黄色椭圆上眼睛的左眼位置以作为卡通人物眼睛。

(5) 选中此黑色小圆，右击鼠标，在其弹出菜单中选择“复制”菜单项，然后在编辑区中右击鼠标在其弹出菜单中选择“粘贴”菜单项，复制出一个黑色小圆，选中该复制圆并移动到黄色椭圆右眼位置。

(6) 把“脸”层的第 1 帧通过复制、粘贴到第 2 帧。在该层第 1 帧中分别在两个黑色圆上偏右添加一小白圆，同样方法在第二帧两个黑色圆偏左各添加一小白圆，如图 3.33 所示，在该层第 4 帧插入帧。

(7) 回到“脸”层第 1 帧，在工具箱中选用刷子工具，在人物脸部两眼间画上鼻子，并在该层第 4 帧右击鼠标在其弹出菜单中选择“插入帧”菜单项。

(8) 选择“嘴”层第 1 帧(空白关键帧)，在工具箱中选择线条工具，在卡通人物脸部嘴巴部位画上一横线，在没选中此线条情况下，在工具箱中选择选择工具，把鼠标移到横线中部使鼠标变成时，按住鼠标左键往下拖动，使线条变形。

(9) 在“嘴”层第 2 帧插入帧，把第 1 帧复制到第 3 帧，选中第 3 帧，在工具箱中选择线条工具，在卡通人物脸部嘴巴线条上再画一横线，并参考步骤(8)方法进行变形，改成嘴巴张开状态，然后在第 4 帧插入帧，如图 3.34 所示。

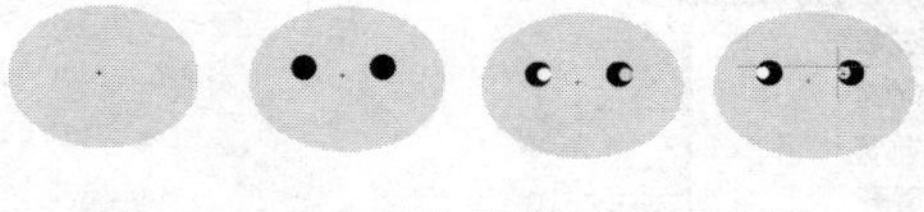

图 3.33　卡通人物眼部动画绘制

图 3.34　鼻子嘴巴绘制

(10) 选择“帽”层第 1 帧(空白关键帧)，应用椭圆工具在卡通人物头顶部绘出大小错位重叠的两个红色的椭圆，在没选中此椭圆的情况下，在工具箱中选择选择工具，把鼠标移到该椭圆上边缘中部，按住 Alt 键同时按住鼠标左键，移动鼠标把该椭圆拉出一个尖角，松开 Alt 键同时按住鼠标左键调整该椭圆形状使之形成帽状，在尖顶处添加一红色小圆形，如图 3.35 所示。

(11) 在该层第 4 帧插入帧，这样便构成了一个带有逐帧动画的“影片剪辑”元件，如图 3.36 所示。

图 3.35　帽子绘制

图 3.36　逐帧动画的"影片剪辑"元件

3. 创建场景逐帧动画

直接在场景中制作逐帧动画也是开发多媒体课件和制作网络动画常用的手段。下面以语文或书法课件中"文字书写"类动画为例介绍场景逐帧动画的制作过程。

（1）在场景中新建一个"书写"图层，在该层第 1 帧插入空白关键帧，在工具箱中选用文字工具**T**，在场景中输入文字，如输入"永"字，选中文字，在"属性"面板中的"字符"｜"系列"选项中选择"华文新魏"、"华文行楷"或"隶书"等书法字体，选择任意变形工具**▦**，在文字控制框上拖拉，改变文字大小。

（2）用选择工具**➤**选中文字，单击菜单栏"修改"｜"分离"命令，把矢量文字打散为图形，如图 3.37 所示。

图 3.37　文字缩放和分离

【提示】　矢量文字不能局部擦除，必须转换成图形才能实现。

（3）在第 2 帧"插入关键帧"，在工具箱中选用橡皮擦工具**✐**，擦除"永"字最后一笔：捺。

【提示】　插入关键帧的帧将继承前面关键帧的对象及其属性。

（4）在第 3 帧"插入关键帧"，同样，利用橡皮擦工具**✐**，擦除"永"字倒数第二笔：撇。以此类推，按照"永"字书写习惯倒着擦除，每往后插入一个关键帧，便擦除一笔，直至最后一帧把"永"字笔画完全擦除为止，如图 3.38 所示。

图 3.38　文字擦除帧效果

（5）选中所有关键帧，右击鼠标，在弹出菜单中选择"翻转帧"命令，则把前面所操作的关键帧排序翻转过来，原来的最后一帧变成了第 1 帧，而原第 1 帧转为最后一帧，选中的关键帧序列顺序将倒排，则原来的"永"字擦除将变成写出效果，如图 3.39 所示。

第3章　课件动画素材的设计与制作

图 3.39 翻转帧

3.2.2　运动动画的制作

　　Flash 的运动动画是动画制作中使用最广泛的一种动画形式与技术，可以实现动画对象的移动、缩放、颜色（亮度、色调、透明度）变化。运动动画采用 Flash 的"补间"技术，其关键在于确定补间帧序列的开始帧和结束帧。在 Flash CS6 平台上制作运动补间动画的方法有以下两种：

　　其一是应用 CS4 以前版本所广泛采用的基于关键帧的模式——创建传统补间，即通过先确定补间帧序列的开始帧和结束帧，由计算机来计算两帧之间的补间帧变化来实现。

　　其二则应用 Flash CS4 后新创的基于动画对象的"创建补间动画"模式，即只需先确定补间帧序列的开始帧，通过移动改变对象的物理属性，同时依托运动路径轨迹的贝塞尔曲线调整和缓动设置来设置动画效果。

　　下面以一个物理实验课件为例介绍运动补间动画的制作要领。

1. 绘出实验动画环境

　　（1）新建文档，在其中新建两个图层：实验台层和球层。选择实验台层第 1 帧（空白关键帧），应用矩形工具和线条工具绘出实验台斜面和平面，在实验台层第 25 帧右击鼠标在其弹出菜单中选择"插入帧"菜单项，完成实验台构建，如图 3.40 所示。

　　（2）选择球层第 1 帧，应用工具箱中的椭圆工具 ◯，在"属性"面板中"笔触颜色"选择无色 ◢ ▱，填充颜色选择绿色径向渐变 ◇ ▬，按住 Shift 键，同时用椭圆工具在斜面最高处绘出一正圆球。

　　要使圆球沿实验台面运动，可以应用运动补间动画实现。运动补间动画制作途径有两种：创建传统补间和创建补间动画。

2. 应用"创建传统补间"制作动画

　　（1）选择球层第 1 帧，确定场景中球的位置、大小，选择球图形，右击鼠标在其弹出菜单中选择"转换成元件"菜单项，元件类型：影片剪辑。

　　（2）在球层时间轴上第 10 帧处右击鼠标，在右键菜单中选择"插入关键帧"命令，选中此帧，在场景中选择小球并拖放到斜面最低处；同样在时间轴第 25 帧处"插入关键帧"，选中此帧后把场景中小球拖放到平面最右端，这样就利用三个关键帧形成了两段帧序列，如图 3.41 所示。

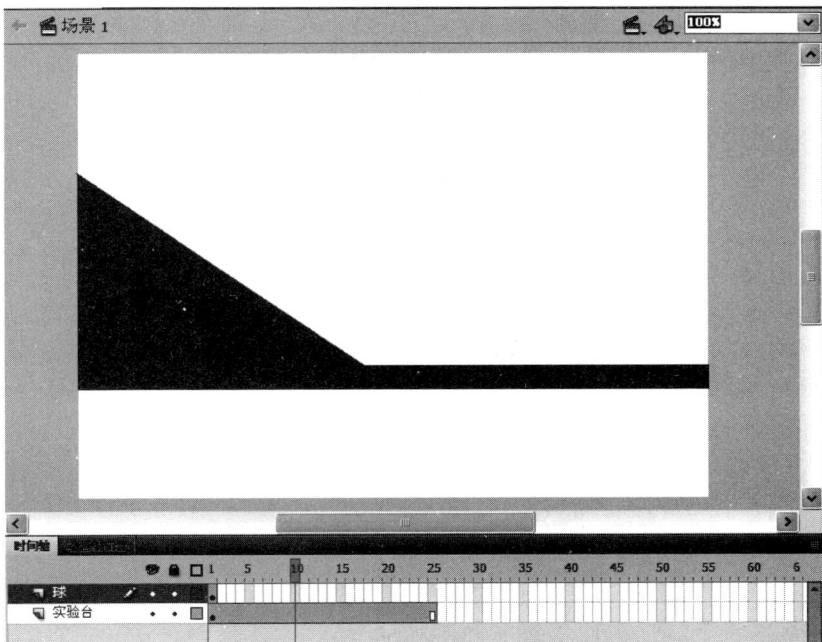

图 3.40　文档新建和实验台绘制

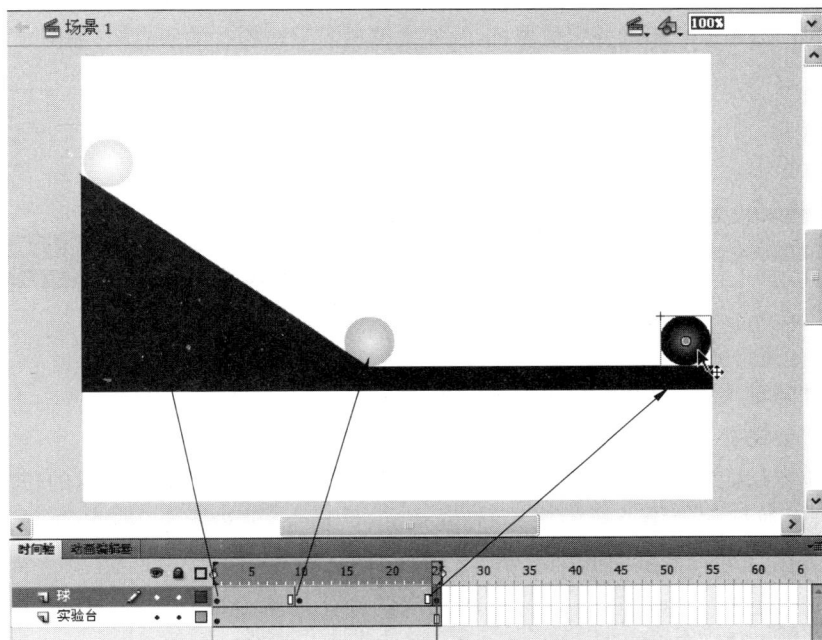

图 3.41　帧序列及其动画设置

（3）选择第 1～10 帧之间的帧序列中其中一帧，右击鼠标在其弹出菜单中选择"创建传统补间"命令，如图 3.42 所示，那么在 1～10 帧之间形成了一段运动补间动画，以蓝色背景黑色带箭头线条标记。

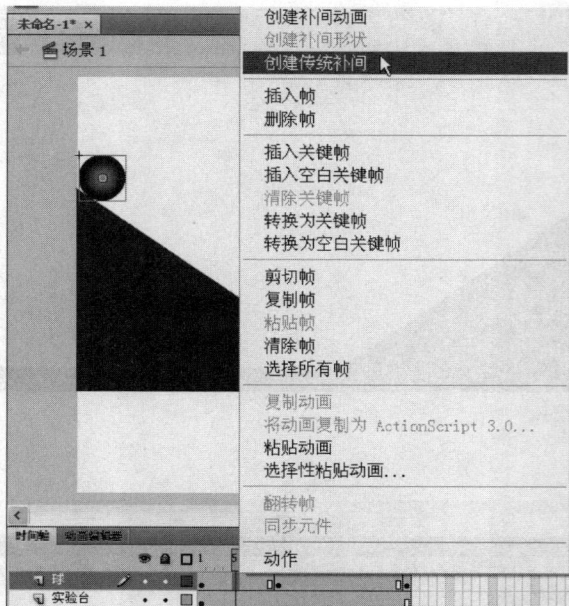

图 3.42　创建传统补间

（4）同样方法，在第 11～25 帧之间的帧序列创建另一段运动补间动画。为了检查补间动画过程各帧变化情况，可以在时间轴下方单击"绘图纸外观"的"编辑多个帧"按钮（参考图 3.17），用鼠标调整时间轴标题上绘图纸外观位置标记，使之覆盖需编辑检查的所有帧，如图 3.43 所示。

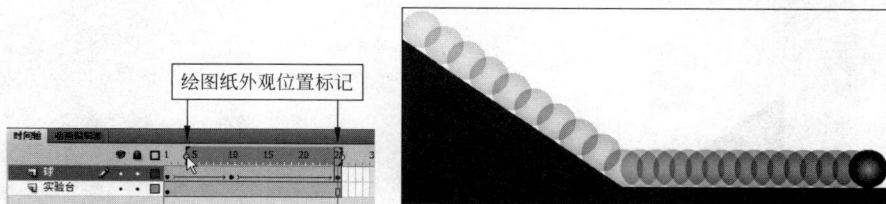

图 3.43　传统补间动画及其绘图纸外观效果

（5）把时间轴上播放控制红线定位在第 1 帧，按 Enter 键预览动画效果。

3. 应用"创建补间动画"制作动画

（1）选择球层，更改图层名称为"球下滑"，选择第 1 帧，确定场景中球的位置、大小，选择球图形，右击鼠标在弹出菜单中选择"转换成元件"命令，元件类型：影片剪辑。

（2）直接在"球下滑"层时间轴上第 12 帧处"插入帧"，选择第 1～12 帧之间任意帧，右击鼠标选择"创建补间动画"选项，1～12 帧之间的帧序列将变成浅蓝色，但没有带箭头黑色线条，如图 3.44 所示。

（3）在"球下滑"层中把播放控制红线定在第 12 帧，在场景中用鼠标把小球移动到实验台斜面最低端拐角处，松开鼠标后帧序列自动在第 12 帧建立一补间动画关键帧◆，同时在场景中小球移动的路径自动出现一条带点的轨迹线，每个点对应一帧。

（4）选择 1～12 帧序列中任意帧，在右侧"属性"面板中调整"缓动"选项的缓动值至

图 3.44　创建补间动画选项及效果

—100，使第 1～12 帧序列运动下滑动画为加速运动，其路径轨迹线上点会显示前密后疏。

（5）在"球下滑"层上方新增一图层：球平滑层。选择该层第 12 帧插入空白关键帧。把"球下滑"层中第 12 帧的球复制，再选"球平滑"层的第 12 帧，右击鼠标在弹出菜单中选择"粘贴在当前位置"命令把球粘贴在此帧上原位置。

（6）在"球平滑"层的第 12～25 帧序列中选中任意帧，右击鼠标在弹出菜单中选择"创建补间动画"命令，在第 12～25 帧之间的帧序列建立运动补间动画。同样把播放控制红线定在该层第 25 帧，在场景中按住 Shift 键同时用鼠标把小球移动到实验台平面最右端，场景中小球移动的路径自动出现一条带点的轨迹线。

（7）选择"球平滑"层的第 12～25 动画帧序列，在右侧"属性"面板中调整"缓动"选项的缓动值至＋100，使第 12～25 帧序列运动下滑动画为减速运动，其路径轨迹线上点前疏后密，步骤（5）～步骤（8）的制作情形如图 3.45 所示。

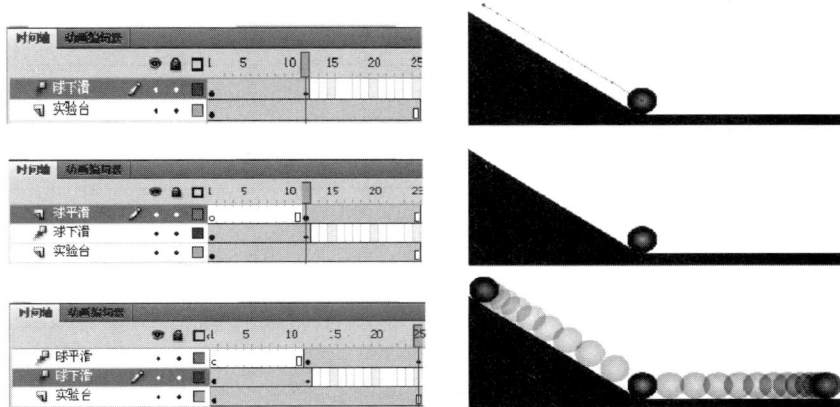

图 3.45　创建补间动画操作

第3章　课件动画素材的设计与制作

（8）把时间轴上播放控制红线定位在第1帧，按 Enter 键预览动画效果。

【提示】 Flash CS6 应用"创建补间动画"进行运动动画制作，其要领为：

（1）只需确定动画帧序列的开始帧，在结束帧"插入帧"即可。

（2）在帧序列中任意帧右击鼠标，在弹出的快捷菜单中选择"创建补间动画"命令，即可在目标帧序列中建立运动补间动画。如果动画对象是矢量图形而非元件实例，会自动弹出对话框，要求把动画对象转换为元件。

（3）直接选择结束帧，改变动画对象物理属性（移动位置、缩放大小、透明度改变和颜色变化等），就会自动建立补间动画帧序列，移动动画还提供带有关键帧点的移动路径轨迹线，运用选择工具 可以对路径轨迹线进行调整和移动位置，如图 3.46 所示。

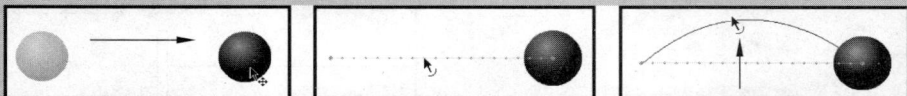

图 3.46 创建补间动画路径轨迹线调整

（4）动画路径轨迹线还可以应用贝塞尔曲线模式进行调整。紧接如图 3.43 所示案例，首先在动画帧序列中选取其中路径变化拐点帧（如中间帧），用动画帧定位红线定位帧，运用选择工具 移动该帧的动画对象（小球），路径轨迹线随之发生变化；选用工具箱中的部分选取工具 ，用鼠标在拐点帧的对象（小球）上选择，路径轨迹线将在轨迹线上各关键帧点出现贝塞尔手柄，如同 Photoshop 的路径调整一样，通过用鼠标调节手柄便可调整路径轨迹线上该关键帧周围的路径形状，如图 3.47 所示。

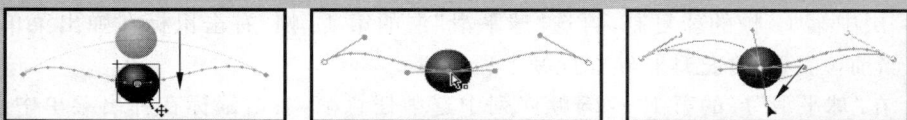

图 3.47 动画路径轨迹线的贝塞尔调整

（5）选择补间动画帧序列，可以应用动画编辑器对动画的设置参数分别进行调整，产生加减速缓动效果，如图 3.48 所示，移动对应参数曲线或修改参数数值，并可选择对应的缓动形式。

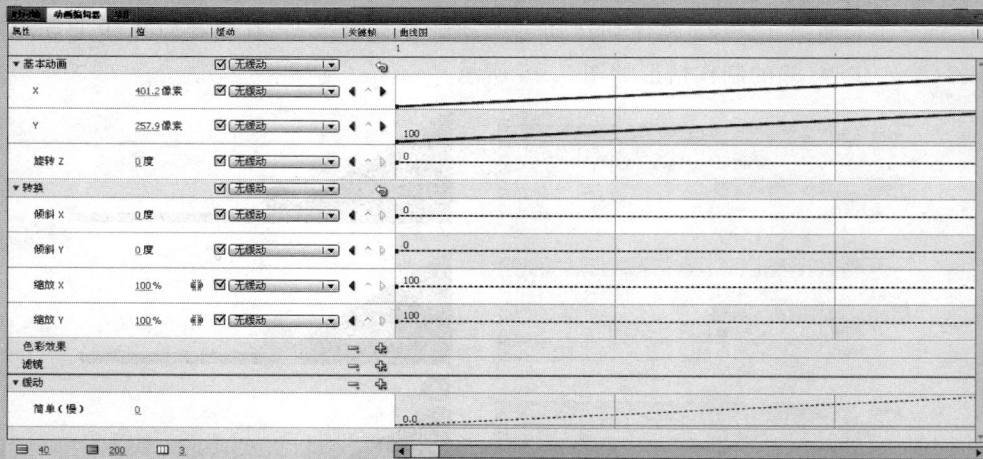

图 3.48 动画编辑器

4. 制作缩放、透明与色调渐变动画

运动补间动画除位移动画外，还可以进行缩放大小、改变透明度和变换颜色等物理属性的动画效果。"创建传统补间"与"创建补间动画"两种制作选项模式制作缩放、透明与色调渐变动画的方法相同。其制作思路为：

（1）导入或制作动画对象并转换为元件。

（2）通过"创建传统补间"或"创建补间动画"把动画帧序列设置为运动补间动画。

（3）选用工具箱中任意变形工具 ，分别在动画帧序列的开始帧和结束帧选中动画对象进行缩放调整。

（4）分别在动画帧序列的开始帧和结束帧选中动画对象，在"属性"面板中的"色彩效果"选项下的"样式"下拉列表框中根据需要选择"亮度"、"色调"、Alpha（透明度）、"高级"选项并进行相应的参数调整，如图 3.49 所示。

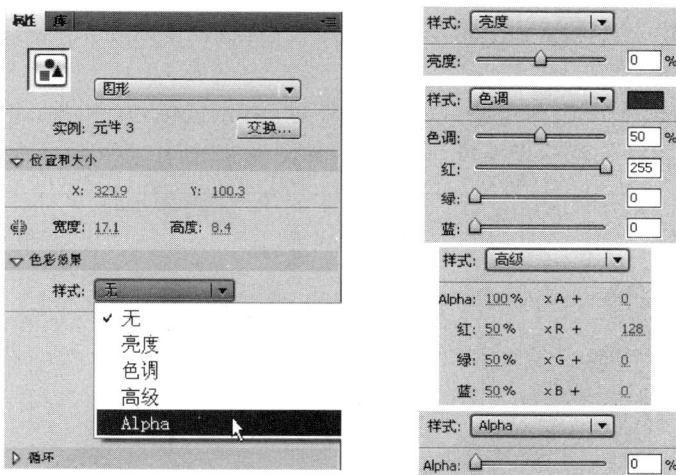

图 3.49　元件实例运动动画属性样式

紧接上述第 3 部分——应用"创建补间动画"制作动画案例，通过为其添加动态标题为例，练习运用运动补间动画创建缩放大小、改变透明度和变换色调的动画方法。

（1）在球层上方新增一图层：标题。在第 25 帧处插入空白关键帧，在此层此帧上应用工具箱的文本工具 T，在场景中拉出一文本输入框，在右侧文本"属性"面板中选择合适字体和颜色，输入"物理实验"标题。

（2）选择输入的文本标题对象，右击鼠标在其弹出菜单中选择"转换为元件"命令，元件类型：图形，把文本对象转换为图形元件，如图 3.50 所示。

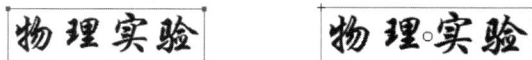

图 3.50　矢量文本转换为元件

【提示】　动画对象缩放大小、改变透明度和变换颜色等样式的改变只对元件对象有效，因此在动画设置前必须将其转换为元件。

（3）在标题层第 40 帧"插入帧"，选择第 25～40 帧帧序列中的任意帧，右击鼠标，在弹出菜单中选择"创建补间动画"命令，为第 25～40 帧序列建立运动补间动画。

（4）把播放控制红线定在第 25 帧，在场景中选择标题文本，在工具箱中选用任意变形工具 ▣，将动画对象缩至最小。同样，把播放控制红线定在第 40 帧，在场景中选择标题文本，用任意变形工具 ▣ 把动画对象放大至合适大小，这样就为标题文本建立了缩放动画，如图 3.51 所示。

图 3.51　缩放效果

（5）把播放控制红线定在第 25 帧，在场景中选择标题文本，在"属性"面板中展开"色彩效果"，在"样式"选项下拉列表框中选择 Alpha 选项，把 Alpha 设定到 0，选择"色调"选项，设定红为 255，绿和蓝均为 0；同样，把播放控制红线定在第 40 帧，在场景中选择标题文本，在"属性"面板中展开"色彩效果"，在"样式"下拉列表框中选择 Alpha 选项，把 Alpha 设定到 100，选择"色调"选项，设定红、绿和蓝均为 255。这样便实现了文本对象缩放大小、透明度和色调的渐变动画效果。

（6）同时选择球平滑层和实验台层的第 40 帧，右击鼠标，在弹出菜单中选择"插入帧"命令，可以应用绘图纸外观检查编辑动画效果，如图 3.52 所示，图 3.53 为最终制作效果。

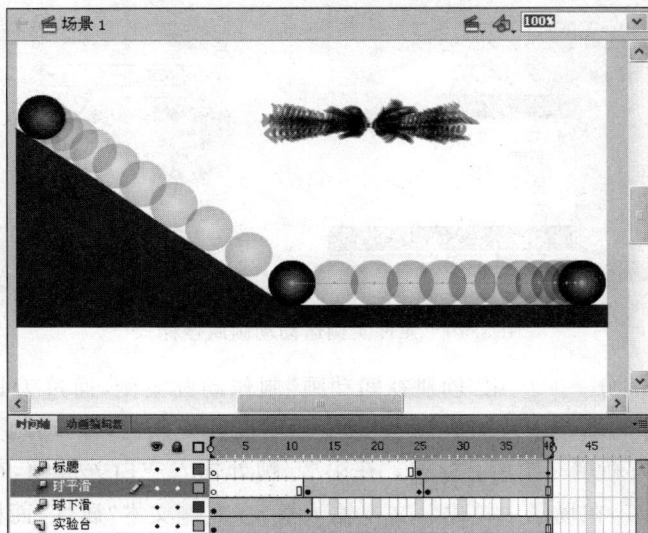

图 3.52　应用绘图纸外观预览动画效果

图 3.53　最终效果

3.2.3　变形动画的制作

变形动画是 Flash 平台制作的另一类型"补间"动画,动画的对象只能是矢量图形。对于元件实例、位图、文本等对象需应用变形动画,首先要应用菜单栏的"修改"|"分离"命令,将其打散分解为图形元素。

1. 变形动画种类

（1）从一种图形逐渐变换到另一种图形。

（2）图形对象本身形状发生逐渐变化。

作为补间动画,其动画效果主要针对一个图层中的所有对象。如果一个动画对象各个部分分别同时进行个体变形,则需要把各个变形部分分解到各个图层。

2. 变形动画的制作思路

（1）在动画开始帧插入空白关键帧并制作图形对象,如非图形,需使用菜单栏的"修改"|"分离"命令进行打散转换。

（2）如动画对象本身变形,在动画结束帧插入关键帧,修改对象最终形状;如属于从一图形变为另一图形,则需在动画结束帧插入空白关键帧,导入或制作新的最终的图形。

（3）在动画开始帧与结束帧之间任选帧,右击鼠标,在其弹出菜单中选择"创建补间形状"命令,即可为该帧序列创建变形动画。

3. 变形动画的制作方法

下面以"图形"渐变为"文字"为例学习变形动画。

（1）新建文档 800×600,帧频 12fps。新建 5 个图层,各层第 1 帧默认为空白关键帧。

（2）选择图层 1 的第 1 帧,在工具箱中选用椭圆工具 ,在"属性"面板中选择笔触颜色 和填充颜色 （绿色渐变）,按住 Shift 键在场景上方绘制一小圆球。

（3）选中小圆球,选择右键菜单"复制"命令。选择图层 2 第 1 帧,粘贴出一个小圆球。同样,为图层 3～5 各粘贴一个小圆球,并把圆球分列在场景上方。

（4）用选择工具框选所有球,选择菜单栏中"修改"|"对齐"|"顶对齐"和"按宽度均匀分布"命令,调整 5 个小球排列,如图 3.54 所示。

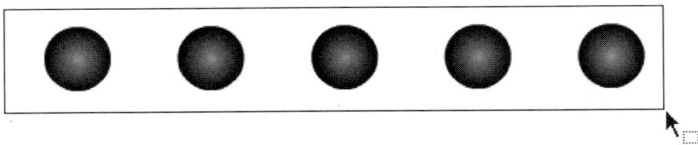

图 3.54　排列对齐

（5）同时选中 5 个层的第 25 帧,右击鼠标,在其弹出菜单中选择"插入空白关键帧"命令,如图 3.55 所示。在图层 1 的第 25 帧场景中,用文本工具 T,在场景中拉出一文本输入框,在"属性"面板中选择合适字体和颜色,输入"多媒体课件"文本,并应用任意变形工具 ,把文本缩放至合适大小。

（6）选中文本,重复应用两次菜单栏的"修改"|"分离"命令,第一次将文本打散为 5 个字,第二次把每个字打散为笔画,分解为图形元素,如图 3.56 所示。

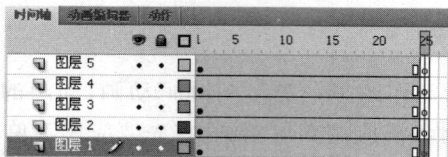

图 3.55　建立动画结束帧

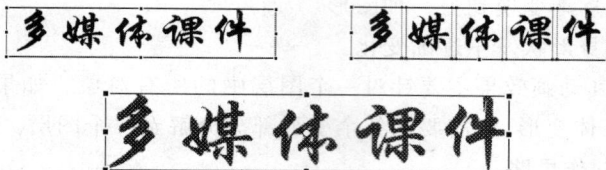

图 3.56　分离为图形

　　（7）选择图层 1 的第 25 帧，复制帧。选择图层第 2～5 的第 25 帧，粘贴帧，让每个图层第 25 帧具有同样属性的文本对象。

　　（8）选择图层 1 的第 25 帧，锁定 2～5 图层，用选择工具框选"媒体课件"4 个字删除掉，只保留"多"字，并与上方小球上下对齐，如图 3.57 所示。2～5 图层应用同样操作，每层分别保留一个字，1～5 图层分别对应：多、媒、体、课、件，并分别与对应图层的小球对齐，如图 3.58 所示。

图 3.57　图层 1 设置

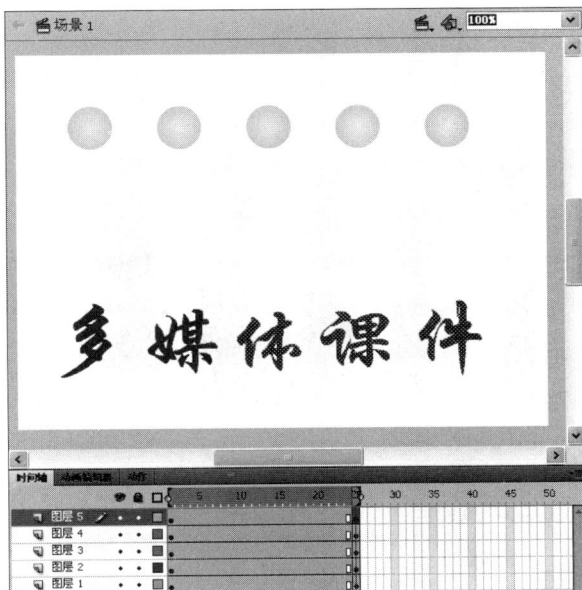

图 3.58 图层文本对应

（9）分别选择各图层的帧序列，右击鼠标，在弹出菜单中选择"创建补间形状"命令，如图 3.59 所示，为各图层的动画帧序列设置从小球逐渐变成文字的变形补间动画，由此便产生了小球变形为文字的变形动画，图 3.60 为应用绘图纸外观所显示的动画变形过程。

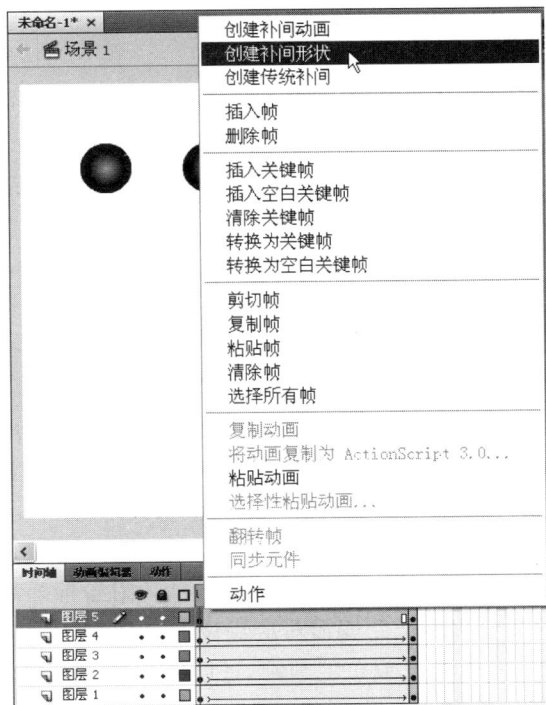

图 3.59 应用"创建补间形状"

第3章 课件动画素材的设计与制作

图 3.60   应用绘图纸外观显示变形效果

4. 利用形状提示点控制变形动画

变形补间过程是由计算机自动生成，要控制变形过程的形状变化特征，可以使用 Flash 提供的"形状提示点"，对形状变化的开始帧和结束帧进行变形定位。下面以英文字体变形为例学习具体操作方法。

（1）创建一新文档或打开已有文档，在变形图层上通过在开始帧和结束帧位置插入空白关键帧来建立变形帧序列。选择开始帧，应用文本工具，在"属性"面板中选择字体 Arial Black、合适大小与颜色，并在场景中靠左边输入文字"A"。

（2）选择"A"字，右击鼠标在弹出菜单中选择"分离"命令，将 A 字符打散成矢量图形。

（3）在变形帧序列中选择结束帧，使用文本工具在场景中靠右边输入英文"B"，同样将其分离成矢量图形。

（4）在变形帧序列中单击鼠标右键，在弹出菜单中选择"创建补间形状"命令，完成从"A"到"B"的变形，如图 3.61 所示。

（5）在变形帧序列中选择开始帧，选择菜单栏的"修改"｜"形状"｜"添加形状提示"命令，则 A 文字图形中间出现带 a 的小红圈，用鼠标移动该圆圈至 A 字图形合适位置，如还需增加形状提示点，重复选择"修改"｜"形状"｜"添加形状提示"命令，图形中间出现带 b 的小红圈，用鼠标移动该圆圈至 A 字图形合适位置，如图 3.62 所示。

（6）在变形帧序列中选择结束帧，文字 B 图形上自动附着前面所添加的 a 圆圈和 b 圆圈提示点，用鼠标移动这两个提示点到变形对应点位置，形状提示点将变成绿色圆圈，同时，开始帧上 A 字中的形状提示点也变成黄色圆圈，证明两图形已经成功绑定，保证 A 字的 a、b 位置点将分别向 B 字的 a、b 位置点变形，如图 3.63 所示。

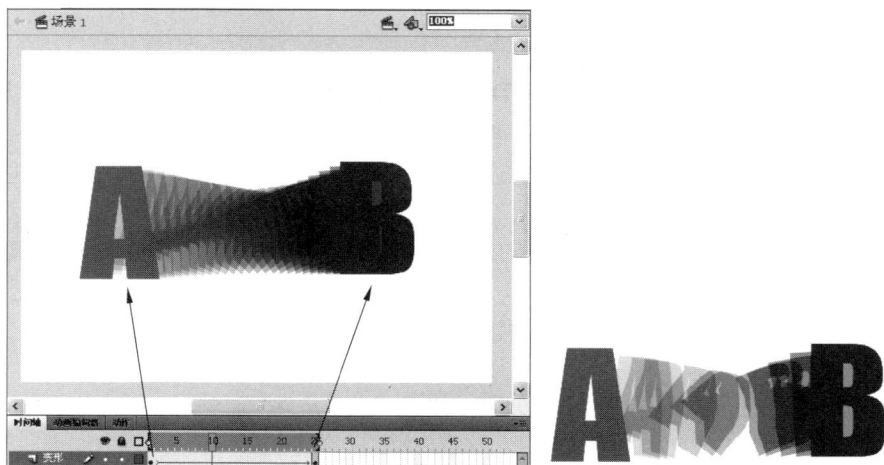

图 3.61　文字变形补间动画

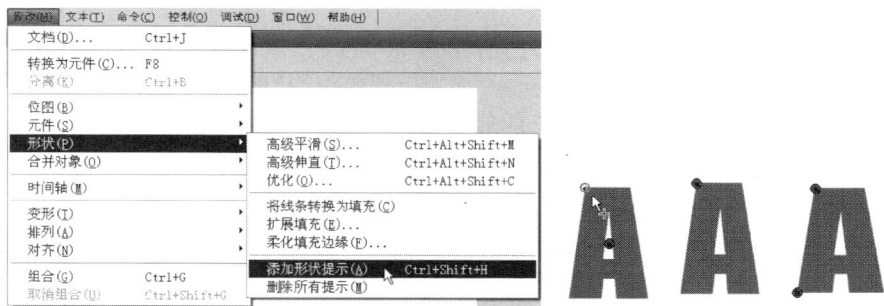

图 3.62　添加形状提示点

图 3.63　形状提示点定位后变形动画效果

【提示】　通过添加形状提示点可以控制动画形状的改变规律,从而达到理想的变形动画效果。在应用形状提示点时应注意:

(1)形状提示点的添加必须建立在动画帧序列已经"创建补间形状"动画的基础上。

(2)形状提示点以带有英文 26 个字母的小圆标识,主要在变形开始帧添加,结束帧将自动同时赋予一一对应的标识。

(3)开始帧上新添加形状提示点标识为红圈,当结束帧上已设置形状提示点标识为绿圈后,开始帧上已设置形状提示点标识同时变为黄圈。

(4)复杂的变形动画可能还需要在变形关键点上增加关键帧,切换成两段甚至多段变形动画,在这些关键帧上及时应用形状提示点调控形状变化,使变形动画符合要求。

(5)形状提示点可以同时或单个删除。同时删除所有形状提示点,只需选择变形图形,通过右击鼠标或选取菜单栏"修改"|"形状"|"删除所有提示"命令实现;删除单个形状提示点,只需在选择该点后,右击鼠标,在弹出菜单中选择"删除提示"命令即可。

第3章　课件动画素材的设计与制作

3.2.4　3D 动画的制作

Flash 工具箱新增为 2D 对象模拟 3D 空间创作动画的 3D 平移工具 人 和 3D 旋转工具 ，提供了一个 Z 轴的概念，打破了原有的 X、Y 两度空间动画局限，在 Flash 这个开发环境下从原来的二维环境拓展到一个有限的三维环境，使动画制作可以沿 X、Y、Z 轴进行设置，模拟出 3D 空间的变化。

Flash CS6 制作 3D 动画主要依赖于工具箱中的 3D 平移工具和 3D 旋转工具，实现沿 X、Y、Z 轴的空间变化。3D 旋转与平移功能只能对影片剪辑元件发生作用，其他类型对象需转换为"影片剪辑"元件才能实现此功能。下面以制作一魔方为例介绍应用 3D 工具制作动画的基本方法。

（1）新建一个 Flash 文档，选择菜单"插入"｜"新建元件"命令，选择元件类型：影片剪辑，命名为"面 1"，打开元件编辑窗口。

（2）在"面 1"元件编辑窗口中用矩形工具画出一正方形，并用线条工具分成九宫格。按照魔方的色块要求，用颜料桶工具分别填涂每个小格。注意记住正方形的宽高度，如本例为 143，以便确定后续步骤的坐标设置。

（3）选择"库"面板，选择"面 1"元件，右击鼠标，在弹出菜单中选择"直接复制"命令，在弹出的"直接复制元件"窗口上修改名称为"面 2"，类型仍为"影片剪辑"。

（4）双击"面 2"元件，进入"面 2"元件编辑状态，选用颜料桶工具分别填涂每个小格。同样方法直接复制填涂修改，制作"面 3"、"面 4"、"面 5"、"面 6"等魔方各面元件，如图 3.64 所示。

图 3.64　魔方 6 个面元件

（5）选择菜单"插入"｜"新建元件"命令，选择元件类型：影片剪辑，命名为"魔方"，打开元件编辑窗口。

（6）在"库"中选择"面 1"元件并拖入"魔方"元件编辑窗口。用鼠标选中该图形面，在右侧"属性"面板上展开"3D 定位和查看"选项，如图 3.65 所示，修改三个坐标参数为：X＝0，Y＝0，Z＝0。

（7）在"库"中选择"面 2"元件并拖入"魔方"元件编辑窗口。选中该拖入图形，选择工具箱中 3D 旋转工具 ，图形中央会出现一个靶状图形，图形周围有两个不同颜色圆的三维坐标，移动鼠标到红色垂线时鼠标右下角会出现一个"X"，移动鼠标到绿线时，鼠标右下角会出现一个"Y"，当鼠标移动到外围蓝色圆圈时，鼠标右下角又出现一个"Z"，分别提示可以沿 X 轴、Y 轴和 Z 轴进行旋转调整。移动鼠标到绿线上，按住鼠标左键拖动，从 Y 轴展开的灰色区

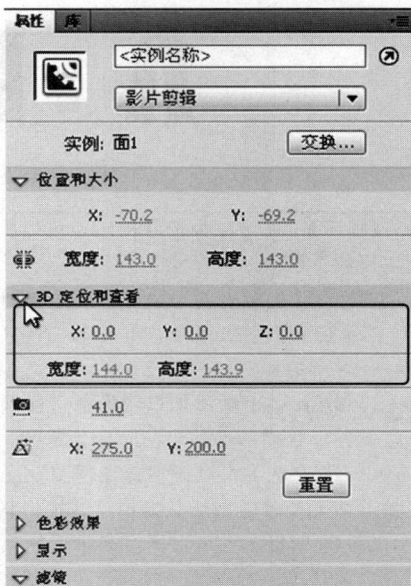

图 3.65　3D 定位与查看

域代表调节角度,使图形沿 Y 轴逆时针旋转 90°,然后在右侧"属性"面板上展开"3D 定位和查看"选项,修改三个坐标参数为:X=0,Y=0,Z=0,如图 3.66 所示。

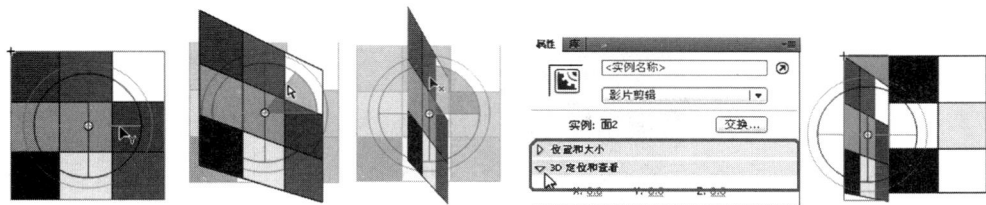

图 3.66 "面 2"元件 3D 旋转调整

参考步骤(6)、(7),用同样方法分别依次拖入"面 3"、"面 4"、"面 5"、"面 6"元件,并按以下方式操作。

- 面 3:沿 Y 轴旋转 90°,修改坐标参数 X=143,Y=0,Z=0。
- 面 4:沿 X 轴旋转 90°,修改坐标参数 X=0,Y=143,Z=0。
- 面 5:沿 X 轴旋转 90°,修改坐标参数 X=0,Y=0,Z=0。
- 面 6:不做旋转,修改坐标参数 X=0,Y=0,Z=143。

可以在工具箱中选择 3D 平移工具，在调整对象附加的 X、Y、Z 坐标上拖动鼠标分别沿 X、Y、Z 轴平移对位,使 6 个面组成一个六面体魔方,如图 3.67 所示。

【提示】 右侧"属性"面板的"3D 定位和查看"选项下提供了"透视角度"调整选项,可以通过调整该参数调节透视效果,如图 3.68 所示。

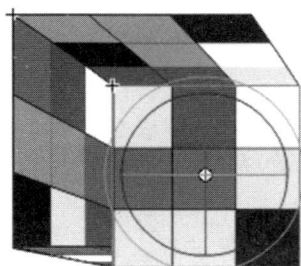

图 3.67 六面体魔方元件效果

图 3.68 透视角度调整

(8) 回到场景,选择图层 1 的第 1 帧,把库面板中"魔方"元件拖入场景中。在图层 1 的第 15 帧上右击鼠标,在弹出菜单中选择"插入帧"选项,使图层 1 建立第 1～10 帧的帧序列。选择第 1～10 帧序列,右击鼠标,在弹出菜单中选择"创建补间动画"命令,在第 1～10 帧之间建立补间动画。

(9) 选择第 5 帧,在工具箱中选择 3D 旋转工具,适当调整魔方体沿 X、Y 或 Z 轴旋转一定的角度;在工具箱中选择 3D 平移工具,沿 X、Y 或 Z 轴移动相对位置,帧序列会自动在第 5 帧转换为关键帧。

(10) 同样选择第 10 帧,在工具箱中选择 3D 旋转工具,再适当调整魔方体沿 X、Y 或 Z 轴旋转一定的角度;在工具箱中选择 3D 平移工具,沿 X、Y 或 Z 轴移动相对位置,帧序列会自动在第 5 帧转换为关键帧,这样就构成第 1～10 帧的 3D 动画序列,如图 3.69 所示。

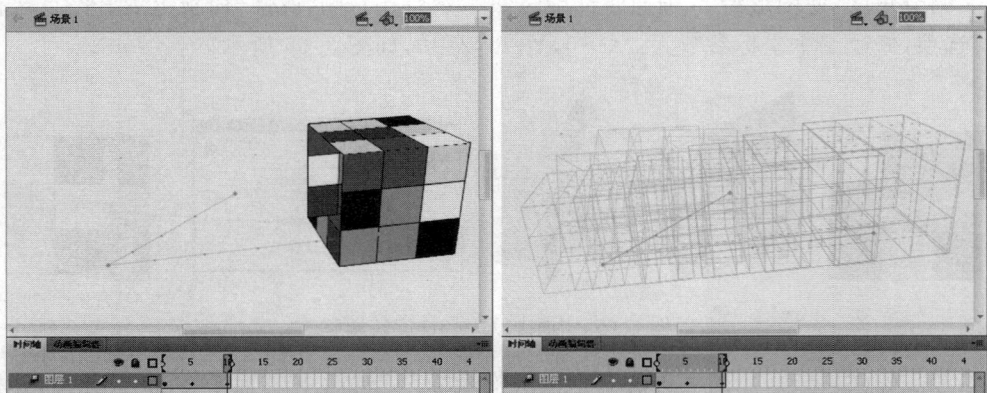

图 3.69　3D 动画效果

3.2.5　基本动画制作案例

逐帧动画与补间动画作为 Flash 的基本动画类型，在 Flash 中使用相当广泛，掌握基本动画制作技巧是学习 Flash 的基本功之一。学习以上基本动画制作方法后，本节将通过一制作案例综合练习 Flash 的基本动画设计与运用技巧。

首先新建一文档，选择菜单栏中的"修改"｜"文档"命令，在弹出的文档"属性"面板中设置尺寸为 800×600，帧频为 12fps，背景为黑色，构建动画场景。

1. 绘制或导入动画元件

（1）制作"水滴"元件。选择菜单栏中的"插入"｜"新建元件"命令，在弹出的"创建新元件"对话框中输入名称"水滴"，类型：图形，选取"库"文件夹，单击"确定"按钮进入"水滴"元件编辑区。

（2）在"水滴"元件编辑区中，选择工具箱中的椭圆工具，在"属性"面板中设置笔触颜色为"白色"，填充颜色为"黑白径向渐变色"。选择菜单栏中的"窗口"｜"颜色"命令，打开"颜色"面板，如图 3.70 所示，把渐变色设置为由黑到白的渐变过程。按住 Shift＋Alt 键用鼠标在编辑区中心往外拖出一黑白渐变小正圆形。

（3）选择工具箱中的选择工具，在圆的上边缘中间位置使鼠标变成后按住 Ctrl 键把圆上边拖出一个尖角，松开 Ctrl 键用鼠标调整尖角两边弧线使之形成水滴形状，选用颜料桶工具，给水滴调整渐变色位置，使水滴立体感更强，完成水滴的制作，如图 3.71 所示。

图 3.70　颜色调整设置

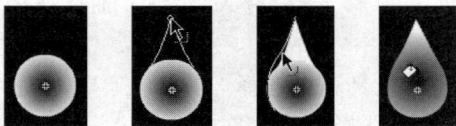

图 3.71　水滴元件制作

（4）制作"水波纹"元件。选择菜单栏中的"插入"｜"新建元件"命令，在弹出的"创建新元件"对话框中输入名称"水波纹"，类型：影片剪辑，选取"库"文件夹，单击"确定"按钮进入"水波纹"元件编辑区。

（5）选择工具箱中的椭圆工具 ，在"属性"面板中设置填充颜色为"无色"，笔触颜色为"黑白线性渐变色"，如图 3.72 所示，选择菜单栏中的"窗口"｜"颜色"命令，打开"颜色"面板，把渐变色设置为白-黑-白的渐变过程，笔触大小为3，按住 Alt 键用鼠标在编辑区中心往外拖出一白-黑-白渐变小椭圆，这样就在图层1的第1帧建立一椭圆图形。

（6）选择图层1的第24帧，插入空白关键帧，以步骤（5）同样方法（笔触大小修改为10）在此帧建立一比第1帧大的椭圆，作为水波纹扩散至最大消失的最后状态，其大小根据场景画面布局比例确定。

图 3.72　颜色设置

（7）选择第1～24帧序列中其中一帧，右击鼠标在弹出菜单中选择"创建补间形状"命令，为第1～24帧建立变形动画帧序列，完成"水波纹"元件的制作，如图 3.73 所示。

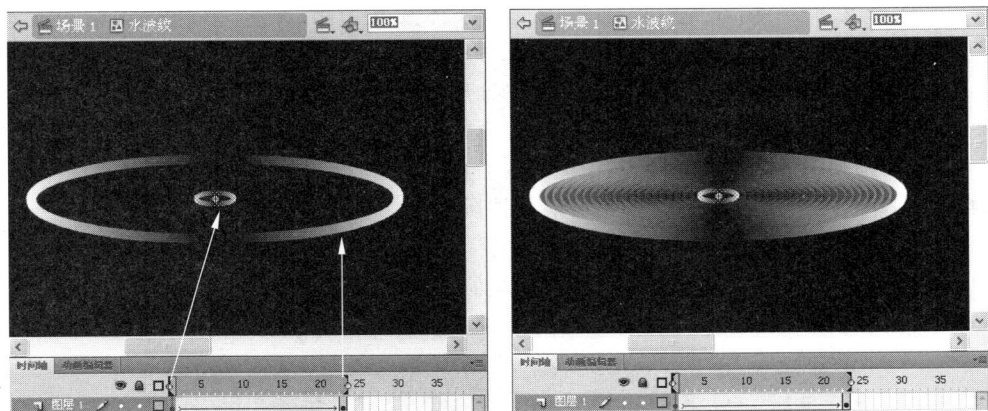

图 3.73　"水波纹"影片剪辑元件制作

【提示】　由于两帧椭圆都是用椭圆工具绘制的矢量图形，可以直接应用"创建补间形状"。同样，也可以使用椭圆缩放来缩放形成水波纹效果，其操作为：
① 把第1帧小椭圆转换为图形元件。
② 在第24帧插入关键帧，用任意变形工具把椭圆放大至与场景画面布局相匹配的合适大小。
③ 在第1～24帧间建立"创建传统补间"动画即可。

（8）制作"月亮"元件。选择菜单栏中的"插入"｜"新建元件"命令，在弹出的"创建新元件"对话框中输入名称"月亮"，类型：影片剪辑，选取"库"文件夹，单击"确定"按钮进入"月亮"元件编辑区。

（9）选择工具箱中的椭圆工具 ，在"属性"面板中设置填充颜色为"无色"，笔触颜色为"白色"，笔触大小为3，按住 Shift 键用鼠标在编辑区拖出一白圆，错开位置再拖出另一白圆，使两圆部分重叠，用选择工具 选择并删除多余的线条，在图层1的第1帧建立月牙图形。

（10）应用线条工具绘制眼和嘴部，并用选择工具进行变形处理。在工具箱中单击选择工具，按住 Ctrl 键拖动鼠标在月牙左边弯曲部位中间拉出鼻子部分，并用选择工具进行鼻形调整，绘制成拟人化月亮，如图 3.74 所示。

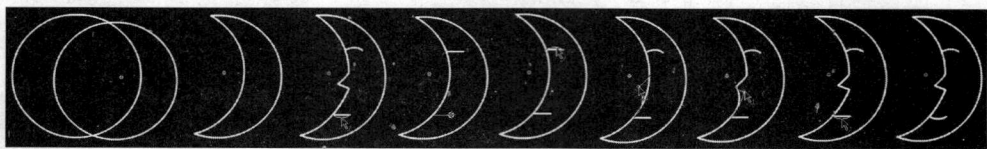

图 3.74　月亮元件绘制

（11）选择菜单栏中的"修改"｜"转换为元件"命令，把绘制的月亮转换为图形元件，在该图层第 6 帧和第 12 帧插入关键帧，在编辑区选中月亮对象，在"属性"面板中选择"样式"选项下拉菜单中的 Alpha 选项，修改第 6 帧月亮的 Alpha 值为 0，第 12 帧的 Alpha 值为 100，然后在第 1～6 帧之间应用"创建传统补间"动画，使月亮渐隐渐显，完成"月亮"元件绘制。

（12）制作"静夜思"文本逐帧动画元件。选择菜单栏中的"插入"｜"新建元件"命令，在弹出的"创建新元件"对话框中输入名称"文本"，类型：影片剪辑，选取"库"文件夹，单击"确定"按钮进入"静夜思"元件编辑区。

（13）选择文本工具，在"属性"面板中选择字体及其大小、颜色，在编辑区输入文本"静夜思"，运用任意变换工具调整字体大小。

（14）选中文本对象，重复两次"修改"｜"分离"命令，把文本打散为矢量图形。

（15）选中文本图层第 1 帧，运用橡皮擦工具擦除"思"字书写的最后一笔，在第 2 帧插入帧；在第 3 帧插入关键帧，继续运用橡皮擦工具擦除"思"字书写的倒数第二笔，在第 4 帧插入帧……，以此类推，直至把所有文字笔画擦除完。

（16）选中所有擦除文字笔画的帧，右击鼠标，在弹出菜单中选择"翻转帧"命令，把文字擦除帧顺序倒过来，形成文字笔画书写的逐帧动画效果，如图 3.75 所示。

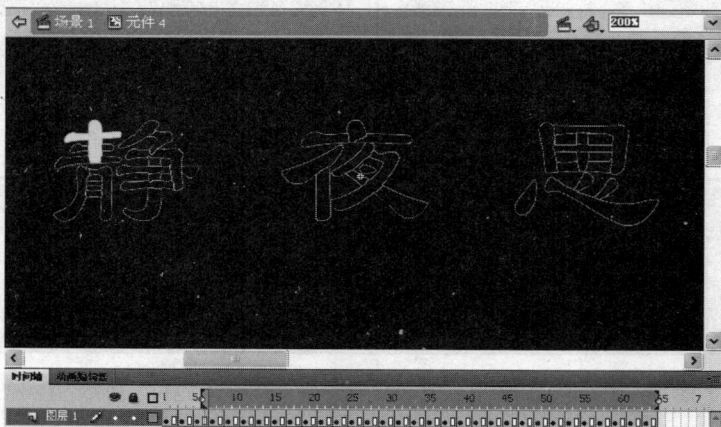

图 3.75　文本书写动画

2. 导入场景设置布局与动画

（1）选择回到场景，把图层 1 修改为"水滴 1"图层，在库中拖入水滴元件，运用任意变换工具调整其大小，用选择工具把水滴移动到上端画外。在该层第 6 帧插入帧，在第 1～6 帧之间运用"创建补间动画"，然后选择第 6 帧，按住 Shift 键把水滴拖放到场景中落到水面的位置,形成水滴垂直落下的动画。

（2）新建图层 2 并改为"水波纹 1"层,在该层第 6 帧插入空白关键帧,在库中拖入水波纹元件,运用任意变换工具调整其大小,用选择工具把水波纹移动到水滴落下位置。

（3）在"水波纹 1"层第 31 帧插入关键帧,在第 6～31 帧的帧序列应用"创建传统补间",选中第 31 帧关键帧的场景中水波纹对象,在"属性"面板中选择"样式"下拉菜单中的 Alpha 选项,调整该帧的水波纹 Alpha 值为 0,使水波纹在扩散过程逐渐消隐。

（4）继续新建两个图层,分别命名为"水波纹 2"和"水波纹 3",选择和删除这三个图层的所有帧。

（5）选择"水波纹 1"层,选中并复制该层第 6～31 动画帧序列。在"水波纹 2"层的第 11 帧右击鼠标,在弹出菜单中选择"粘贴帧"命令,把"水波纹 1"层第 6～31 动画帧序列(水波纹扩散消失效果)粘贴在"水波纹 2"层的第 11～36 帧,同样操作也粘贴在"水波纹 3"层的第 16～41 帧。

（6）新建"水滴 2"层,把"水滴 1"层第 1～6 帧动画帧序列复制到该层第 36～41 帧。继续新建两个层:水波纹 4、水波纹 5。把"水波纹 1"层的第 6～31 动画帧序列分别复制到"水波纹 4"层的第 41～66 帧、"水波纹 5"层的第 46～71 帧,形成连续不断的水波纹扩散消隐效果。

（7）新建"月亮"图层,在第 1 帧拖入"月亮"影片剪辑元件,运用选择工具移动到合适位置,运用任意变换工具调整其大小并旋转到合适角度。在第 71 帧插入帧,以保证月亮在整个动画期间出现在场景中。

（8）新建"文本"图层,在第 6 帧拖入"静夜思"影片剪辑元件,运用选择工具移动到合适位置,运用任意变换工具调整其大小,在第 71 帧插入关键帧。至此完成了如图 3.76 所示的动画案例。

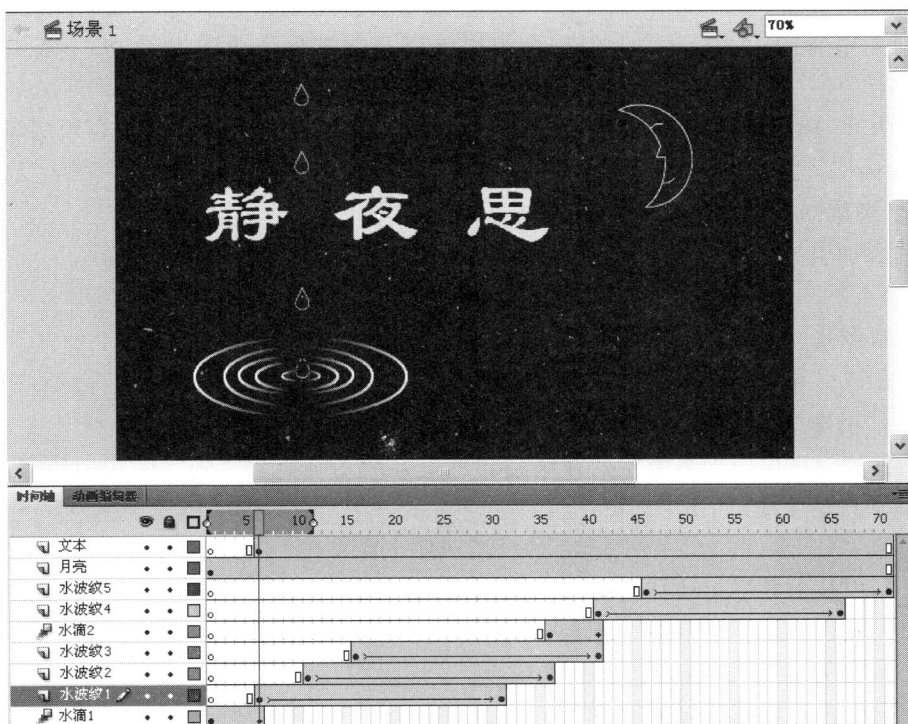

图 3.76　基本动画案例

3.3　图层动画的制作

图层动画是 Flash 中比较高级的动画设计类型,主要应用引导层、遮罩层等这些特殊层,为动画提供更加灵活的制作方式和多样的表现效果。图层动画主要有:针对运动补间动画移动路径灵活变化的引导层动画、针对控制动画对象显示区域变化的遮罩动画。

3.3.1　引导层动画的制作

在 Flash 的基本动画中,运动动画的"创建传统补间"模式只能使对象在两个关键帧之间直线移动,"创建补间动画"模式虽然能够通过路径轨迹线的贝塞尔曲线模式调整,但对于复杂的运动路径则难度较大。引导层动画技术正是为解决运动补间动画的路径变化调整而提供的辅助手段。

1. 引导层动画特点

(1) 引导层作为被引导层运动对象路径的规划者,必须建立在被引导层的运动补间动画基础上,因而其引导的对象只能是元件实例、文本等能够设置运动补间动画的对象,而矢量图形则不能应用引导层。

(2) 引导层中放置的是准备为被引导层对象规划的运动路径轨迹线,是一条不闭合的曲线,被引导层则包含动画对象及其运动补间动画帧序列。设置时动画对象的中心必须拖放吸附到引导线上引导效果才能成立。

(3) 引导层位于被引导层上方,一个引导层可为多个被引导层进行运动路径引导,使得多个对象沿着同一路径运动;但一个被引导层只能搭配一个引导层,沿一条引导路径移动。

(4) 引导层的引导线不会导出,未与被引导层链接即没有引导对象时,以图层名称左侧的图标✎标识,若已链接被引导层即已确定引导对象的,以图层名称左侧的图标⬚表明。

2. 引导层动画制作思路

根据添加引导层的方式不同,主要有两种制作思路。

思路一:

(1) 制作被引导层运动补间动画。

(2) 在被引导层上右击鼠标,在弹出菜单上选择"添加传统运动引导层"命令,在被引导层上方添加引导层⬚,并在引导层中绘制引导线。

(3) 把被引导层中动画帧序列开始帧和结束帧的动画对象移动吸附到引导线的两端,引导层动画自动生成。

思路二:

(1) 制作被引导层运动补间动画。

(2) 在被引导层上方新建一图层,在此层右击鼠标,在弹出菜单选择"引导层"命令,建立一个以✎为标识的层,在该层绘制引导线。

(3) 把被引导层拖放到✎标识层上使其与✎标识层链接,关系确立后✎标识会转变为⬚,这样就为被引导层建立一引导层,如图 3.77 所示。

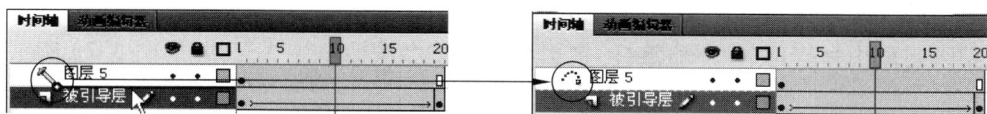

图 3.77　为被引导层建立引导链接

（4）把被引导层中动画帧序列开始帧和结束帧的动画对象移动吸附到引导线的两端，引导层动画自动生成。

3. 任意曲线形引导层动画制作方法

下面以抛物线课件为例学习引导层动画制作的基本方法。

（1）新建一文档，通过"插入"|"新建元件"命令，新建一图形元件：小球，应用椭圆工具，选择填充颜色为"径向渐变"颜色，笔触颜色为无色，按住 Shift＋Alt 键在元件编辑区中心拖放出一正圆形小球。

（2）回到场景，把图层 1 更名为"小球"，作为被引导层。把需要作引导层动画的小球放置被引导层"小球"层，根据动画持续时间确定两个关键帧建立一个帧序列，如图 3.78 所示的第 1～20 帧序列，随意设置关键帧上小球位置，在帧序列上右击鼠标，在弹出菜单上选择"创建传统补间"命令，先为其制作运动补间动画。

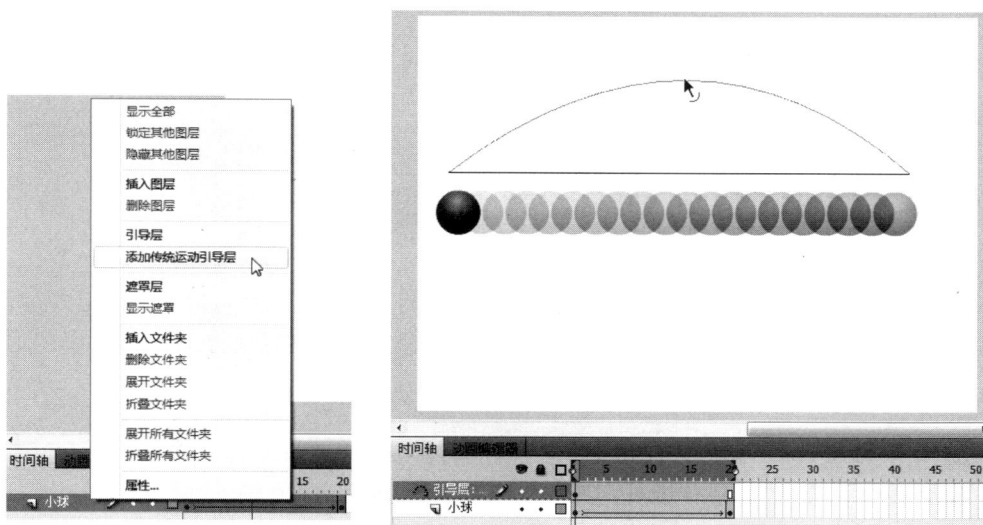

图 3.78　建立引导层

（3）选择小球层右击鼠标，在弹出菜单上选择"添加传统运动引导层"命令，便在该层上建立一新的引导层，该引导层自动填充帧至被引导层（小球层）最后帧位置。

（4）选择引导层，在场景中用线条工具（也可用铅笔工具或钢笔工具）绘制引导线，也就是被引导的动画对象将要在场景中移动的路径，然后用选择工具在线条中间位置移动线条使之变成抛物线，这时开始帧中的被引导对象往往会自动吸附到引导线描绘的开始端，如图 3.79 所示。

（5）选中被引导层（小球层）动画开始帧的被引导对象：小球，把对象的中心移动吸附

101

到引导线的一端作为引导层动画的起始；同样，选中动画结束帧的被引导对象，把对象的中心移动吸附到引导线的另一端，这样，被引导对象就会按照引导线运动，如图 3.79 所示。

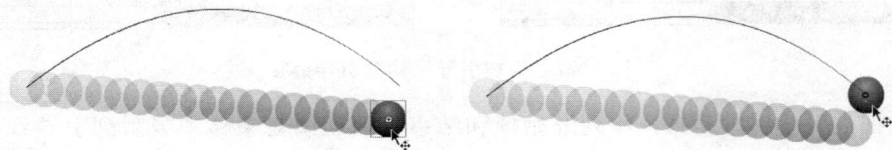

图 3.79　引导层动画效果

（6）通过"插入"|"新建元件"命令，新建一个"投影"的影片剪辑元件，在打开的元件编辑区中绘制一个小椭圆，放置在中心位置，填充径向黑白渐变色，笔触颜色为"无色"。

（7）在小球层下面再新建一图层：投影层。选择该层第 1 帧，把投影椭圆（影片编辑元件）拖放到场景中小球起始位置下与小球相对应，通过任意变形工具调整投影大小和形状，使之与小球相适应，在其"属性"面板中展开"滤镜"选项，单击"添加滤镜"按钮，在展开的"滤镜"菜单中选择"模糊"滤镜，并设置好模糊品质，如图 3.80 所示。

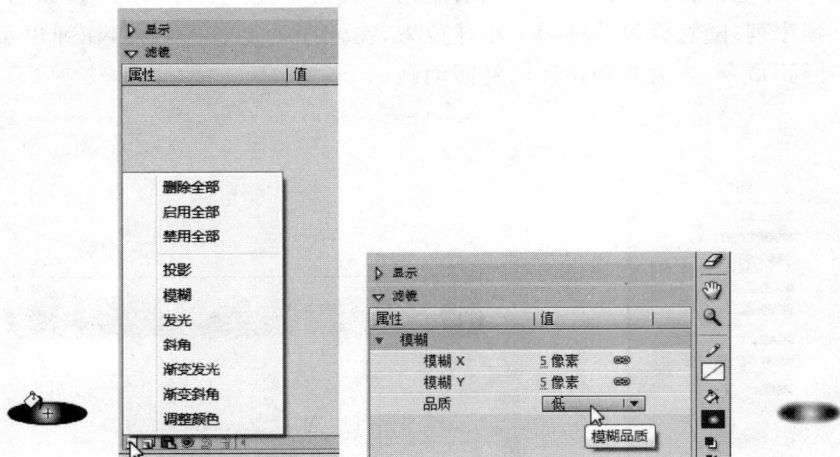

图 3.80　影片剪辑元件实例应用滤镜设置

（8）在投影层第 20 帧插入关键帧，把投影移到小球结束帧位置。选择投影层，右击鼠标，在弹出菜单中选择"创建传统补间"命令，制作投影移动动画。

4. 环形曲线引导层动画制作方法

步骤（1）和（2）与任意曲线形引导层动画步骤（1）和（2）相同。

（3）选择引导层，在场景中用椭圆工具绘制一个没有填充色的椭圆轮廓线，选用任意变形工具使椭圆轮廓线倾斜。在工具箱中选择橡皮擦工具，橡皮擦工具形状选择"最小矩形"，在椭圆轮廓线的左边擦出一个小缺口，使椭圆轮廓线不再闭合。

【提示】　由于引导层动画的对象在引导线上移动时，是按照最短路径原则进行的。引导线如果闭合，由于动画开始帧和结束帧的位置重合，对象将不会沿引导线移动。只有打开缺口，动画开始帧和结束帧的位置产生小小错位，对象就会沿椭圆轮廓线运动。由于缺口较小，动画播放过程中的小小跳动不影响动画效果。

（4）根据对象需要顺时针还是逆时针运动的情况,选中动画开始帧的被引导对象,把对象的中心移动吸附到引导线的顺时针和逆时针的开始端作为引导层动画的起始;同样,选中动画结束帧的被引导对象,把对象的中心移动吸附到引导线的另一端,这样,被引导对象就会按照椭圆轮廓线运动,如图 3.81 所示。

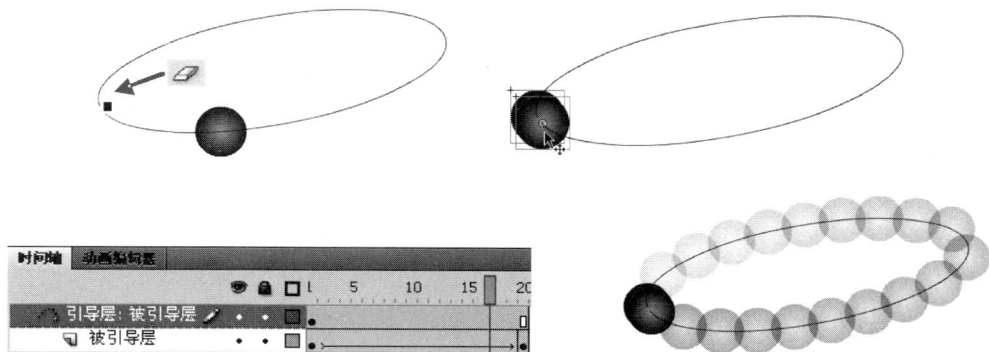

图 3.81　环形曲线引导层动画

3.3.2　遮罩层动画的制作

遮罩动画是 Flash 中比较重要的动画类型,通过遮罩层技术可以制作许多丰富多彩的动画效果。遮罩层是 Flash 中一个特殊的图层,如同引导层一样,主要用于作用被遮罩层的对象,通过遮罩层上的图形轮廓,为被遮罩层划定显示的范围。

1. 遮罩层动画特点

（1）遮罩层作为被遮罩层显示范围及其移动的规定者,必须建立在被遮罩层之上,与被遮罩层相邻。

（2）遮罩层如同一张不透明的纸,其上面的图形等对象如同在此不透明纸上挖出一个与其轮廓相同的洞,透过遮罩层的图形、文字甚至动画的轮廓所规定的范围,可以显示位于其下面的图层内容。

（3）遮罩层上用作遮罩的对象可以是矢量图形、文字及其补间形状动画;也可以是元件实例及其运动补间动画。实际上,仅仅是将遮罩层上对象的外形轮廓用作遮罩,框定被遮罩层的显示区域,至于对象的填充属性如何并不重要。

（4）遮罩层与被遮罩层的链接关系一旦建立,两个图层将被同时锁定,如果其中一个图层解锁,遮罩链接关系即告破坏。

2. 遮罩层动画制作思路

（1）制作被遮罩层对象。

（2）在被遮罩层上方新建一图层,命名为"遮罩层"。以下方被遮罩层内容为基准,按照显示范围与动画特征,在该层绘制或导入作为遮罩材料的图形、文字和元件,并可将其按遮罩范围制作成动画。

（3）在遮罩层右击鼠标,在弹出的快捷菜单中选择"遮罩层"命令,建立该层与下方相邻的被遮罩层的遮罩链接关系,遮罩层动画自动生成,如图 3.82 所示。

3. 遮罩层动画制作方法

（1）把需要作遮罩层动画的对象放置在一普通图层（被遮罩层），根据动画要求设置其属性，包括动画设置、帧序列长度等。本练习拟制作手电筒照射效果，运用文本工具输入文本"多媒体课件"，

图 3.82　遮罩层动画链接关系

在"属性"面板中设置字体类型、大小、颜色及字符间距等，并在第 20 帧插入帧。

（2）在被遮罩层上方新建一图层，命名为"遮罩层"，在该层中绘制图形、输入文字或导入元件实例，以下方被遮罩层内容为基准，按照需要确定的显示范围与动画特征，调整作为遮罩材料的对象，并可将其按需要制作成动画。本练习在遮罩层第 1 帧绘制一红色圆形，调整大小至能够遮盖下方图层的单个文字。

（3）将红色圆形转换为元件，类型：图形，在第 1 帧把红色圆形移到"多"字左边，在第 20 帧插入关键帧，把红色圆形移到"件"字右边，对红色圆形应用"创建传统补间"，使之形成运动动画，如图 3.83 所示。

（4）选择遮罩层，右击鼠标，在弹出的快捷菜单上选择"遮罩层"命令，如图 3.84 所示，该层即与下方相邻的被遮罩层同时锁定并建立遮罩链接关系，遮罩层的对象填充部分消失，同时被遮罩层的对象也只显示遮罩层遮罩框定范围内的部分，遮罩层动画自动生成，如图 3.85 所示。

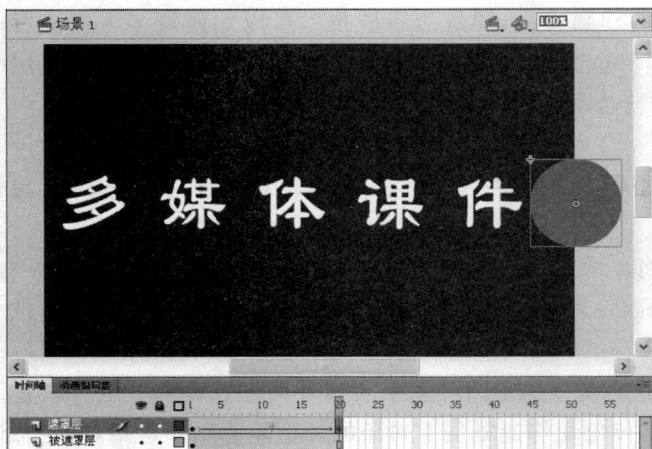

图 3.83　制作遮罩

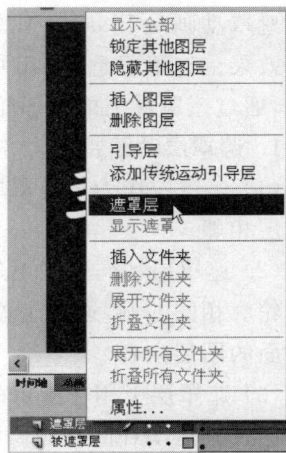

图 3.84　建立遮罩链接

【提示】

（1）需要解除遮罩关系，可以选择遮罩层，右击鼠标，在弹出菜单上选择"遮罩层"命令，取消该项的√，该层与下方相邻的被遮罩层即解除遮罩链接关系，如需编辑这些层，还需选择各层的图标以解除锁定。

（2）同样的图层素材，假如把上述的遮罩层与被遮罩层上下对调使用，会有不同的效果，操作方法为：

① 在遮罩层上右击鼠标，在弹出菜单上选择"遮罩层"命令，取消该项的√，该层与下方相邻的被遮罩层即解除遮罩链接关系，为两层解除锁定。

② 把文字的"被遮罩层"拖放到红色圆形动画的"遮罩层"上方，使"遮罩层"和"被遮罩层"调换位置。

③ 选择居于上方的"被遮罩层",右击鼠标,在弹出菜单上选择"遮罩层"命令,该层即与下方相邻的"遮罩层"同时锁定并建立遮罩链接关系,遮罩层动画自动生成,这时文字作为遮罩材料,只需要文字的轮廓,文字自身填充色消失,文字显示的是红色圆形的颜色,如图 3.86 所示。

图 3.85 遮罩层动画效果

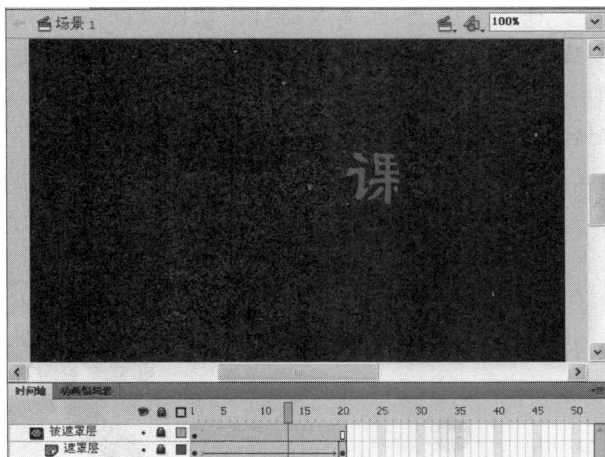

图 3.86 遮罩层动画两层互换后效果

3.3.3 骨骼动画的制作

骨骼动画制作主要应用骨骼工具和绑定工具,形成特定的骨架层。骨骼动画制作主要有两种方法:基于元件实例的添加骨架的骨骼动画,基于图形形状添加骨架的骨骼动画。

1. 基于元件实例的骨骼动画

(1) 新建元件。在新建的文档中,通过"插入"|"新建元件"命令,新建三个元件:一个

黑色的圆形元件、一个黑色的矩形元件和一个手握剑的图形。

（2）用库中元件构建动画对象。回到场景，从库中导入各元件形成多个实例，并通过任意变形工具调整大小比例和旋转方向，组合成一个举剑的火柴人，如图 3.87 所示。

图 3.87　骨骼动画元件实例

（3）选择工具箱中的骨骼工具，在互相关联的肢干元件实例上按住鼠标拖出关节结构，首先从躯干连接头部，然后分别按顺序连接手上、下臂和大小腿等，形成骨架，自动新建一骨架层（又称姿势层）。

【提示】　参与连接的元件实例对象将从原导入图层自动迁移到骨架层。

（4）建立骨骼动画。在骨架层上，选择人物对象动作时间段的结束帧，右击鼠标，在弹出菜单中选择"插入姿势"命令，使该帧变成关键帧，选择工具箱中的选择工具，然后选中需调整的骨骼关节，移动或旋转该元件实例对象，同时与之关联的各个对象部分也会同步联动，调整过程也可以配合"属性"面板中的"联接：旋转"、"联接：X 平移"、"联接：Y 平移"等参数项进行。设置完成后，两个姿势关键帧之间的动态变化将由软件自动生成，如图 3.88所示。

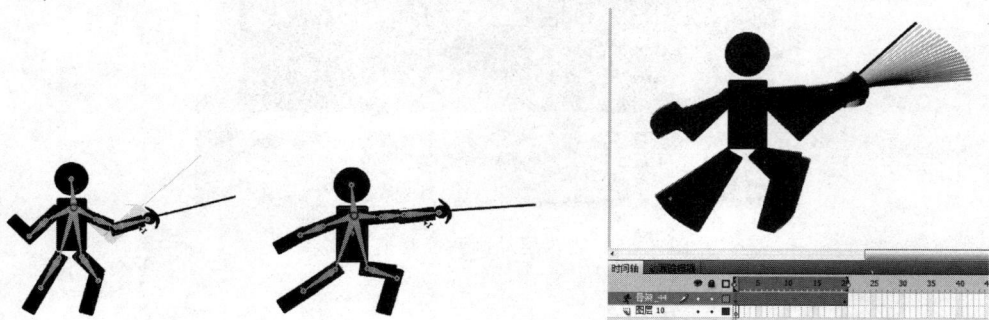

图 3.88　骨架链制作调整形成骨骼动画

（5）如两个姿势关键帧之间还有关键动作需添加的，可选择该动作所在帧，直接用选择工具移动或旋转实例对象改变动作状态，该帧会自动变成姿势关键帧，原来的一段动画就会分拆成两段动画。如要删除骨架层中的关键帧，可以选择此帧，右击鼠标，在弹出菜单中选择"清除姿势"命令即可。

2. 基于图形形状内部添加骨架的骨骼动画

（1）新建文档，直接在场景中绘制或导入一图形，本案例绘制了一蛇状动物。

（2）选择工具箱中的骨骼工具，在蛇状动物身上逐个添加骨骼，形成骨骼链（骨架），并自动生成"骨架"层，图形对象也移动到"骨架"层，如图 3.89 所示。

图 3.89　为图形形状内部添加骨架

（3）在骨架层上，确定图形形状变化的帧序列最后一帧，选择此帧，右击鼠标，在弹出的菜单中选择"插入姿势"命令，形成关键帧，并应用选择工具调整骨架各个关节结构，使图形形状产生变化，前后两个关键帧之间的动态变化自动生成骨骼动画，如图 3.90 所示。

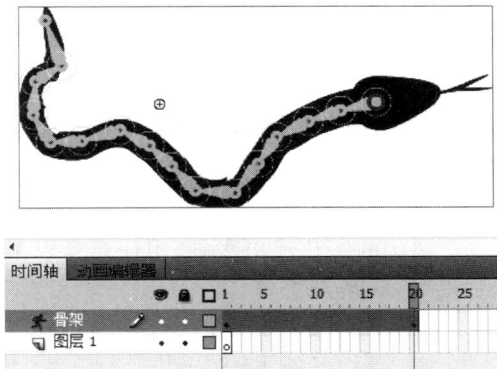

图 3.90　图形形状骨骼动画

3.3.4　图层动画制作案例

图层动画在应用 Flash 制作多媒体课件动画素材过程中应用比较广泛，下面以"卷轴动画"案例综合练习图层动画制作方法。

（1）建立课件场景。启动 Flash 界面，选择新建 Flash 文档，在菜单栏上选择"修改"｜"文档"命令打开对话框，或在右侧"属性"面板中设置文档大小为 800×600，背景色为黑色，帧频为 12fps。

（2）制作卷轴素材。选择主菜单中的"插入"｜"新建元件"命令，选择图形类型，改名为"画轴"，进入"画轴"图形元件编辑区。

（3）选用工具箱中矩形工具，在"属性"面板中设置笔触颜色为"无色"，填充颜色为"黑白线性渐变"；选择主菜单中"窗口"｜"颜色"命令，打开"颜色"面板，调整线性渐变的中心色为"浅白色"，两边外沿色为"黑色"，如图 3.91 所示，在编辑区用鼠标拖出一细黑白渐变的立体长条矩形；同样做法，修改"颜色"面板中的色标，调整线性渐变的中心色为鲜红色，两边外沿色为暗红色，在编辑区用鼠标拖出一比刚才细长条矩形宽短的渐变色立体矩形。

（4）把两条渐变色矩形叠合，形成如图 3.92 所示的画轴效果。

107

图 3.91　画轴填充颜色设置

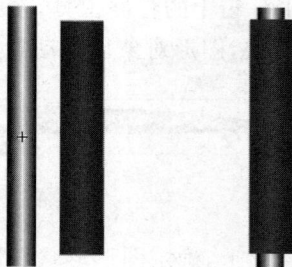

图 3.92　画轴图形效果

【提示】　红色渐变矩形需比黑白渐变矩形稍短稍宽，并叠合在黑白渐变矩形上方，红色渐变矩形为卷轴，黑白渐变矩形为卷轴杆。

（5）选择主菜单中的"插入"｜"新建元件"命令，选择图形类型，改名为"画卷"，进入"画卷"元件编辑区。选用工具箱中矩形工具，在"属性"面板中设置笔触颜色为"无色"，填充颜色为"白色"，在编辑区用鼠标拖出一白色横幅式矩形；从库中拖入条幅花纹多个，设置在白色矩形上下两边，并用任意变形工具调整其大小。

（6）从库中拖入一幅适合比例的图片或山水画，用任意变形工具调整其大小，放置在画幅中，形成画卷条幅效果，如图 3.93 所示。

图 3.93　画卷条幅效果

（7）创建向一侧展开的卷轴动画。回到场景，修改图层 1 为"画卷"层。在库中把"画卷"元件拖入场景中心，用任意变形工具调整其大小，并在该层第 24 帧插入帧。

（8）在"画卷"层上方新增一图层为"左画轴"层。在库中把"画轴"元件拖入场景作为左画轴，放置在画卷左边缘，并用任意变形工具调整其大小以适合画卷。

（9）在"左画轴"层上方新增一图层为"右画轴"层。选择左画轴，右击鼠标，在弹出菜单上选择"复制"命令，在"右画轴"层的场景中再右击鼠标，在弹出菜单中选择"粘贴"命令，复制一个画轴作为右画轴，放置在紧贴左画轴右边位置，如图 3.94 所示。

图 3.94　画轴与画卷组合

（10）在"左画轴"层上第 24 帧插入帧，在"右画轴"层上第 24 帧插入关键帧，按住 Shift 键用鼠标把右画轴移动到画卷右侧边缘并与画卷对齐。选择"画轴"层上第 1～24 帧序列中任意帧，右击鼠标，在弹出菜单中选择"创建传统补间"命令，为右画轴建立向右移动的补间动画，形成画轴展开的画轴动画，其效果如图 3.95 所示的"绘图纸外观"预览。

图 3.95　画轴展开效果

（11）在"画卷"层上方新增一图层为"遮罩"层。在该层选用工具箱中矩形工具，在"属性"面板中设置笔触颜色为"无色"□，填充颜色为任意一种颜色；在场景中用鼠标拖出与画卷一样大小的矩形，覆盖画卷，作为画卷的遮罩。

（12）选择"遮罩"层第 1 帧，运用工具箱中任意变形工具把矩形遮罩图形缩至左画轴下；选择该层第 24 帧，运用工具箱中任意变形工具把矩形遮罩图形横向向右扩大到右画轴下，形成从左到右的遮罩扩大式变形。在此层第 1～24 帧序列应用"创建补间形状"，使遮罩矩形建立变形动画，如图 3.96 所示。

（13）选择"遮罩"层右击鼠标在弹出菜单中选择"遮罩层"命令，使矩形变成画卷的遮罩，实现遮罩层动画。由此打开画卷动画生成，画卷将随同画轴移动而展开，其最终效果如图 3.97 所示。

109

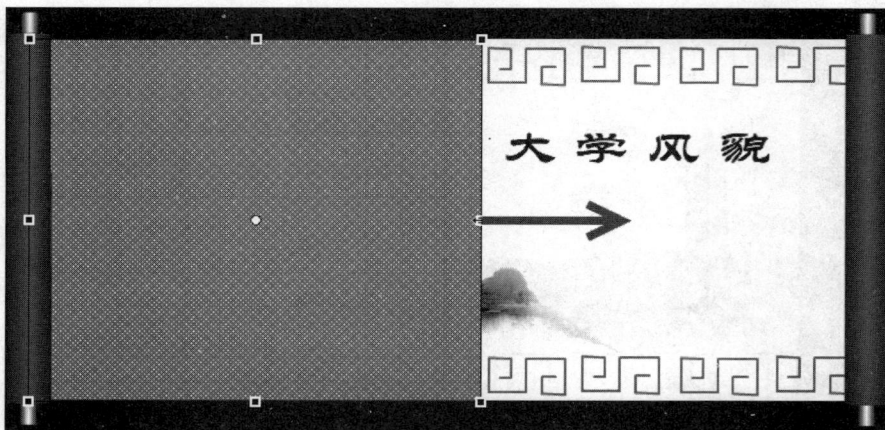

图 3.96　遮罩图形绘制

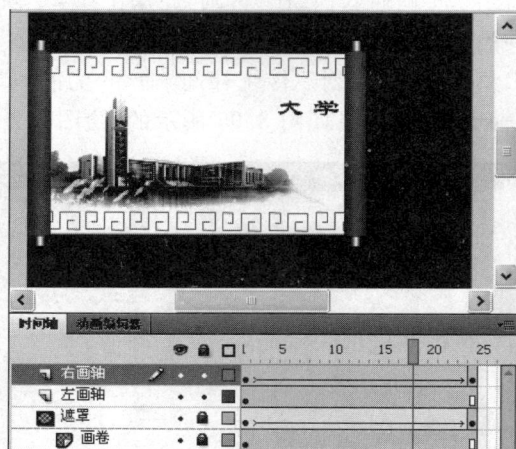

图 3.97　卷轴动画效果

【提示】　以上为向右卷轴展开动画效果，如创建向两边展开的卷轴动画，则只需按以下方法修改：

（1）把两个画轴开始帧定位合在中间，画轴分别向左向右制作移动补间动画，如图 3.98 所示。

图 3.98　画轴与画卷叠合与左右展开画轴设置

（2）"遮罩"层第 1 帧的矩形遮罩图形缩至画卷中间左右两画轴下，第 24 帧，运用工具箱中任意变形工具把矩形遮罩图形横向向左向右扩大到覆盖整个画轴下，形成向两边扩大变形的遮罩，在此层第 1～24 帧序列应用"创建补间形状"，使遮罩矩形建立变形动画，如图 3.99 所示。

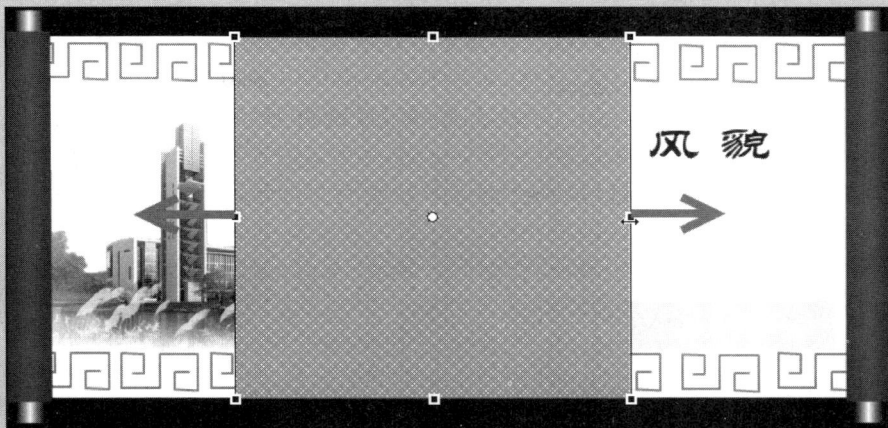

图 3.99　左右展开遮罩制作

（3）选择"遮罩"层右击鼠标，在弹出菜单中选择"遮罩层"命令，使矩形变成画卷的遮罩，实现遮罩层动画。由此打开画卷动画生成，画卷将随同画轴移动向两边展开，其最终效果如图 3.100 所示。

图 3.100　左右展开画卷动画

3.4　多媒体课件动画素材制作实例

多媒体课件制作极具技术综合性，包含 Flash 的图形绘制、文本输入、按钮的制作，涵盖了常用动画各种类型（变形、运动、按引导线路径运动、透明度渐变、逐帧动画等），其中动画制作占了较大的工作量，以下实例练习将通过具体制作两个课件的演示动画，帮助读者体会多媒体课件动画素材设计思路与课件中动画的组织。

3.4.1　地球地理课件制作案例

1. 运用遮罩层建立地球自转元件

（1）新建 Flash 文档，选择主菜单中的"插入"｜"新建元件"命令，选择"影片剪辑"类型,改名为"地球",进入"地球"影片剪辑元件编辑区。

（2）把图层 1 改名为"立体球"层。选择工具箱中的椭圆工具,在"属性"面板中设置笔触颜色为"无色",填充颜色为"渐变放射状";选择主菜单中"窗口"|"颜色"命令,打开"颜色"面板,调整渐变放射状的中心色为"浅水蓝色",外沿色为"深蓝色",如图 3.101 所示。

（3）按住 Shift＋Alt 键,用鼠标在编辑区中心拖出一个蓝色放射状渐变的立体大球。在"立体球"层第 40 帧插入普通帧。

（4）在"立体球"层上新增一图层"地图"层。选择该层,通过菜单"文件"|"导入"|"导入到舞台"命令,为该层导入一地图轮廓素材。选择地图轮廓素材,右击鼠标,在弹出快捷菜单中选择"转换为元件"为"图形"类型,将地图轮廓素材转换为图形元件,并用任意变形工具将其调整为上下适应立体球大小的地图横幅,以备创建运动动画所需。

图 3.101　立体球颜色设置

（5）在"地图"层的第 40 帧插入关键帧,为地图素材建立第 1～40 帧序列。选择该层第 1 帧,把地图素材移动到立体球的左边并上下对齐,如图 3.102 所示;同样,选择该层第 40 帧,把地图素材移动到立体球的右边,如图 3.103 所示。在第 1～40 帧序列中右击鼠标,在弹出菜单中选择"创建传统补间"命令,为地图素材元件建立运动补间动画。

图 3.102　地图动画开始帧

图 3.103　地图动画结束帧

（6）在"地图"层上方添加一新层并命名为"遮罩"层。把"立体球"层第 1 帧通过"复制"与"粘贴",复制到"遮罩"层的第 1 帧,则"遮罩"层具有与"立体球"层同样大小且位置相同的球状图形元件,以备作为遮罩材料使用。

（7）选择"遮罩"层,右击鼠标,在弹出菜单中选择"遮罩层"命令,如图 3.104 所示,把该层作为其下方相邻的"地图"层的遮罩,"遮罩"层的球形图轮廓变成"地图"层的显示指定区域。由此,形成了视觉上旋转的地球,如图 3.105 所示。

2. 创建月球旋转引导线

（1）回到场景,修改图层 1 为"地球"层。在库中把地球影片剪辑元件拖入场景中心,用任意变形工具调整其大小,并在该层第 40 帧插入帧。

（2）在"地球"层上方添加一新层并命名为"月球"层。在工具箱中选择椭圆工具,在"属性"面板中设置笔触颜色为"无色",填充颜色为"黑白放射状渐变",按住 Shift 键用鼠标在场景中绘制一小球作为月球。选择小月球,右击鼠标,在弹出的快捷菜单中选择"转换为元件"命令,将其转换为图形元件。

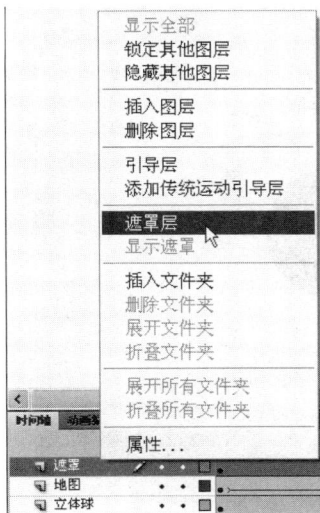

图 3.104　遮罩层设置

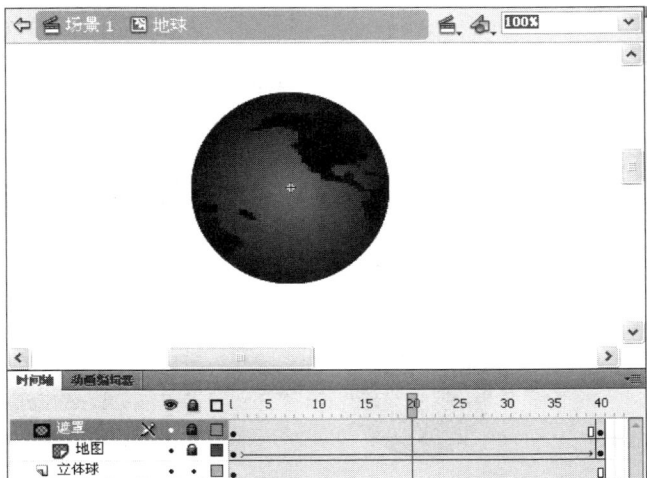

图 3.105　地球自转动画元件

（3）在"月球"层第 1 帧把月球移动到一位置,在第 35 帧插入关键帧,并把月球移动一段距离,选择第 1～35 帧之间任意帧,右击鼠标,在弹出菜单中选择"创建传统补间"命令,形成补间动画帧序列。

（4）在"月球"层上右击鼠标,在弹出菜单中选择"添加传统运动引导层"命令,为月球添加引导线层。在该层选择工具箱中的椭圆工具,在"属性"面板中设置笔触颜色为"黑色",填充颜色为"无色",用鼠标在场景中绘制一较大椭圆线作为月球旋转引导线,运用任意变形工具旋转椭圆线至倾斜一定角度。

（5）应用工具箱中的橡皮擦工具,选择最小矩形块形状,在椭圆路径线与地球交界处分别擦出两个缺口,把椭圆线分成两部分:未被地球遮挡部分和应被地球遮挡部分。用选择工具选择应被地球遮挡部分椭圆线段,删除该线段,上述步骤如图 3.106 所示。

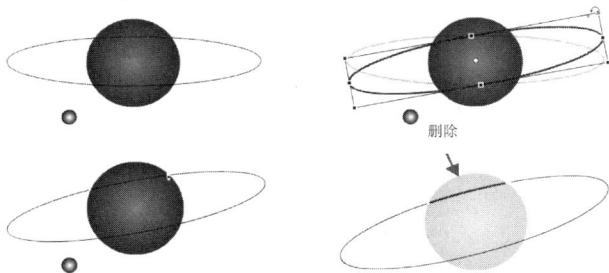

图 3.106　月球旋转引导线制作

（6）选择"月球"层第 1 帧,把月球元件中心移动到椭圆线左端靠近地球处,同样,把第 35 帧的月球对象中心移到椭圆线右端靠近地球,注意不要遮挡地球,剩下 5 帧的画面通过视觉联想虚拟月球转到地球后面的情景,如图 3.107 所示。

113

114

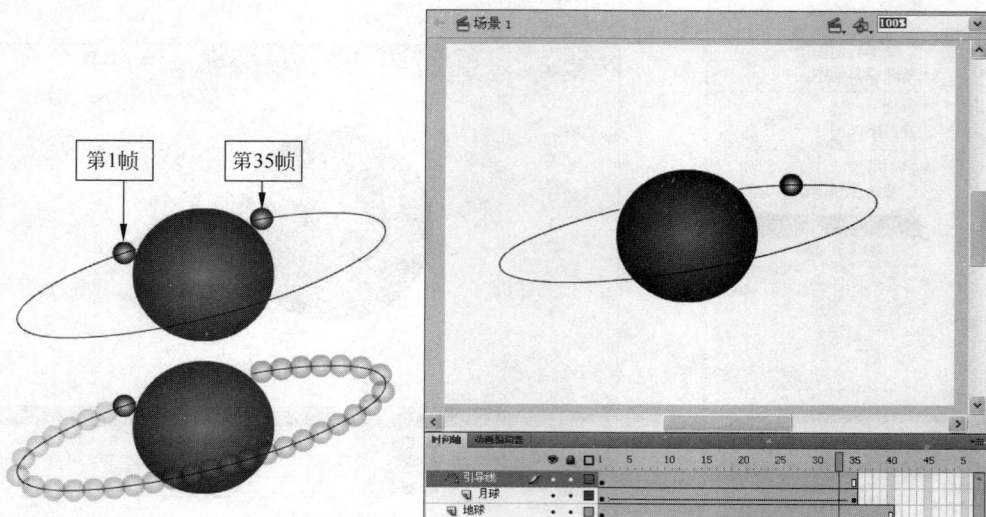

图 3.107　月球环绕地球旋转动画

3.4.2　毛笔书写动画案例

字体书写型动画模式是 Flash 动画制作中常用的动画元素和手法，在语文教学和书法教学课件中也比较常见。3.2.1 节中也曾使用擦除方式和翻转帧技术模拟字体书写。以下案例则通过不同于 3.2.1 节的制作思路和方法，从综合应用补间动画、遮罩动画等技术的角度练习 Flash 动画制作的技巧。

首先新建一文档，选择菜单栏中的"修改"|"文档"命令，在弹出的文档"属性"面板中设置尺寸为 800×600，帧频为 12fps，背景为白色，构建动画场景。

1.　运用绘图工具制作书写相关的元件

（1）选择"插入"|"新建元件"命令，类型为"图形"，在工具箱中选择矩形工具，在"属性"面板中设置笔触为"红色"，填充为"无色"，按住 Shift＋Alt 键，在元件编辑区拖放绘制一个正方形红色字框。

（2）选择铅笔工具，在"属性"面板中设置样式为"虚线"，按住 Shift 键，从矩形中点向四方绘出 4 条横竖虚线，形成小学教学常见的田字格，如图 3.108 所示。

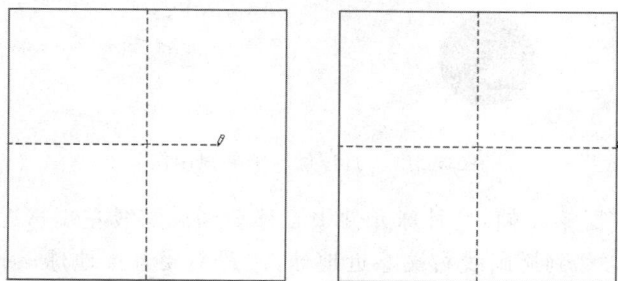

图 3.108　田字格元件

（3）选择"插入"|"新建元件"命令，类型为"图形"，在工具箱中选择矩形工具，在"属性"面板中设置笔触为"黑色"，填充为"无色"，按住 Alt 键，在元件编辑区拖放绘制一个矩形黑色长条框。选择油漆桶工具，在"属性"面板中选择填充为"暗-明-暗"渐变色，色板可选毛笔笔杆常用原色，在长条矩形框中填充，形成立体化的笔杆，最后把该图层修改为"笔杆"层。

（4）在此元件编辑区继续绘制书写笔毛部分。新建一图层为"笔头"层，选择工具箱中的椭圆工具，填充颜色为"黑色"，笔触颜色为"无色"，在笔杆下端拖出一个笔头大小的椭圆形黑色块；用选择工具调整笔头的笔肚部分使之圆润饱满，按住 Alt 键在下端拖出笔锋；用油漆桶工具填充黑白渐变颜色，形成笔头。

（5）同样方法绘制笔顶，用铅笔工具绘画吊挂，最后形成毛笔图形元件，如图 3.109 所示，用选择工具移动毛笔，使元件中心十字定位在笔头处，以便后续的书写引导线动画制作。

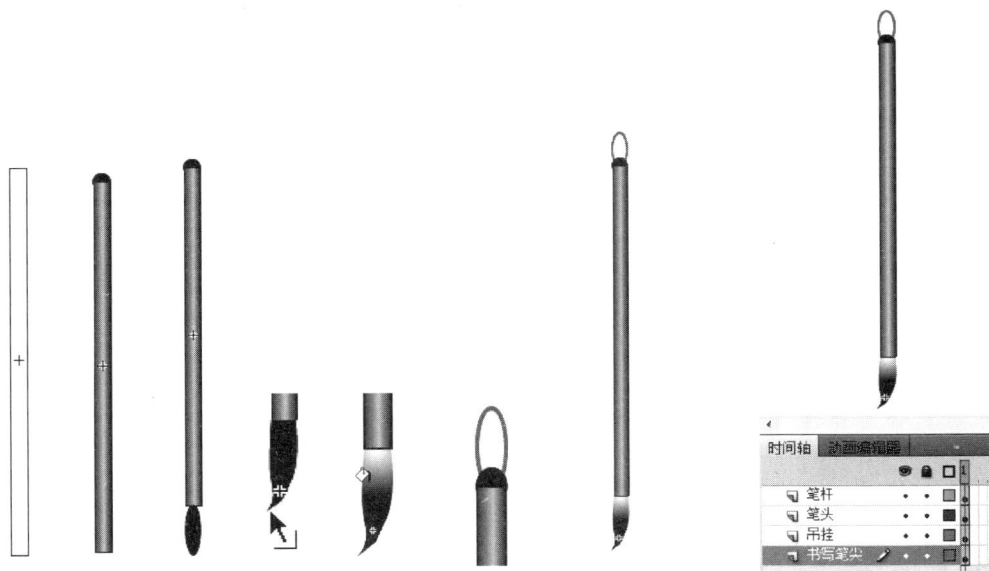

图 3.109　毛笔元件制作

2. 制作书写环境

（1）回到场景，新建图层为"田字格"，从库中导入田字格元件到舞台，应用任意变形工具确定田字格合适大小与放置位置。

（2）新建一图层为"字体"层，选择字体工具，选择字体为"华文行楷"，输入文字"永"，并用任意变形工具调整到与田字格匹配的大小，放置在田字格内，如图 3.110 所示。

3. 制作书写遮罩

（1）在"字体"层上新建一层为"遮罩"层，选择该层，并在工具箱中选择刷子工具，在工具箱的下方选好笔刷的刷子大小，以能覆盖字体笔画为好。

图 3.110　书写环境

115

【提示】　笔刷刷子大小要与文字笔画粗细吻合，在描画中还需注意调整，以保证笔画书写不会出现瑕疵。

（2）按照字体书写顺序，用刷子工具模拟书写过程，沿文字笔画路径描画。先选择第 1帧关键帧，在第 1 关键帧写上一点，然后按 F6 键，在接着的下一帧增加一关键帧，再往下写一点，以此类推，以 F6 键和刷子工具配合，按照书写顺序把字写完，在遮罩层建立一系列关键帧，形成帧帧动画。

（3）在描画每一笔画的最后一帧处，插入一或两帧，为毛笔移动到下一笔书写留有移动的空间，如图 3.111 所示。

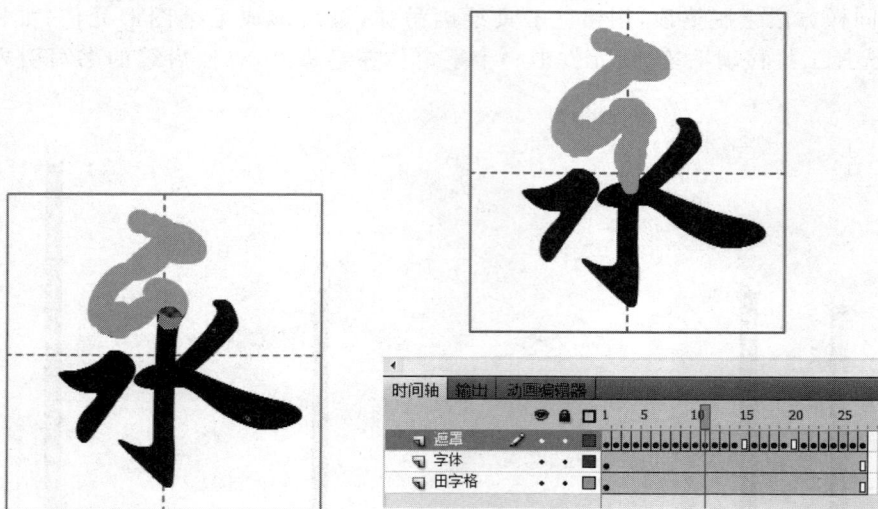

图 3.111　遮罩层制作

（4）选择"遮罩"层，右击鼠标，在弹出菜单上选择"遮罩层"命令，把遮罩层赋予"字体"层，这样，就形成了文字的模拟书写动画效果。

4. 制作毛笔书写的引导线动画

（1）在遮罩层上方新建一图层为"毛笔"层，在该层上把毛笔元件移放到场景，使用工具箱中的任意变形工具缩放和旋转毛笔，以让其适应画面比例和形成书写角度，如图 3.112所示。

（2）对应"遮罩"层中遮罩描画的每一笔画的起点和终点位置帧，在"毛笔"层的这些点分别建立关键帧，并用选择工具把毛笔移动各关键帧对应的书写位置，在各关键帧之间右击鼠标，在弹出菜单中选择"创建传统补间"命令，建立对应各笔画的毛笔移动补间动画。

（3）选择"毛笔"层，右击鼠标，在弹出菜单中选择"添加传统移动引导层"命令，在"毛笔层"上新建一个引导层，选择铅笔工具，在引导层上用铅笔沿字体笔画描出书写路径，如图 3.113 所示。

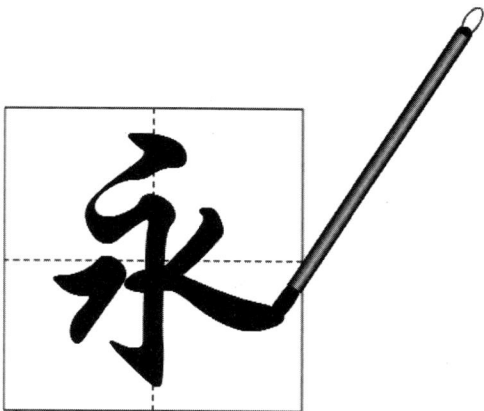

图 3.112　毛笔导入调整　　　　　　　　　图 3.113　毛笔书写引导层

（4）选择"毛笔"层，把每一关键帧的毛笔笔头吸附到路径笔画对应的路径引导线位置，形成毛笔书写的引导层动画，如图 3.114 所示。

（5）根据测试效果，仔细调整毛笔和遮罩对应位置，运用刷子工具和橡皮擦工具对遮罩进行修改，以适应毛笔的书写速度，图 3.115 展示了动画的最终结果。

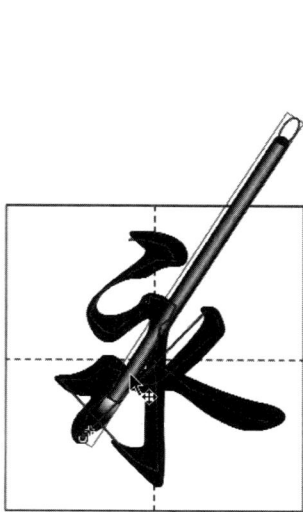

图 3.114　毛笔书写路径构建　　　　　　　图 3.115　字体书写动画效果

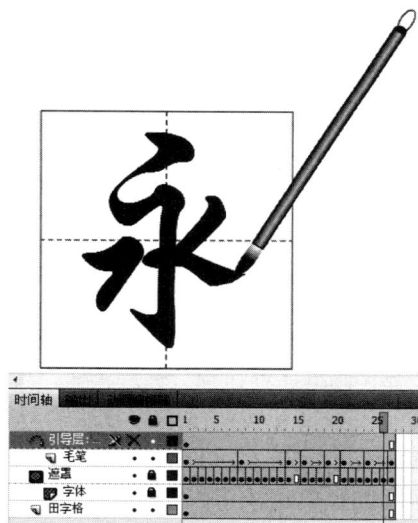

小　　结

本章主要学习 Flash 的基本动画和图层动画，其中逐帧动画、变形补间动画、运动补间动画、引导层动画和遮罩动画都是多媒体课件及网络动画资源开发过程中最常用的动画模式，熟练掌握这些动画，是多媒体课件动画素材制作及网络动画资源开发的基础。学习的要点主要是充分理解 Flash 各类动画的用途以及制作要领。

1. Flash 动画基本原理

Flash 依托了形成动画的"视觉暂留"原理，把活动影画分为一系列的动画帧，通过动画帧的设计，特别是关键帧的制作及其中动画对象的物理属性变化调整，应用 Flash 的"补间"动画技术创建渐变型动画帧序列，通过一定帧速率（帧频）把这些帧序列播放出来从而形成动画。

Flash 动画是动画帧的操作，其中关键帧的设置与制作是重点。熟悉 Flash 动画帧基本操作是制作动画的基础，掌握各类动画特点、动画对象特征以及帧序列的构成方法是关键。

2. 基本动画制作

基本动画主要包括逐帧动画和补间动画。

逐帧动画的制作需要一帧一帧去创建，因而其关键在于建好每一关键帧。逐帧动画文件体积较大，但具有非常大的灵活性，几乎可以表现任何想表现的内容，能够解决动画变化比较复杂的制作问题。逐帧动画制作较多属于同一对象的形体或物理属性变化，可以充分利用"绘图纸外观"功能为逐帧制作提供参考性辅助，以及"翻转帧"等技术性处理，以提高制作效率。

补间动画实质上是一个逐渐变化的动画，补间动画又分为：补间形状（变形）、运动补间，而 Flash CS6 运动补间动画则有：创建传统补间和创建补间动画两种不同的制作方式与效果。

传统补间动画与补间形状（变形）动画建立的关键在于：

（1）应为不同的补间动画选取不同的动画对象，补间形状（变形）只针对矢量图形，元件实例、组合、位图、文字等均需通过"修改"｜"分离"命令进行打散。运动补间动画则可以使用实例、元件、文本、组合与位图作为动画对象，而矢量图形则需要转换为元件实例才能使用运动补间。

（2）制作好两个关键帧：动画帧序列的开始帧和结束帧，动画设置的关键在于规划设计好这两个关键帧并进行有效设置。

基于动画对象的"创建补间动画"模式，作为 Flash CS4 延伸到 CS6 的运动动画新理念和新制作手法，制作直观快捷，易于编辑。其应用关键在于：

（1）只需先确定补间帧序列的开始帧，通过移动改变对象的物理属性产生后续关键帧，移动变化过程同时会在移动路径产生一条带有动画帧点的轨迹线。

（2）运动路径轨迹线可以应用贝塞尔曲线手柄调整，缓动设置可以让移动加速或减速，借助"动画编辑器"可以进行运动补间动画的相关参数的直观调整。

运动补间动画除位移动画外，还可以进行缩放大小、改变透明度和变换颜色等。"创建传统补间"与"创建补间动画"两种制作选项模式制作缩放、透明与色调渐变动画的方法相同。

变形补间要控制变形过程的形状变化特征，可以使用 Flash 提供的"形状提示点"，对形状变化的开始帧和结束帧进行变形定位。

3. 图层动画制作

图层动画是 Flash 中比较高级的动画设计类型，主要应用引导层、遮罩层等这些特殊层，为动画提供更加灵活的制作方式和多样的表现效果。图层动画主要有：针对运动补间动画移动路径灵活变化的引导层动画、针对控制动画对象显示区域变化的遮罩动画。

引导层动画的前提是被作用层具备运动补间动画,引导层作为被引导层运动对象路径的规划者,必须建立在被引导层的运动补间动画基础上,因而其引导的对象只能是元件实例、文本等能够设置运动动画的对象,而矢量图形则不能应用引导层。

引导层创建的关键在于:

(1)根据动画对象(被引导对象)的运动路径要求,在引导层绘制适用于被引导对象动画要求的任意形状引导线,注意引导线不能闭合。

(2)为引导层与被引导层建立链接关系。

(3)把开始帧和结束帧的动画对象(被引导对象)中心移动吸附到引导线的起端和末端。

遮罩动画是 Flash 中比较重要的动画类型,许多丰富多彩的动画效果如探照灯效果、拉幕效果、扫光效果及七彩文字等都是通过遮罩层技术制作出来的。遮罩层是 Flash 中一个特殊的图层,如同引导层一样,主要用于作用被遮罩层的对象,用遮罩层上的图形轮廓,为下方的被遮罩层划定显示的范围。

遮罩层位于被遮罩层上方,遮罩层上用作遮罩的对象可以是矢量图形、文字及其补间形状动画;也可以是元件实例及其运动补间动画。实际上,仅仅是将对象外形轮廓用作遮罩,框定被遮罩层的显示区域,至于对象的填充属性如何并不重要。同样,被遮罩的对象也可以是图形或元件等任何动画对象。

遮罩层创建的关键在于:

(1)根据动画对象(被遮罩对象)的显示要求,在遮罩层绘制适用于被遮罩对象动画要求的任意形状图形或导入元件、文字、位图等。

(2)根据动画要求设置运动补间动画。可以设置遮罩运动,被遮罩对象不动;也可以设置遮罩不动,被遮罩对象运动;或遮罩与被遮罩对象相对运动。

(3)为引导层与被引导层建立链接关系。

遮罩层与被遮罩层的链接关系一旦建立,两个图层将被同时锁定,如果其中一个图层解锁,遮罩链接关系即告破坏。

思考与练习

1. 结合章节中的动画案例熟悉 Flash 基本动画与图层动画的基本制作思路和制作方法,体会本章小结中所叙述的要点。

2. 结合案例熟悉各种常用动画的制作要领。

3. 结合案例了解 Flash 新增的 3D 动画和骨骼动画。

4. 结合本章所学动画制作知识制作一个翻书动画,动画界面如图 3.116 所示。

制作要点:

(1)统筹规划时间轴及图层分布,翻页对象使用图形,要单独设在一图层。

(2)应用选择工具和任意变形工具进行关键帧书页变形调整,注意翻页状态应符合人的视觉,同时可以借助油漆桶工具的线性渐变填充,得到页面不同关键帧状态下不同的阴影效果,使之动态更加明显。

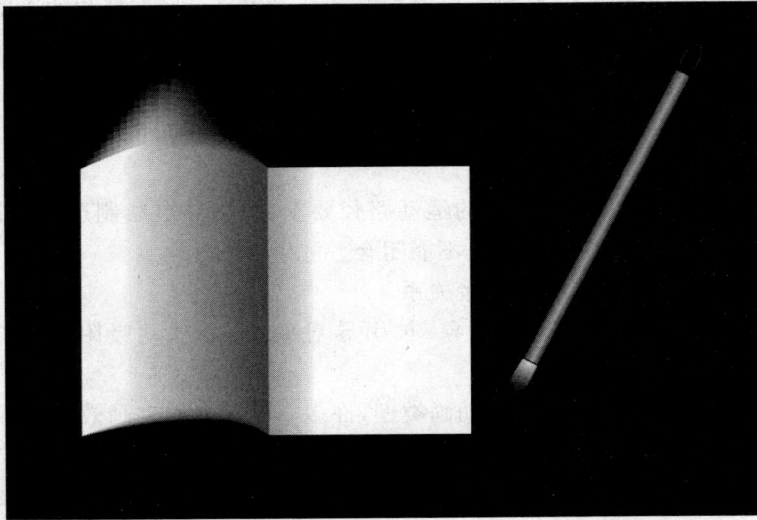

图 3.116　翻书书写动画界面

（3）应用"创建补间形状"对书页对象进行变形动画处理，翻书的最后一帧添加动作 stop();。

（4）毛笔书写可参考章节中有关部分案例。

第4章　课件按钮和菜单素材的设计与制作

▶▶▶

【本章学习导读】

【知识重点】

(1) 了解 Flash 按钮元件构成。

(2) 掌握 Flash 按钮元件制作及按钮动作添加过程。

(3) 了解应用 Flash 按钮元件制作菜单过程。

(4) 学会应用 Flash 制作多媒体课件常用按钮与菜单。

【学习任务】

(1) 制作 Flash 按钮元件。

(2) 添加按钮动作。

(3) 模仿学习多媒体课件按钮和菜单素材制作实例。

4.1　Flash 按钮元件

按钮是 Flash 动画中非常重要的元件类型,也是多媒体课件中应用广泛的一个构件,一般在课件和动画中起着控制动画播放、提供导航与链接、实现场景与帧之间跳转控制、实现交互等功能。

4.1.1　认识 Flash 按钮元件

1. 按钮的创建

按钮的创建一般有以下 5 种方法:

(1) 通过菜单新建。选择菜单栏"插入"|"新建元件"命令,打开新建元件设置对话框,元件类型选择"按钮",给元件命名后,便可进入按钮元件编辑区进行制作。

(2) 把场景或元件编辑区中现有非元件对象转换为按钮。选择场景中需转换对象,通过菜单栏"修改"|"转换为元件"命令,或在选中对象上右击鼠标,在弹出的快捷菜单中选择"转换为元件"命令,在弹出的"转换元件"对话框中给元件命名,其类型选择"按钮"即可。

(3) 其他元件类型通过转换得到。在库中直接单击需转换为按钮的元件,右击鼠标,在弹出的快捷菜单中选择"属性"命令,打开元件"属性"面板,元件类型选"按钮"。

（4）直接复制按钮元件。有时需制作形态颜色相同或相近的按钮，可以用直接复制元件编辑修改而成，以提高制作效率。直接在"库"中选中需复制的按钮元件，右击鼠标，在弹出的快捷菜单中选择"直接复制"命令，便会在"库"中新增一个与复制对象相同的按钮元件，在此新增按钮元件上右击鼠标，在弹出的快捷菜单中选择"编辑"命令，进入元件编辑区，便可进行按需修改，形成新的按钮元件。

（5）直接在"公用库"中编辑选用。Flash 在公用库中为用户提供了许多按钮类型，选择菜单"窗口"|"公用库"|"按钮"命令，可以打开按钮库选用，如图 4.1 所示。

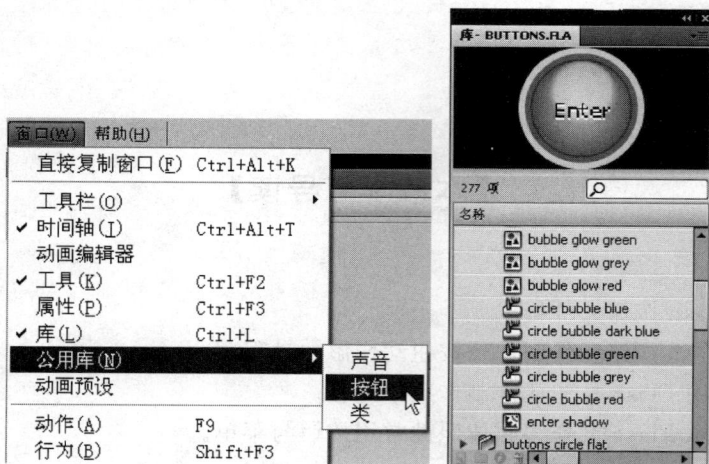

图 4.1　公用库中按钮选用

2. 按钮的构成

Flash 按钮元件一般由 4 个特殊的帧构成，如图 4.2 所示，构成按钮的 4 个帧的作用分别如下。

（1）弹起：鼠标没有移到按钮上前鼠标的原来状态。

（2）指针经过：鼠标移到按钮上未按下时的按钮状态。

（3）按下：当鼠标单击按钮时按钮的状态。

图 4.2　按钮元件帧构成

（4）点击：划定鼠标能够如同按钮一样可以单击响应的区域（热区），此区域可以实现按钮功能但实际输出动画时不可视。

【提示】

（1）按钮实际上是一个带有特定 4 帧的交互型影片剪辑，前 3 帧决定按钮在相关操作下的显示形态，第 4 帧则用于规定以按钮形式激活的区域。实际应用到场景时，按钮元件的时间轴上并不是一个按时间播放的帧序列，而是根据鼠标操作直接跳转到相应帧，作出相应的反应状态。

（2）需要直接指定某个区域为按钮功能热区，只需选用"点击"帧建立关键帧，如果第 4 帧空置，则按钮元件默认为元件中所有对象以其外形为界均为按钮热区。

---

3. 按钮的编辑

如需对场景或元件编辑区内选用的按钮元件进行编辑，主要有三种编辑方式：编辑、在当前位置编辑、在新窗口编辑。

（1）编辑。在场景等可视区域中，只需直接双击该按钮实例进入元件编辑区进行修改编辑,将播放控制线移动到各个帧,可以直观查看按钮状态。

（2）在当前位置编辑。在工作区中,选择按钮实例,右击鼠标,在弹出的快捷菜单中选择"在当前位置编辑"命令,进入元件编辑区,这时按钮位置保持在场景中的位置不变,当前场景的其他对象将淡化为不可编辑,成为按钮的背景,作为按钮编辑的辅助,此时按钮元件就可以独立进行编辑修改。

（3）在新窗口编辑。选择按钮实例,右击鼠标,在弹出的快捷菜单中选择"在新窗口编辑"命令,按钮元件便会在一个新打开的窗口中建立元件编辑区进行修改编辑。

完成编辑后,"库"中按钮元件及其复制的元件将会同时被修改。修改完需单击编辑区头部的"场景"按钮🏠或场景名称回到场景继续进行动画课件制作。

在场景制作过程中,如按钮需要测试,可以按 Ctrl＋Enter 键,或选择菜单栏"测试"｜"测试影片"命令实现。

4.1.2　制作 Flash 按钮

按照 4.1.1 节所陈述的创建方法,按钮制作可以通过绘制、导入对象转换、现有按钮元件修改等方式实施。按钮编辑区前 3 帧决定按钮在相关操作下的显示状态,第 4 帧仅用于规定以按钮形式激活的区域,热区则关键在于第 4 帧"单击"的区域。制作按钮的实质是如何规划与制作按钮元件的特定 4 个帧,一个正常使用的按钮一般设置 4 帧就行,简单的按钮最少一帧也可以。

Flash 按钮按照其在场景中的应用,可分为显形按钮和隐形按钮,下面以两个案例为例学习按钮元件的基本制作方法。

1. 显形按钮制作

创建显形按钮,实际上是针对鼠标在按钮上不同操作而需要显示不同的形态,在不同的形态帧中绘制或导入组成按钮的各种元素,形成动态按钮元件。

（1）在需新建按钮的 Flash 文档中选择菜单栏"插入"｜"新建元件"命令,打开"新建元件"对话框,命名按钮名称,选择元件类型为"按钮",进入具有 4 帧特定帧的按钮元件编辑区。

（2）单击"弹起"帧,在工具箱中选用椭圆工具,在"属性"面板中设置笔触颜色为"黑色",填充颜色为"红色径向渐变",同时按住 Shift＋Alt 键,用鼠标在工作区中心拖出一个红黑径向渐变的正圆形。

（3）在工具箱中选用油漆桶工具,在"属性"面板中设置填充颜色为"红色径向渐变",在步骤（2）绘制的正圆形右下侧单击,使红色径向渐变中心偏右下移,使正圆形变成红色球体效果。

（4）在红色球体上方用文本工具输入文字"开始演示",在对应"属性"面板中调整字体类型、字间距、大小,设置字体颜色为红色。

（5）单击"指针经过"帧,插入关键帧,继承"弹起"帧红色球体,在工具箱中选用油漆桶工具,在"属性"面板中设置填充颜色为"绿色径向渐变",在红色球体的正圆形右上侧单击,使绿色径向渐变中心偏左上移,变成一绿色球体。

（6）选中球体上方文字,在对应"属性"面板中修改字体颜色为"绿色"。运用工具箱中任意变形工具把文字稍稍变大,用选择工具把文字稍稍往右错位,形成鼠标经过按钮时文字能动态变化。

（7）单击"按下"帧，右击鼠标，在弹出的快捷菜单中选择"插入关键帧"命令，从而继承"指针经过"帧绿色球体，在工具箱中选择椭圆工具，在其"属性"面板中设置笔触颜色为"黑色"，填充颜色为"绿色径向渐变"，按住 Shift＋Alt 键，拖动鼠标在绿色球体中心往外拖出一个叠加在原绿色球体上的绿黑径向渐变的、较原绿色球体小的正圆形。

（8）在工具箱中选用油漆桶工具，在"属性"面板中设置填充"颜色"选项为"绿色径向渐变"，在前步骤绘制的叠加小球体右下侧单击，使绿色径向渐变中心下移，使绿色球体按钮中间产生凹进去的效果，以上步骤中球体按钮制作如图 4.3 所示。

图 4.3　按钮绘制过程

（9）选择文字，在对应"属性"面板中修改字体颜色为"绿色"。运用任意变形工具把文字稍稍变小，用选择工具把文字稍稍往左错位，形成鼠标单击按钮时文字能动态变化。

至此绘制的按钮元件的三种状态如图 4.4 所示。按钮效果可在按钮拖放到场景后，按 Ctrl＋Enter 键，导出 swf 影片进行测试。

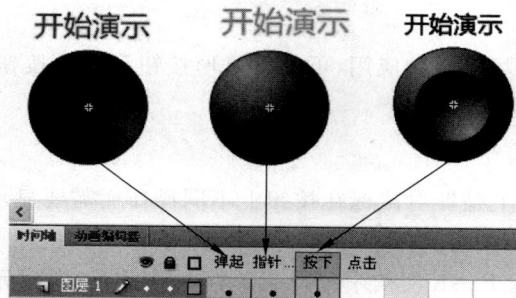

图 4.4　按钮元件三种状态

由于第 4 帧"点击"帧未做热区划定，所以 Flash 默认文字与球状按钮均为鼠标单击响应区域，如需指定鼠标单击响应区域，如仅指定球体为响应区（热区），则需继续按以下步骤设置"点击"帧即可。

（10）选择第 4 帧"点击"帧，右击鼠标，在弹出的快捷菜单中选择"插入空白关键帧"命令。在时间轴下方单击"绘图纸外观"选项，把帧名称上的绘图纸外观范围调整到把前几帧按钮球体调出作背景参考。运用工具箱中椭圆工具，在工作区中绘制一仅能覆盖球体的圆形，图形颜色是什么不重要。至此，按钮单击的区域就限制在"点击"帧所绘制的圆形中，文字不再是鼠标单击响应的对象，如图 4.5 所示。

【提示】

（1）"点击"帧是通过该帧上所有绘制或导入对象外形来划定鼠标操作响应区域（热区），因此制作时仅需关心对象的外形即可，而其中对象内容如何无关紧要。

（2）按钮是否为鼠标单击响应区域（热区），一般在测试或生成 Flash 作品中以鼠标变成🖑标识。

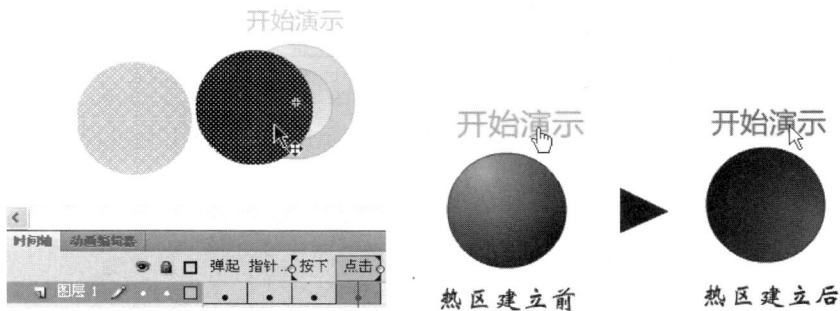

图 4.5 "点击"帧确定热区后按钮效果

2. 隐形按钮制作

隐形按钮制作主要是利用按钮元件中的第 4 帧——"点击"帧所确定的鼠标动作响应区域（热区）的"渲染影片后不可见"特性，通过该帧划定鼠标响应的热区，既能不因为按钮的出现影响画面布局，又能实现按钮的功能，可以达到显形按钮所不能起到的作用。

隐形按钮在拖入场景编辑时，会以半透明的浅绿色区域显示其位置范围，该半透明区域可以应用任意变形工具调整大小和旋转一定角度，用选择工具可以调整其位置与需确定的热区吻合。如在地理课件中，希望在地图上单击任意一个地区或城市乡镇了解该地区人文地理情况，可以在地图上把各地区分别建立隐形按钮（热区）供学习者单击链接相关知识点。

（1）打开有关课件文档，通过菜单栏"插入"｜"新建元件"命令，在打开的"新建元件"对话框中选择按钮类型，以该地区命名，进入按钮元件编辑区。

（2）单击第 4 帧"点击"帧，右击鼠标，在弹出的快捷菜单中选择"插入空白关键帧"命令，通过"文件"｜"导入"｜"导入到舞台"命令，在工作区导入地图素材。

（3）选中地图素材，执行"修改"｜"分离"命令，把位图素材打散，运用工具箱中的钢笔工具或铅笔工具，沿需要制作隐形按钮（热区）的地区图形边缘描绘，把其外形大致描绘出来，用油漆桶工具在描出的线框内填涂颜色，如图 4.6 所示，选择地图素材删除，余下的区域轮廓色块便是热区范围。同样操作可以分别把其他区域制作成轮廓热区。

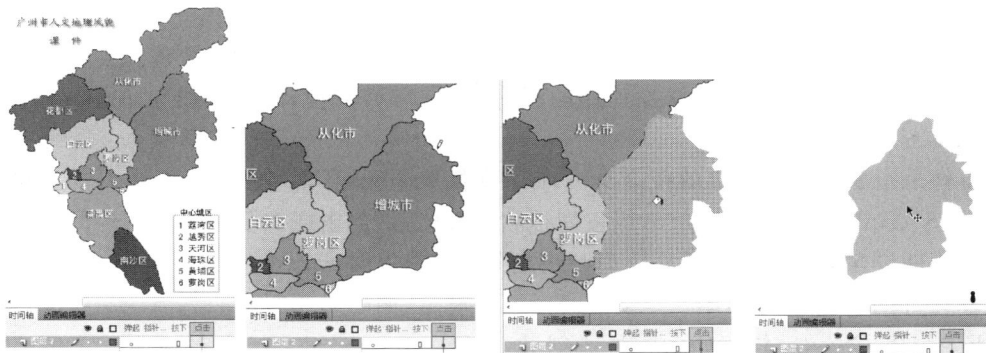

图 4.6 绘制"点击"帧的热区图形

【提示】 由于按钮的前三帧没有设置，所以该按钮图案在 Flash 渲染的影片中不会显示，同时又为其确定的区域建立按钮功能。

（4）回到场景，在地图层上方新建一按钮层，把区域轮廓色块按钮拖入场景，并于对应地区叠合，可以用任意变形工具调整大小和旋转一定角度，用选择工具可以调整其位置与该地区吻合，这样就为该区域建立了鼠标操作响应的热区，如图 4.7 和图 4.8 所示。

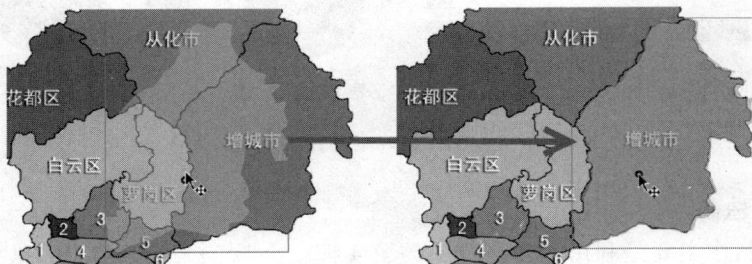

图 4.7　建立鼠标操作响应热区

图 4.8　预览按钮效果

（5）测试热区可以按 Ctrl＋Enter 键，生成 SWF 文件预览。

4.2　按钮动作的添加

按钮作为 Flash 控制动画、实现交互的主要元件，其触发按钮程序的事件主要是鼠标对其的操作，而实现其接收事件触发动作的程序是 ActionScript，因此按钮与 ActionScript 的联系非常密切。

事件是指触发按钮程序的特定操作，如：鼠标双击按钮，则"双击"即为事件。为按钮添加 ActionScript 动作的作用在于，当按钮接收鼠标经过、单击或双击按钮的事件时自动触发执行该事件包含的动作。动作作为影片满足某个事件条件所作出的响应，如停止、提示和发出声音等，在 Flash 中专门用一个动作对话框来设定，如图 4.9 所示。

Flash 从 CS4 版本开始，提供了创建两种 ActionScript 版本的文档：Flash 文档（ActionScript 3.0）和 Flash 文档（ActionScript 2.0）。选创不同文档，就会使用不同版本的 ActionScript 编写动作脚本。

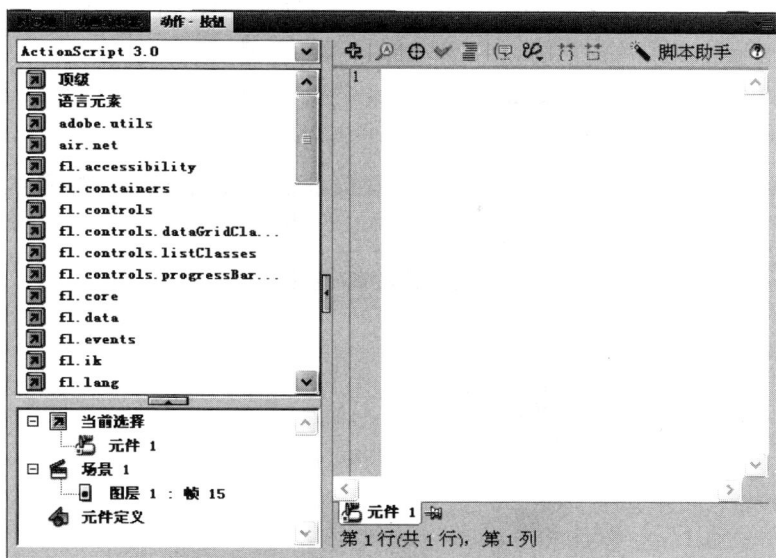

图 4.9　动作对话框

4.2.1　应用 ActionScript 2.0 为按钮添加动作

ActionScript 2.0 可以直接在按钮元件实例上添加动作。其动作脚本模式如下：

```
on(事件名称){
//接收事件后触发动作执行的程序(语句)
    }
```

有"事件"发生才可以产生"动作"，鼠标针对按钮的事件主要有以下几个。

Press：当鼠标指针在按钮上时，按下鼠标键动作发生。

Release：当鼠标指针在按钮上时，单击鼠标键时动作发生。

Release Outside：当鼠标指针不在按钮上时，单击鼠标键时动作发生。

Roll Over：当鼠标指针移动到该按钮区域时动作发生。

Roll Out：当鼠标指针移出按钮的区域时动作发生。

Drag Over：当鼠标指针在按钮上时，按下鼠标键并移动鼠标指针出按钮反应区域，然后再移动到按钮上面时，动作发生。

Drag Out：当鼠标指针在按钮上时，按下鼠标键并移动鼠标指针出按钮反应区域，这时动作发生。

下面以一案例简要说明应用 ActionScript 2.0 为按钮添加动作的基本方法。

（1）新建文档（ActionScript 2.0），在图层 1（动画层）建立一个"小球移动补间动画"。在其上再新建图层 2——按钮层，选中该层。

（2）选择菜单栏"窗口"|"公用库"|"按钮"命令，在公用库中选一按钮 bubble 2 blue，拖入场景中，在右侧"属性"面板中设置按钮实例名称为 play_btn，双击该按钮，进入按钮元件编辑区，把按钮文本修改为"play"。

（3）回到场景，从公用库中再次拖出一按钮 bubble 2 red，在右侧"属性"面板中设置按钮实例名称为 stop_btn，双击该按钮进入按钮元件编辑区，把按钮文本修改为"stop"。

（4）单击 play 按钮，右击鼠标，在弹出的快捷菜单中选择"动作"命令，打开按钮动作对话框，在对话框右边脚本编辑窗口中输入："on（"，自动弹出一下拉列表，表中列出了与按钮相关的动作，如图 4.10 所示。在列表中选取 release。

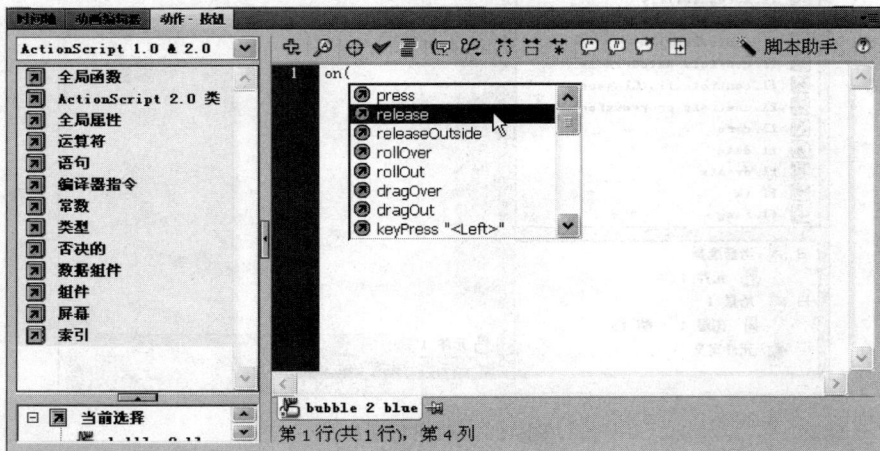

图 4.10　在动作窗口输入脚本

（5）根据 ActionScript 2.0 按钮动作模式，输入 play 按钮脚本如下：

```
on (release){
    play( )
}
```

（6）同样单击 stop 按钮，右击鼠标在弹出的快捷菜单中选择"动作"命令，打开按钮动作对话框，在对话框右边脚本编辑窗口中输入：

```
on (release){
    stop( )
}
```

（7）选择动画层第 1 帧，右击鼠标选择"动作"命令，为第 1 帧添加动作：

```
stop( )
```

第 1 帧自动标记 a，步骤（5）～（7）的 AS 动作脚本如图 4.11 所示。按 Ctrl＋Enter 键测试动画，用 play 和 stop 两个按钮控制小球移动，如图 4.12 所示。

4.2.2　应用 ActionScript 3.0 为按钮添加动作

Flash 很大程度上的应用为多媒体交互设计，交互就需用鼠标去单击，在 ActionScript 2.0 中有对应的 on(press)、on(release)等一系列的鼠标动作，而 ActionScript 3.0 对于事件的处理则通过 addEventListener，移除的时候则使用 removeEventListener，事件的处理由 Event 类来处理，Event 类又包括以下几个子类：鼠标类 MouseEvent、键盘类 KeyboardEvent、时间类 TimerEvent、文本类 TextEvent。其中鼠标事件 MouseEvent 类有

play按钮动作脚本

stop按钮动作脚本

动画层第1帧动作脚本

图 4.11　步骤(5)～(7)的 AS 脚本

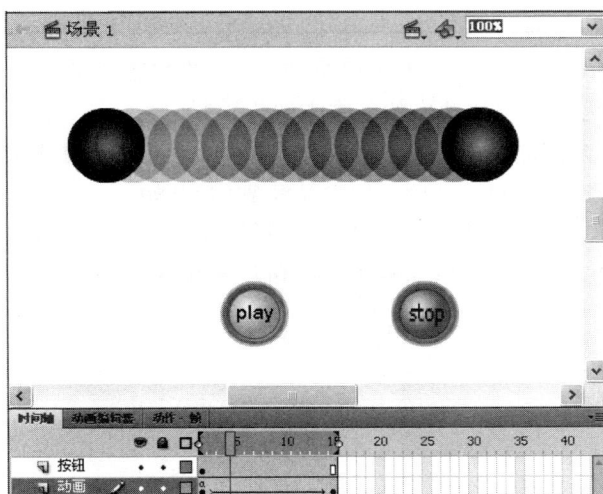

图 4.12　ActionScript 2.0 按钮添加动作效果

如下几个。

　　CLICK 单击：String ＝ "click"

　　DOUBLE_CLICK(双击)：String ＝ "doubleClick"

　　MOUSE_DOWN(按下)：String ＝ "mouseDown"

　　MOUSE_LEAVE(鼠标移开舞台)：String ＝ "mouseLeave"

　　MOUSE_MOVE(移动)：String ＝ "mouseMove"

　　MOUSE_OUT(移出)：String ＝ "mouseOut"

　　MOUSE_OVER(移过)：String ＝ "mouseOver"

　　MOUSE_UP(提起)：String ＝ "mouseUp"

　　MOUSE_WHEEL(滚轴滚动)：String ＝ "mouseWheel"

　　ROLL_OUT(滑入)：String ＝ "rollOut"

　　ROLL_OVER(滑出)：String ＝ "rollOver"

ActionScript 3.0 的按钮动作不再直接添加在按钮元件实例上,而是添加到帧,通过事件侦听器跟踪鼠标行动——对按钮的操作事件，依靠侦听器响应事件。按钮事件脚本模式如：

> 按钮实例名称. **addEventListener(MouseEvent.** 鼠标事件类别,事件);
> 　　//在"按钮实例名称"这个按钮上增加一个侦听鼠标单击的"事件"函数
> **function** 事件名称**(event: MouseEvent): void {**
> 　　//当鼠标单击时"事件名称"函数执行"动作命令"这个动作(命令)
> 　　动作命令
> }

> 【提示】　按钮实例名称为需添加动作的按钮在场景中的实例名称,在"属性"对话框中命名。"事件"这个函数的事件名自己任意命名,动作命令如：movieclip. play()控制影片播放命令。其中,鼠标事件类别作为最重要的人机交互途径,如上所述分为 CLICK、DOUBLE_CLICK、MOUSE_OVER、MOUSE_MOVE、MOUSE_DOWN、MOUSE_UP、MOUSE_OUT、MOUSE_WHEEL 和 MOUSE_LEAVE。

以上述"应用 ActionScript 2.0 为按钮添加动作"的控制移动小球同一案例作比较,应用 ActionScript 3.0 为按钮添加动作的基本方法为：

(1)～(3)新建文档(ActionScript 3.0),步骤(1)～(3)与"应用 ActionScript 2.0 为按钮添加动作"案例步骤(1)～(3)相同,所不同处从步骤(4)开始。

(4) 在按钮层上方新建图层——动作层,选择第 1 帧,右击鼠标,在弹出的快捷菜单中选择"动作"命令,打开动作对话框,在脚本编辑窗口中输入：

```
play_btn.addEventListener(MouseEvent.CLICK,btn1);
    function btn1(event: MouseEvent){
  play();
}

stop_btn.addEventListener(MouseEvent.CLICK,btn2);
    function btn2(event: MouseEvent){
  stop();
}
```

在此帧动作脚本中同时把 play 按钮和 stop 按钮的事件动作设置完毕,如图 4.13 所示。

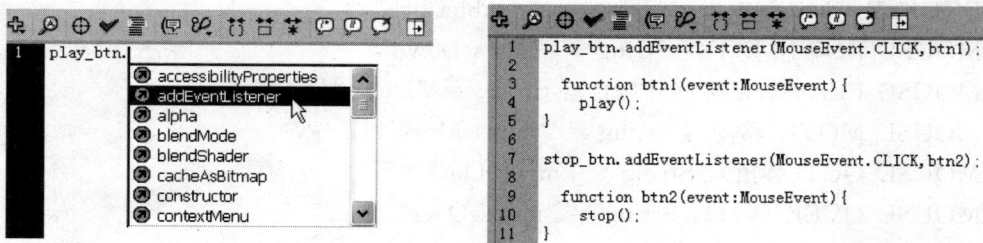

图 4.13　应用 AS 3.0 为按钮添加动作

(5) 选择动画层第 1 帧,右击鼠标,在弹出的快捷菜单中选择"动作"命令,为第 1 帧添加动作：

```
stop( )
```

第 1 帧自动标记 a,按 Ctrl＋Enter 键测试动画,用 play 和 stop 两个按钮控制小球移动,如图 4.14 所示。

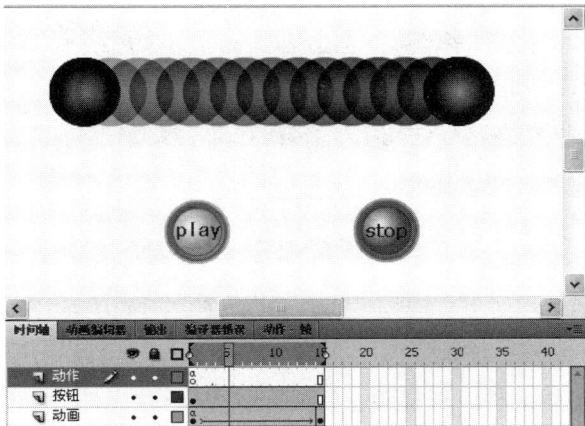

图 4.14 ActionScript 3.0 按钮添加动作效果

【提示】
（1）ActionScript 脚本输入一定要用英文输入法,注意字母大小,ActionScript 3.0 脚本编写中,必须预先为按钮元件在场景中的实例命名,注意命名不要与脚本语言用词冲突。

（2）按钮实例命名最好用"_btn"作后缀名,在脚本编辑窗口中输入时,Flash 会自动识别此对象为按钮,在_btn 后输入小数点".",时会自动弹出与按钮有关的事件动作列表供用户双击选择,而不必自己输入。

（3）动作脚本输入完毕,可以单击脚本编辑窗口上方工具栏的 ✔ 按钮,检查脚本语法是否有错,以便及时修正。

4.3 多媒体课件按钮和菜单制作实例

在 Flash 中课件的交互菜单制作往往是通过按钮组合而成。下面的实例将应用 Flash 制作一个课件主界面中的导航菜单,当鼠标移动到菜单的导航文字目录上时,将自动在下方弹出一个子菜单,提供二级目录导航,如图 4.15 所示。

图 4.15 具有导航按钮菜单的课件

1. 建立文档与场景

（1）新建文档，在文档时间轴上新建 4 个图层，依次由下而上为：背景层、主菜单层、子菜单层、动作层。

（2）在背景层导入背景图片，调整至适合文档大小，并在第 45 帧插入帧，如图 4.16 所示。

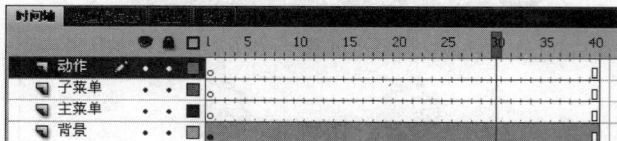

图 4.16 建立文档图层

2. 创建菜单按钮元件

（1）制作主菜单按钮元件。选择菜单栏"插入"｜"新建元件"命令，选择元件类型为"按钮"，命名为"学堂"，打开按钮元件编辑区。在第 1 帧"弹起"帧输入文本"音乐学堂"，通过"属性"面板调整字体类型、大小，颜色为"淡蓝色"；在第 3 帧"按下"帧插入关键帧，在"属性"面板中把该帧文本颜色改为黄色；在第 4 帧"点击"帧输入关键帧，运用矩形工具在文本上根据其大小绘制一矩形覆盖文本，以此确定鼠标单击响应区，至此，"学堂"文字按钮制作完毕，如图 4.17 所示。

（2）在库中选择"学堂"按钮元件，右击鼠标，在弹出的快捷菜单中选择"直接复制"命令，在打开的"直接复制元件"对话框中修改按钮元件名称为"殿堂"，由此直接在"库"中复制一个与"学堂"按钮元件属性相同的"殿堂"按钮元件，如图 4.18 所示。

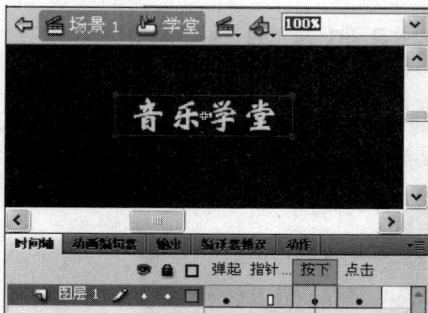

图 4.17 主菜单选项按钮制作

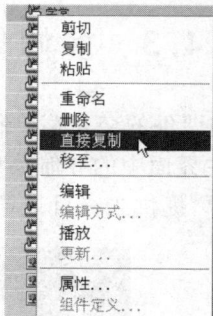

图 4.18 库中按钮元件复制

（3）双击刚才复制的"殿堂"按钮元件，运用工具箱中的文本工具修改第 1 帧和第 3 帧中文本为"音乐殿堂"，完成该按钮元件制作。

同样方法通过直接复制、修改文本的途径，分别制作"音乐资源"和"音乐论坛"两个按钮元件，至此，导航主菜单 4 个选项按钮制作完成。

（4）制作子菜单按钮元件。以上述（1）～（3）的方法，同样制作出多个子菜单选项按钮元件：

① 附属在"音乐学堂"中的"音乐教程"、"乐器知识"、"乐谱知识"、"音乐名家"。

② 附属在"音乐殿堂"中的"古典音乐"、"流行音乐"。

③ 附属在"音乐资源"中的"乐曲库"、"乐器库"。

④ 附属在"音乐论坛"中的"乐器发烧友"、"乐曲粉丝"。

3. 布局场景菜单

（1）回到场景，选择"主菜单"层，分别把"音乐学堂"、"音乐殿堂"、"音乐资源"和"音乐论坛"4个按钮元件拖入场景建立按钮实例，通过"属性"面板把各个按钮实例大小调整好以适应画面布局要求，并在场景指定位置按顺序排列好，可全选4个按钮，通过主菜单中"修改"|"对齐"命令下的各项对齐命令进行排列，形成导航主菜单，如图4.19所示。

图 4.19　导航主菜单建立

（2）分别选择"音乐学堂"、"音乐殿堂"、"音乐资源"和"音乐论坛"4个按钮实例，在各个按钮右侧的实例"属性"面板中进行按钮实例命名，分别对应输入各实例名称"zcd1_btn"、"zcd2_btn"、"zcd3_btn"、"zcd4_btn"。

【提示】　为场景中各按钮实例命名，是为了编写 ActionScript 脚本时为按钮菜单添加动作所必需。命名时最好用英文和_btn 后缀名，以便于脚本编写。

（3）选择"子菜单"层，在第1、5、15、25、35帧插入空白关键帧，在第45帧插入帧。单击第5帧，拖入"音乐学堂"的二级菜单"音乐教程"、"乐器知识"、"乐谱知识"、"音乐名家"4个按钮元件以建立按钮实例，在主菜单下方位置按顺序排列，并用任意变形工具进行缩放调整以适应场景要求，用"修改"|"对齐"命令中的各项对齐命令进行排列对齐，形成单击"音乐学堂"后弹出的二级菜单，如图4.20所示。

图 4.20　导航子菜单建立

（4）同样方法继续分别为菜单栏"音乐殿堂"、"音乐资源"和"音乐论坛"选项制作二级菜单。其中：在第15～24帧，建立"音乐殿堂"的二级菜单，在第25～34帧，建立"音乐资源"的二级菜单，在第35～45帧，建立"音乐论坛"的二级菜单。

（5）同样需要为各个子菜单的每个选项按钮实例命名，"音乐学堂"的二级菜单按钮实例按顺序编为zcd11_btn、zcd12_btn、zcd13_btn、zcd14_btn；"音乐殿堂"的二级菜单按钮实例分别为zcd21_btn、zcd22_btn、……

（6）选择"子菜单"层的第1帧，在右侧对应的帧"属性"面板中输入标签名称"xt"，给该帧赋予帧标签。该帧上同时被插上小红旗和标注"xt"，注明该帧开始为"音乐学堂"菜单帧序列。同样，在"音乐殿堂"二级菜单的第15帧标注"dt"，在"音乐资源"二级菜单的第25帧标注"zy"，在"音乐论坛"二级菜单的第35帧标注"lt"，如图4.21所示。

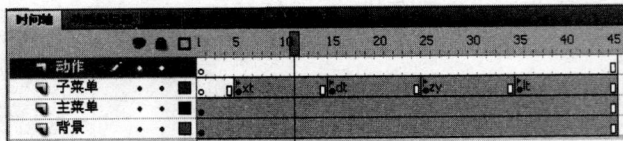

图 4.21　为子菜单起始帧添加帧标签

4. 编写按钮脚本,为菜单选项按钮添加动作

(1) 选择"动作"层,在第 1 帧右击鼠标选择"动作"命令,打开帧动作编辑窗口。应用"纯英文输入"在窗口右边脚本编辑输入窗口中输入如下脚本,如图 4.22 所示:

```
stop();
zcd1_btn.addEventListener(MouseEvent.ROLL_OVER,dz1)
  function dz1(event: MouseEvent): void{
    gotoAndStop("xt")
  }
zcd2_btn.addEventListener(MouseEvent.ROLL_OVER,dz2)
  function dz2(event: MouseEvent): void{
    gotoAndStop("dt")
  }
zcd3_btn.addEventListener(MouseEvent.ROLL_OVER,dz3)
  function dz3(event: MouseEvent): void{
    gotoAndStop("zy")
  }
zcd4_btn.addEventListener(MouseEvent.ROLL_OVER,dz4)
  function dz4(event: MouseEvent): void{
    gotoAndStop("lt")
  }
```

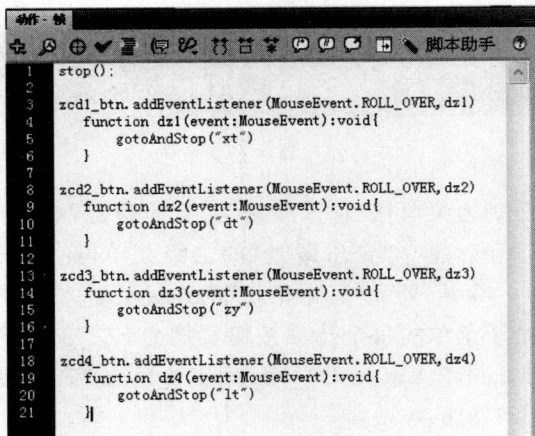

图 4.22　通过帧为按钮添加动作的脚本

(2) 输入完毕,可以单击窗口上边的 ✔ 按钮进行语法检查,按 Ctrl＋Enter 键,输出 SWF 文件预览二级菜单效果,输出时如果脚本有错误,Flash 会弹出窗口提示说明。

小　　结

本章主要介绍按钮元件的基本制作方法及其应用。按钮作为能够响应鼠标操作的交互式构件,在 Flash 动画控制、多媒体课件交互、信息资源链接等方面应用广泛,因此,学会按钮的制作及其应用尤为重要。

按钮是 Flash 中比较特殊的元件,按钮由特定的 4 个帧构成,制作时只需在这 4 个帧中绘制或导入相关元素,甚至带有动画的影片剪辑元件,都可以产生不同凡响的效果,使按钮不但成为课件的交互控制点,更能成为美化课件动画的重要组成部分。

按钮实际上是一个带有特定 4 帧的交互型元件,前 3 帧决定按钮在相关操作下的显示形态,第 4 帧则用于规定以按钮形式激活的区域。实际应用到场景时,按钮元件的时间轴上并不是一个按时间播放的帧序列,而是根据鼠标操作直接跳转到相应帧,作出相应的反应状态。

按钮因应 4 个帧不同的设置,可以分为:显形按钮、隐形按钮和隐藏按钮。显形按钮由 3 个或 4 个帧构成,隐形按钮只需第 4 帧"点击"帧确定鼠标响应区域(热区)就行,隐藏按钮则是不在第 1 帧添加设置任何元素,使之在常态下隐藏起来。

按钮元件实例是通过与 ActionScript 脚本语言配合,通过 ActionScript 脚本语言为按钮响应鼠标事件添加动作,才能实现其交互、动画控制、资源信息链接等功能。应用 ActionScript 2.0 和 ActionScript 3.0 为按钮添加动作的方法各有不同,使用的语句、语法也相异。ActionScript 2.0 可以直接为按钮实例添加动作,而 ActionScript 3.0 则需要通过帧动作,应用事件侦听器来实现。

思考与练习

1. 应用工具箱中的绘图工具绘制静态按钮,结合影片剪辑元件制作动态按钮。

2. 完成本章节中各实例,体会各知识点。

3. 为一实验演示或自然现象模拟课件动画制作一组播放、停止、返回等控制按钮,实现对动画的控制。

4. 应用按钮、ActionScript 2.0 或 ActionScript 3.0 制作下拉式导航菜单练习,下拉菜单界面如图 4.23 所示。

制作要点:

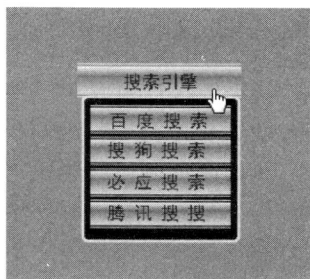

图 4.23　下拉式菜单

(1) 一级菜单可采用按钮制作,二级弹出菜单可采用影片剪辑元件先对子按钮进行组合。注意本案例中二级菜单设在其元件的第 2 帧,并在第 1 帧设置 Stop();动作,以保证开始未单击一级菜单按钮时二级菜单不会弹出。

(2) 为使菜单弹出后能够在鼠标移开时收回,需要制作一个隐形按钮覆盖在弹出的子菜单上,并对隐形按钮进行动作设置为:鼠标滑出时执行返回第 1 帧动作。

(3) 应用 ActionScript 2.0 与 ActionScript 3.0 脚本语言均可,但要注意脚本编写的区别。

第 5 章　课件视频、声音素材的设计与制作

▶▶▶

【本章学习导读】

【知识重点】

（1）了解 Flash 音频的导入形式。

（2）掌握 Flash 声音的添加途径与编辑方法。

（3）了解 Flash 视频导入形式。

（4）学会 FLV 视频使用方法。

【学习任务】

（1）音视频素材设计基本原理。

（2）Flash 声音的处理。

（3）Flash 视频的处理。

（4）多媒体课件声音、视频素材制作。

5.1　多媒体课件视频、声音素材设计基本原理

多媒体课件按照教学设计将文字、图形、声音、动画、视频等素材有机集成，构成适用于教学的软件，使教学媒体多元化，教学内容更充实、直观并更具吸引力，视音频素材、动画素材所形成的视听觉冲击，有效提高了学生的学习兴趣和学习效率。

在 Flash 动画作品中，仅有动画元素还不足以体现多媒体呈现信息的优势，视音频素材对 Flash 动画和课件的支持是不可缺少的。

5.1.1　声音素材设计的基本原理

在多媒体课件中，音频是必不可少的媒体之一，声音表现依赖于数字化的音频素材。音频包括人所能听到的所有声音，无论是语言、歌唱、乐曲都可以应用电子录音设备录制，通过电脑技术与音频处理软件进行数字化处理，实现模拟信号向数字信号转换，以数字文件形式储存在电脑硬盘里，成为课件的声音素材。

声音的数字化主要经过采样-量化-编码转换，决定声音素材音质与文件大小的主要参

数有三个：采样频率、量化精度和记录声道数。音频文件存储容量（单位：B）即音频文件大小的计算方法为：

音频文件大小＝采样频率×（采样样本量化精度/8）×声道数目×声音持续时间(s)

1. 声音素材的功能

在动画、多媒体课件等视听觉作品中合理搭配音效是多媒体技术的主要应用手段之一。声音是人们用来传递信息、交流感情最方便、最熟悉的方式之一。在多媒体作品中，按其表达形式的差异，可将声音分为语言、音乐、效果三类，主要体现突出主题、渲染气氛、衬托背景、调节情绪、控制节奏、传递信息、模拟再现等功能。

声音在动画作品、多媒体课件中的主要作用体现在：

（1）配合场景影像动画再现现场声效，以听觉刺激模拟再现或强化表达内容，吸引注意，提高学习阅读兴趣。

（2）结合主题构思添加背景音乐以达到衬托场景、虚拟意境、强调主题、烘托气氛和调节节奏的效果。

（3）恰到好处的对白、旁白解说，深化内容的表述、引起观众对作品内容的重视。

（4）化静为动，多感官刺激，提高学习者观看注意力和信息接受程度。

因此，多媒体课件及动画作品的声音素材设计正是围绕着其不同的作用点而进行有效的规划与加载，声音素材的教学功能设计可以归纳为：

（1）作为解说和旁白的语音功能，语言的表达要紧扣主题，表述清晰流畅，节奏把握恰到好处，使动画课件整体具有较强的艺术感染力。

（2）背景音乐要根据教学内容表达和课件动画节奏需要选择，与解说搭配时要注意音乐情绪与解说内容协调一致。

（3）音效作为特定场合表现内容的听觉模拟再现，需配合画面，接近真实，有时可适度夸张以强化效果。

2. 声音素材常用格式

声音素材格式种类较多，在 Flash 中可以导入的声音文件格式主要有以下几种。

（1）WAV 格式（仅限 Windows）：是微软公司开发的一种声音波形文件格式，标准格式的 WAV 采样频率 44.1kHz，速率 1411kb/s，16 位量化位数，音质与 CD 相差无几，虽然其文件数据量较大，但也是目前 PC 上流行的声音文件格式，几乎所有的音频编辑软件都兼容 WAV 格式。

（2）MP3 格式（Windows 或 Macintosh）：全称是 MPEG layer3，MPEG 标准中的音频部分，也就是 MPEG 音频层。具有 1：10～1：12 的高压缩率，相同长度的音乐文件，用 MP3 格式来储存，一般只有 WAV 文件的 1/10，音质要次于 CD 格式或 WAV 格式的声音文件。由于声音文件较小而音质接近 CD 质量，对于需要大量声音的课件可以成为首选。

（3）ASND（Windows 或 Macintosh）：这是 Adobe Soundbooth 的本机音频文件格式，具有非破坏性，可以包含应用了效果的音频数据。

（4）如果系统上安装了 QuickTime 4 以上版本，则可导入以下附加的声音文件格式：AIFF（Windows 或 Macintosh），Sound Designer® Ⅱ（仅限 Macintosh），仅有声音的 QuickTime 影片（Windows 或 Macintosh），Sun AU（Windows 或 Macintosh），System 7 声音（仅限 Macintosh）。

3．声音素材的获取

声音素材的获取途径常用的有：

（1）从已有的素材库（如光盘音效库、网络音乐资源站点等）中获取。

（2）利用声卡及软件进行录制和编辑，这种方法常用来进行多媒体课件的讲解配音。

（3）从 CD 唱片中导入或应用软件分离提取其他电影文件中的声音。

（4）通过数字音频设备和数字音频合成软件平台编录的原创音乐。

4．声音素材的处理

（1）数字化处理。把模拟音频信号转换为数字信号，对音频信息的采样，通过对采集到的样本进行加工以达成各种效果。

（2）音频媒体的基本处理。基本的音频数字化处理包括：不同采样率、频率、通道数之间的变换和转换；针对单个音频本身进行的各种特效调整与滤波，如淡入、淡出、音量调节等。

（3）三维化处理。应用虚拟技术创设具有空间感的三维声音效果，表达出声音的空间信息如混响、回音等，如果与视频动画相结合，可以创造出极为逼真的虚拟空间。

5.1.2　视频素材设计的基本原理

视频素材也称影像素材，是多媒体课件中所引用的一种既有活动的画面又有配合画面声音的文件。在多媒体课件制作中，视频素材以其出色的表现力成为重要的构成要素，具有形象、直观、真实等特点，为其他媒体所无法替代。

1．视频素材的功能

视频（Video）是集活动影像及影像配套的声音为一体，利用视频摄录设备直接拍摄和记录真实物体和场景，再通过以计算机为核心的视频采集卡与视频编辑软件组合的非线性编辑系统采集-编辑-渲染而成。因此，视频素材的优势体现在能够真实地再现被摄物体和场景。根据视频媒体的特点，可将视频素材的主要教学功能归纳为：

（1）直观表现功能。能够对外观世界毫不保留地进行真实记录和反映，有利于记录和重现客观世界自然现象、实验实践过程，在展示事实性知识以及实践性操作方面有着其他媒体无法比拟的优越性，其表现真实、声画同步的特点，能大大提高教学的直观性和形象性。

（2）动态呈现功能。能够连续记录和呈现自然现象变化、人工操作流程、主体动态表现系列动作等动态过程，为课件提供真实可信的变化过程影像，对于如自然现象呈现、实验操作演示等知识尤为有用，连续、活动、真实的影像有利于表现事物的变化和相互关系，变抽象为形象，帮助学生理解和巩固知识。

（3）综合信息功能。视频素材本身就是文本、图形图像、声音、动画中的多种元素组合体，运用蒙太奇手法整合影像画面、字幕、语言、动画及声音效果，可以形成完整的知识模块。

为了达到合理的教学效果，视频素材选用时要求注意选材适度、设置恰当、画面清晰、动画连续、色彩逼真、配音标准、节奏合理。

2．视频素材常用格式

目前 Flash CS6 所能兼容的视频素材的类型主要包括：Windows 视频（＊avi）、数字视频（＊dv，＊dvi）、MPEG.4（＊mp4，＊m4v）、Flash 视频（＊flv，＊f4v）、QuickTime 影片（＊mov，＊qt）、移动设备 3GPP/3GPP2（＊3gp）及 MPEG 文件（＊mpg）等格式，同时通过提供 Adobe Media Encoder 对视频以适当的 FLV 或 H.264 格式编码以适应 Flash 导入视频的要求。

1）Windows AVI 格式

AVI(Audio Video Interleaved,音频视频交错),意思是将视频和音频交织在一起进行同步播放。这种视频格式的优点是图像质量好,可以跨多个平台使用,是 Windows 操作系统上最基本的也是最常用的一种媒体文件格式,兼容性比较好,不过存在压缩比小、文件比较大的缺点,是一种占用磁盘空间较多的格式。

2）MPG(MPEG)格式

基于 MPEG(Moving Picture Experts Group)压缩的数字视频格式,通过记录每帧间的差异(帧间压缩)来代替记录整幅画面内容,有 MPEG.1、MPEG.2、MPEG.4 和 MPEG.7 等多种标准,常见的 VCD 使用 MPEG.1 压缩方式,DVD 使用 MPEG.2 压缩方式。MPEG.4 则与 MPEG.1 和 MPEG.2 有很大的不同。MPEG.4 不只是具体压缩算法,它是针对数字电视、交互式绘图应用(影音合成内容)、交互式多媒体(WWW、资料撷取与分散)等整合及压缩技术的需求而制定的国际标准。

3）FLV 格式

一种基于 Flash(Flash Video)的流媒体格式。由于其形成的文件极小、加载速度极快,广泛用于网络电视、网络点播和移动媒体,已经成为当前共享视频文件的主流格式。它的出现有效地解决了视频文件导入 Flash 后,使导出的 SWF 文件由于过于庞大而不能在网上正常使用等缺点。目前各大主流在线视频网站如新浪播客、56、优酷、土豆、酷 6、YouTube 等均采用此视频格式。

4）3GP 格式

3GP 是一种 3G 手机流媒体的视频编码格式,也是 MP4 格式的一种简化版本,通过减少储存空间和降低频宽需求,让手机上有限的储存空间也能使用,其优点是文件体积小,移动性强,适合移动设备使用,缺点是在 PC 上兼容性差,支持软件少,且播放质量差,帧数低,较 AVI 等格式相差很多。

5）MOV 格式与 QT 格式

苹果公司开发的电影文件格式,其播放与编辑需加载 QuickTime 播放器或插件,也是一种占用磁盘空间较多的电影文件格式。

6）DV-AVI 格式

DV(Digital Video Format)是由索尼、松下、JVC 等多家厂商联合提出的家用数字视频格式,也是目前流行的数码摄像机记录视频使用格式,它可以通过电脑的 IEEE 1394 端口采集和回录视频影像,这种视频格式扩展名一般是.avi,所以也叫 DV-AVI 格式。

3. 视频素材的获取

视频素材可以通过外部采集、内部截取及格式转换等方法获得。

(1) 外部采集通过视频采集卡将录像带、摄像机上的视频材料通过数字处理和压缩录制在电脑硬盘中形成数字视频文件,然后通过适用于该视频文件格式的视频编辑软件进行编辑,生成供课件开发使用的数字视频素材。

(2) 内部截取则是通过特定的软件截取硬盘或光盘上已有的视频片断,再应用视频编辑软件进行编辑,形成可供课件使用的素材。

(3) 对于所选视频素材,课件开发时存在格式不兼容的而不能导入和使用,此时可以应用相关的格式转换软件进行格式转换,注意转换时既要考虑文件的兼容性和大小,又要尽量保持适当的视频分辨率和清晰度。

5.1.3 声音和视频素材在 Flash 课件中的应用

Flash 软件作为目前流行的二维动画平台，在出色创建动画形象的同时，为使动画更加生动精彩，提供了为动画加载和编辑声音的功能，从 Flash MX 版本开始更全面支持视频文件的导入和处理，允许用户把视频、数据、图形、声音和交互式控制融为一体，从而创造出引人入胜的丰富动画演示与交互功能体验，为应用 Flash 开发教学资源提供了很好的多媒体创作平台。

1. Flash 的声音应用

1）Flash 声音类型

声音在 Flash 中使用的类型主要有两种：音频数据流声音与事件声音。

（1）音频数据流声音。流式声音（Stream Sounds）采用流媒体播放格式，只需在 Flash 开始的数帧数据下载后就会马上开始播放，同时边播放边下载后续音频数据，可以独立于时间轴连续播放，也可以与时间轴同步播放，这种声音类型特别适合基于网络播放的作品或长度长文件大的动画课件背景音乐素材。

（2）事件声音。事件声音（Event Sounds）则把整个音频文件作为一个完整的数据包，Flash 运行时必须等声音文件完全下载完毕之后才能开始播放，并且是反复连续播放直到有明确的 stop 动作命令。此类声音适用于非网络的本地 PC 播放作品或音乐文件较小的素材。

2）Flash 声音加载方式

（1）时间轴加载。声音可以直接加载到任何图层时间轴上的任何关键帧。一般为场景加载声音，特别是加载背景音乐，最好新建一声音图层作为承载声音素材的载体，声画分开以便于编辑处理。

（2）事件加载。将声音和按钮元件的不同状态帧关联，为按钮事件添加音效，由于声音存在于按钮元件中，所以该元件的所有实例均有此声音效果。

（3）脚本加载。Flash 可以使用 ActionScript 编写脚本加载声音和建立声音控制，运用 Sound 类、Sound Channel 类和 Sound Mixer 类构成加载与控制声音的脚本，可以加载文档库中、本地硬盘及网络上的声音素材。

3）声音素材在 Flash 中的应用

（1）以多种不同格式导入动画与课件所需背景音乐、教学语音及音效等声音。

（2）导入后可以对声音进行编辑。

（3）可以将声音附加到按钮等不同类型的对象，并用各种方式触发这些声音，实现交互、动画演示响应提示、声音播放控制。

2. Flash 的视频应用

（1）将持续时间少于 10s 的较短小视频文件直接嵌入到 Flash 动画或课件中，然后将其作为 SWF 文件中的素材元素直接发布。

（2）使用 FLV 或 F4V 流媒体式加载视频方式上载视频内容，为教学提供可点播控制的按需传送的 FLV 或 F4V 格式教学视频节目服务。

（3）把本地存储的视频剪辑后导入到 Flash 文档中，再将其上传到服务器，然后通过 FLV Playback 组件或 ActionScript 创建直观的控件以控制视频播放与交互，使教学应用更加灵活。

5.2 Flash 声音的处理

Flash 的声音处理主要按照导入-加载-编辑-设置脚本控制的流程进行处理。

5.2.1 声音的导入

只有将外部的声音文件导入到 Flash"库"中，才能在 Flash 作品中加入声音效果。能直接导入 Flash 的声音文件，主要有 WAV、MP3 等格式。另外，如果系统安装了 QuickTime 4 以上版本，还可以导入 AIFF 格式或只有声音的 QuickTime 影片格式。同时 Flash 自身所带"公用库"中也提供了一些声音素材，可根据需要选择使用。

1. 导入外部声音素材

（1）新建或打开 Flash 文档，在主菜单中选择"文件"|"导入"|"导入到库"命令，打开"导入到库"对话框，在此对话框中浏览选择需导入的外部声音文件，单击"打开"按钮即可将所选声音素材导入当前 Flash 文档的"库"中，如图 5.1 所示。

图 5.1 把外部声音素材导入库

（2）在"库"中选择声音文件，在"库"对话框上方窗口将具体展示该声音波形，在此对话框右上角单击 ▶ 按钮便可预听该声音素材内容。

> **【提示】** 也可选择"导入到舞台"命令，其结果也是把外部声音素材导入到"库"中。

2. 导入"公用库"中声音素材

（1）在菜单栏中选择"对话框"|"公用库"|"声音"命令，新打开一个声音库对话框，在此对话框中浏览并选择需导入的公用库中的声音文件，同样也可在"库"对话框上方窗口具体展示该声音波形，并通过在此对话框右上角单击 ▶ 按钮预听该声音素材内容，选定以后将所选声音素材拖到当前 Flash 文档的"库"中，如图 5.2 所示。

（2）同样，在"库"中选择声音文件，"库"对话框上方窗口也将展示该声音波形，在此对话框右上角单击 ▶ 按钮便可监听该声音素材效果。

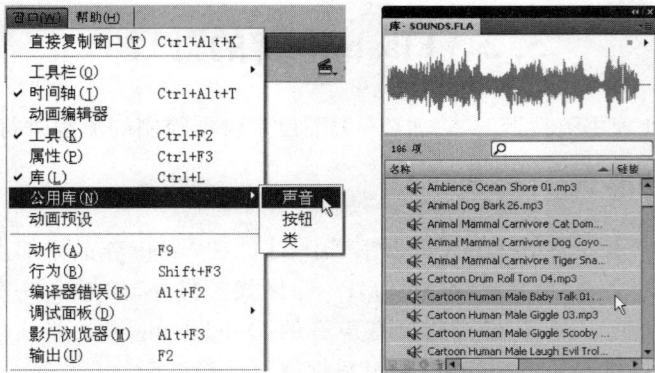

图 5.2　导入公用库中声音素材

【提示】　高音质同时带来文件容量加大，立体声音源数据量是单声道的两倍，为了保证声音音质同时又能减少 Flash 作品文件容量，建议选择 16 位 22kHz 单声道音频素材。

5.2.2　声音的加载

声音素材导入到"库"后，一般必须加载到关键帧上才能发生作用。根据 Flash 动画课件需要，可以选择加载在场景图层时间轴上，或加载在按钮的状态帧上以实现不同的效果。

1. 在时间轴上的关键帧加载

按照 5.2.1 节方法导入声音素材后，便可把声音加载到场景中。

（1）在场景的"时间轴"面板中新建一图层并命名为"背景音乐"，选择该层为当前层。

（2）选择"库"面板，在其中选择需加载的声音文件，直接拖入舞台中，实现声音素材的场景加载，如图 5.3 所示。

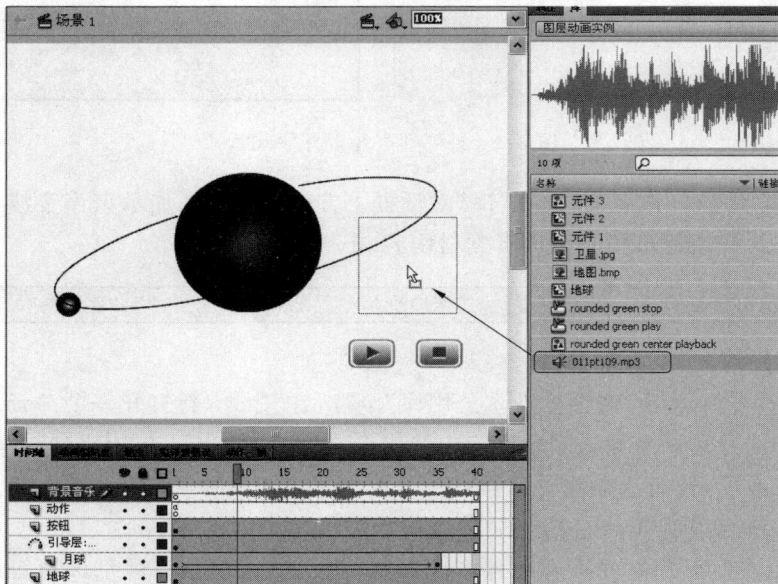

图 5.3　在时间轴上加载声音

【提示】

（1）声音在场景中并不显示，拖入场景时以一虚线框提示，是否加载成功则以添加到图层时间轴上关键帧序列的波形图来标识。

（2）声音拖放到场景，便会加载在当前所选择图层上的关键帧或关键帧序列。当然，也可以不建立单独的声音层，而直接在其他对象图层如图 5.3 中的月球层或地球层加载声音。新建一图层专门用于承载声音素材，有利于进行管理和编辑，所以建议还是在新建图层上加载声音。

（3）在时间轴上加载声音，必须加载在其中一图层的关键帧或以关键帧开头的帧序列。如果加载了声音的是一帧序列，则以该帧序列的首帧关键帧为起始帧，在帧序列中以展开波形图显示加载声音内容，如图 5.4 所示；如果加载了声音的关键帧仅是单一帧或随后紧跟另一关键帧，则该加载声音帧将无法显示加载声音波形，如图 5.5 所示。

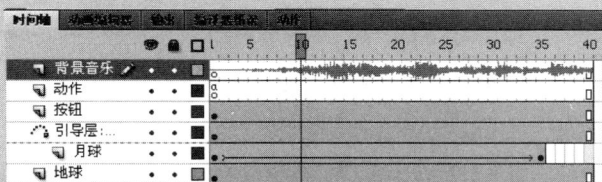

图 5.4　在帧序列上加载声音图示

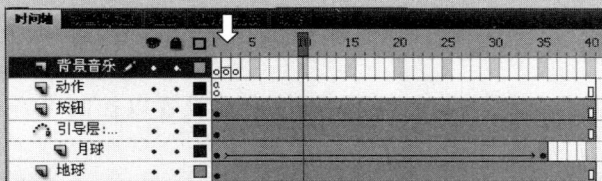

图 5.5　在单一关键帧上加载声音图示

（4）时间轴上的声音会受到承载帧所在播放顺序位置影响，只有时间轴播放到该帧才能启动所承载声音播放，这样有利于通过帧位置和 ActionScript 脚本对声音进行控制。

（5）声音素材在场景中加载后并不以有形图示显示，只在关键帧或帧序列中显示，因而删除声音可以单击加载了声音的关键帧，右击鼠标，在弹出的快捷菜单中选择"清除关键帧"命令，去除加载声音后重新插入关键帧。

2. 在按钮状态帧加载

Flash 可以为按钮事件添加音效，以强化交互与控制效果。事件声音的加载是通过在按钮元件的状态帧上添加实现的。

（1）选择"插入"｜"新建元件"命令新建一按钮元件，或在"库"中选择已有的按钮元件双击，或直接在场景中选中按钮实例双击，均可进入按钮元件编辑区。

（2）在按钮编辑区时间轴上新建一图层"音效层"，把 4 个状态帧插入空白关键帧，然后在该层选择需加载的状态帧，例如"按下"帧。

（3）在"库"或"公用库"中选中需加载的音效文件，拖放到按钮编辑区任何地方即可实现该帧音效加载，如图 5.6 所示，这样在单击按钮时就会播放所加载的音效。

【提示】　声音也可以加载到其他对象层而无须新建音效层，不过为管理方便建议新建音效层专门用于加载声音，这样有助于声音的选择修改或删除。注意加载前要把该层状态帧用关键帧进行分割，以免音效延伸到下一状态帧。

143

144

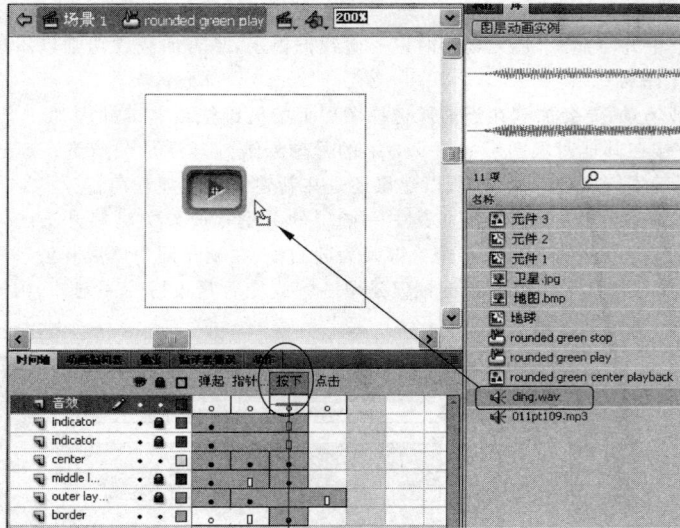

图 5.6　为按钮元件加载音效

5.2.3　声音的播放设置

Flash 为加载到场景或事件的声音提供属性参数设置以控制声音的播放模式，其设置主要在场景右侧的声音"属性"面板中完成。

1. 声音的播放设置

（1）选择加载声音所在图层的所在帧或帧序列，或在按钮元件编辑区中选中加载声音的状态帧，场景或工作区右侧的"属性"面板中会转换为当前帧属性，并出现声音属性选项。

（2）在当前帧"属性"面板中展开"声音"选项，可以看到其提供了"效果"、"同步"、"重复"三个下拉菜单和"编辑声音封套"按钮 ✐ 供用户设置选择，如图 5.7 所示。

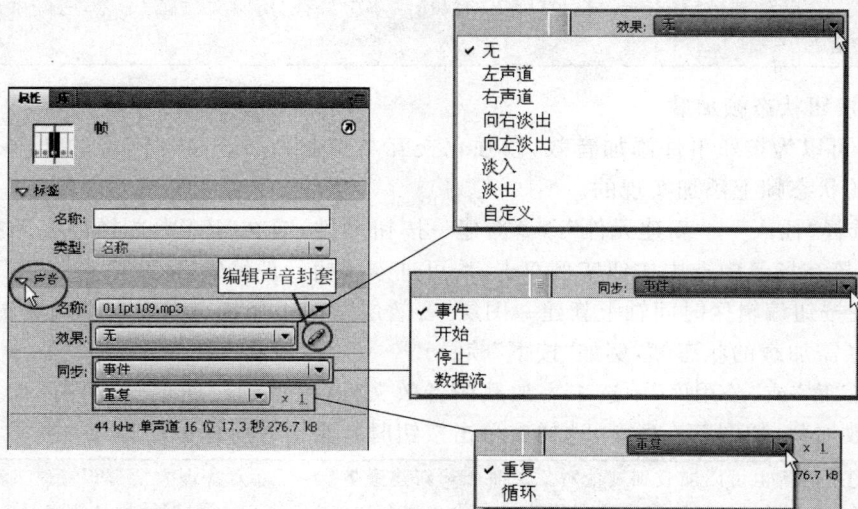

图 5.7　"属性"面板中声音设置选项

① 设置"效果"选项。

· 无：不对声音应用任何效果，如果应用了效果，可选择该项去除已加载效果。

· "左声道"或"右声道"：指定在左声道或右声道单声道播放。

· "向右谈出"或"向左谈出"：指定声音在两个声道之间转换。

· 淡入：声音在播放过程中从小逐渐增大音量。

· 淡出：声音在播放过程中从大逐渐减小音量。

② 设置"同步"选项。

· 事件：将声音和一个事件的发生过程同步。事件声音（如单击按钮时所发出的声音）在显示其加载声音帧时开始播放，并独立于时间轴完整播放，即使 SWF 文件停止播放也会继续。如果事件声音正在播放，再次发生事件（如再次单击按钮），则在第一个声音实例继续播放的同时，另一个声音实例也开始播放。

· 开始：与"事件"选项功能相近，其区别在于如果现有声音正在播放，则新的声音实例不会同时播放。

· 停止：使指定的声音静音。

· 数据流：强制动画和音频数据流同步。如果 Flash 不能足够快地呈现动画帧，就会跳过帧以适应音画同步。与"事件"不同，声音随 SWF 文件的停止而停止，播放时间不会受帧的播放时间长度限制。

③ 设置"重复"选项。

· 重复：指定声音重复播放，并可在选项后"×1"处输入一个值，指定声音循环重复的次数。

· 循环：声音连续重复播放，不限次数，直至文件结束。

2．应用"编辑封套"功能编辑声音

（1）选择需编辑声音所在帧，在"属性"面板中单击"编辑声音封套"按钮 ✏，打开"编辑封套"对话框，如图 5.8 所示，声音将以波形图示按播放持续时间展开，分为上下两个声道。

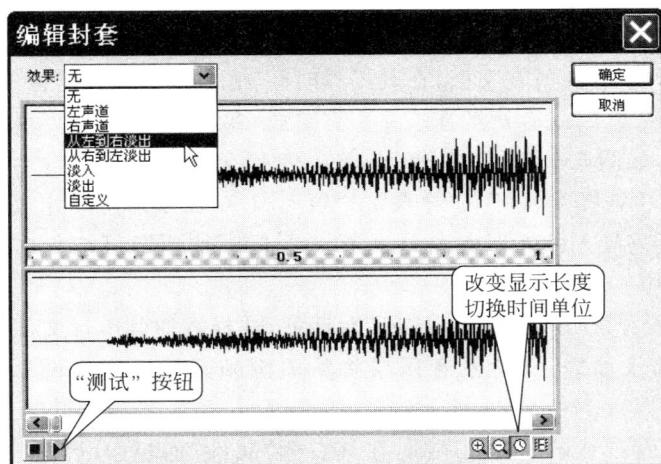

图 5.8　编辑封套对话框及效果选项

（2）在"编辑封套"对话框中可以进行以下编辑操作。

① 在"效果"下拉菜单中选择相应效果选项，其效果与"属性"面板中"效果"选项相同，如图 5.8 所示。

② 选择效果为"自定义"，可以对封套线进行编辑设置，直接在封套线上单击可以增加白色小方块控制节点，用鼠标拖动当前选中的节点（黑色小方块）上下调整可以改变声音音量的变化规律，左右拖动可以改变声音调整节点的时间位置，如图 5.9 所示。

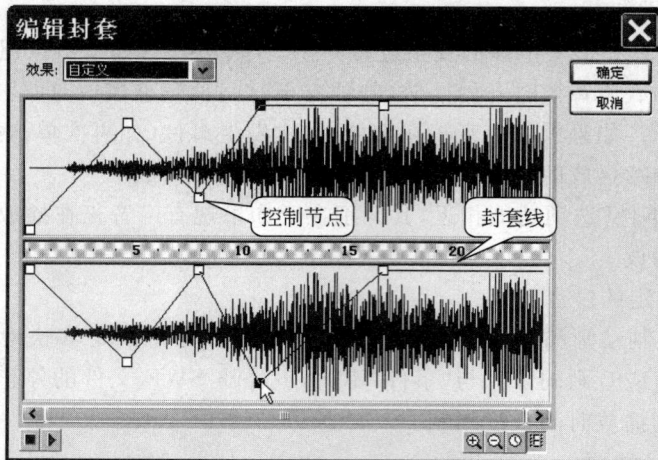

图 5.9　封套线及控制节点调整

③ 删除控制节点只需用鼠标选中后按住鼠标拖出框外即可。

④ 单击左下方"测试"按钮，可以监听调整效果，单击对话框右下方"切换"按钮，可以让对话框波形长度时间单位在"秒"和"帧"之间切换，并可缩放声音波形时间长度，如图 5.8 所示。

5.2.4　Flash 声音处理案例

下面以 4.3 节的图 4.15 课件为例，学习 Flash 加载声音的基本方法。

（1）打开图 4.15 课件所在文档，在其场景时间轴上新建一图层"背景音乐"层。

（2）为使课件一开始就有背景音乐并一直播放，在背景音乐层第 1 帧插入空白关键帧，在第 45 帧插入帧，如图 5.10 所示。

（3）在主菜单中选择"文件"｜"导入"｜"导入到库"命令，打开"导入到库"对话框，在此对话框中浏览选择需导入的外部声音文件，单击"打开"按钮即可将所选声音素材导入当前 Flash 文档的"库"中。

（4）选中"背景音乐"层，单击打开"库"对话框，选择需加载声音文件，直接拖入舞台中，实现背景音乐的场景加载，在背景音乐层将从关键帧开始以波形图示在帧序列展开，如图 5.11 所示。

（5）选择所加背景音乐层的帧序列，在其右侧"属性"面板中的"声音"属性选项中设置效果为淡入，并单击"编辑声音封套"按钮 🖉 打开"编辑封套"对话框编辑调整音量封套线，使背景音乐符合课件要求。

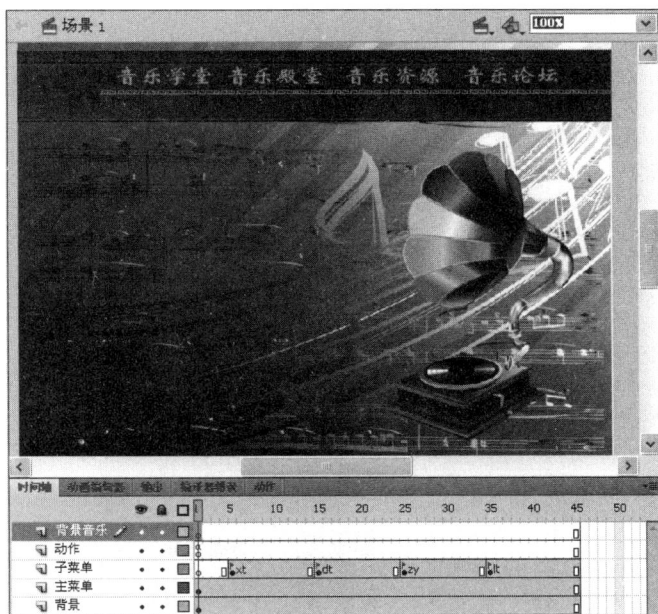

图 5.10　建立背景音乐层

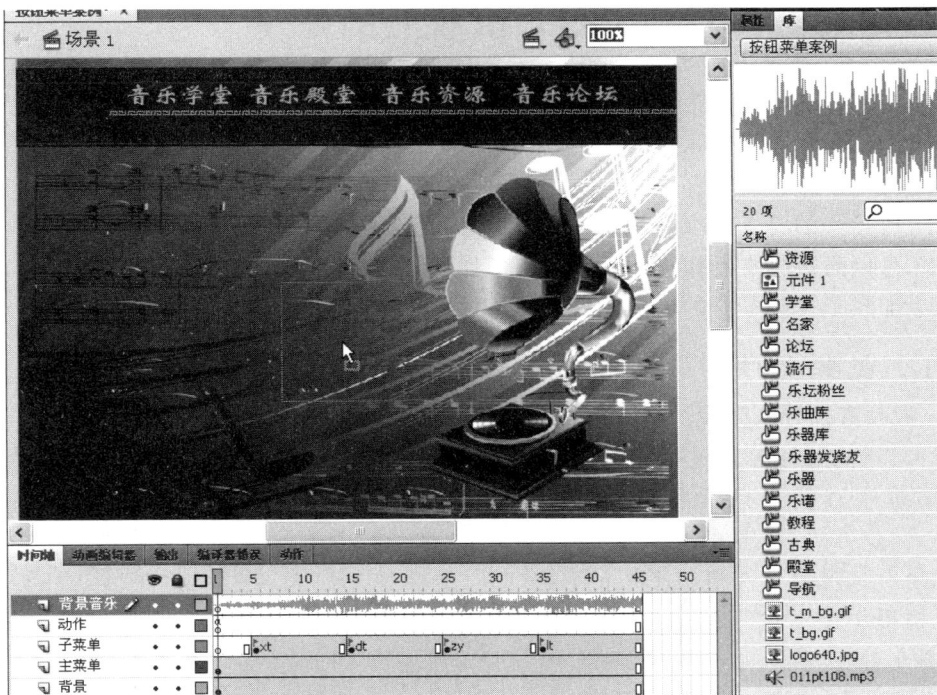

图 5.11　背景音乐加载图示

（6）在"库"中选择"学堂"按钮，双击该按钮进入"学堂"按钮元件编辑区，新建一图层"音效"层，分别在"按下"和"点击"状态帧插入空白关键帧。

（7）在音效层上选中"按下"状态的帧，把"库"中的按钮音效声音文件拖入编辑区，实现对按钮"按下"事件的声音加载，如图 5.12 所示。同样可以通过"属性"面板中"声音"选项对按钮音效进行编辑，以符合课件要求。

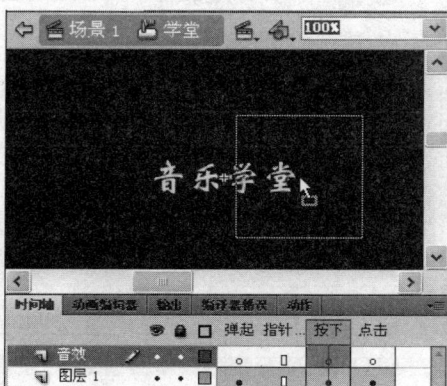

图 5.12　按钮事件声音加载图示

使用上述同样方法，可以对其他场景背景音乐和各按钮事件音效进行加载，使课件生动并更有吸引力，促进学习效率的提高。

5.3　Flash 视频的处理

Flash 处理视频功能可以提供下面几个操作：

（1）能够导入 Windows、QuickTime 及 Flash 播放器支持的各种标准视频文件。

（2）提供 Adobe Media Encoder 对非 FLV 或 F4V 格式视频进行转换编码。

（3）对导入的符合标准的视频可以根据需要进行简单的效果处理。

（4）可以通过脚本动作控制视频对象的加载、播放等。

（5）加载了视频素材的 Flash 文档可以发布成 SWF 动画或 MOV 的电影。

5.3.1　视频文件的导入

1. 视频直接导入到库

如同声音、图片等素材一样，可以通过"文件"｜"导入"｜"导入到库"命令，在"导入到库"对话框中查找选择所需视频，单击"打开"按钮导入。

如果所选视频文件格式 Flash 不能打开，便会弹出提示框提示建议使用 Adobe Media Encoder 进行转换，如图 5.13 所示。

2. 视频通过"导入视频"向导导入

（1）进入"导入视频"向导。新建或打开一个 Flash 文档，在主菜单中选择"文件"｜"导入"｜"导入视频"命令，便可打开"导入视频"对话框，进入"视频导入向导"，如图 5.14 所示。

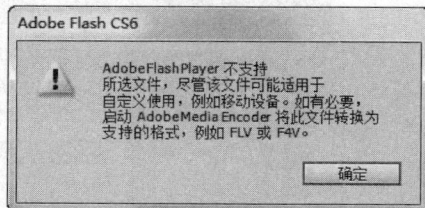

图 5.13　Flash 播放器不兼容提示

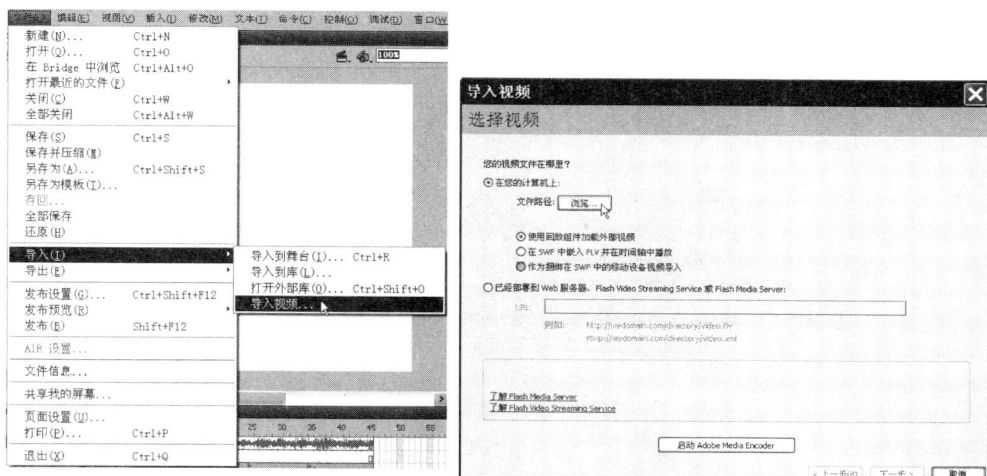

图 5.14　打开"导入视频"对话框

（2）选择导入视频路径。参考图 5.14，"导入视频"对话框发出"您的视频文件在哪里？"的问题，同时提供了导入视频路径的选择。

① 在您的计算机上：通过文件路径浏览，查找本地硬盘中的视频文件。

② 已经部署到 Web 服务器、Flash Video Streaming Service 或 Flash Media Server：通过输入已上传 Web 或流媒体服务器的视频的 URL，从服务器中导入视频。

课件制作过程，较多是从本地计算机加载视频素材，选择"在您的计算机上"导入选项，在"打开"对话框中查找本地硬盘的视频素材，单击"打开"按钮导入。

【提示】　如果所选视频文件格式 Flash 不能打开，便会弹出提示框提示建议使用 Adobe Media Encoder 进行转换，如图 5.13 所示。

（3）选择视频回放模式。选择"在您的计算机上"导入选项后，该选项提供了三个不同的视频回放方案并为所选的导入和回放方案提供了基本级别的配置，配置可以在后续工作中进行修改以满足动画课件特定的要求。三个选项分别如下。

① 使用回放组件加载外部视频。该选项导入视频并通过创建 FLVPlayback 组件实例以控制视频播放。可以将 Flash 文档作为 SWF 发布并将其上传到 Web 服务器时，还必须将视频文件上传到 Web 服务器或 Flash Media Server，并按照已上传视频文件的位置配置 FLVPlayback 组件。

② 在 SWF 中嵌入 FLV 并在时间轴中播放。该选项将 FLV 嵌入到 Flash 文档中，放置在时间轴上，可以通过时间轴上的帧序列标识各个视频帧的位置，同时，嵌入的 FLV 视频文件也将成为 Flash 文档的一部分。

【提示】　将视频文件内容直接嵌入到 Flash 时间轴上，发布的 SWF 将会显著增加文件的大小，同时嵌入较长视频素材会产生音画不同步的现象，所以该项不适合较大视频素材文件。

③ 作为捆绑在 SWF 中的移动设备视频导入。该选项与②类似，将视频绑定到 Flash Lite 文档中以加载到移动设备。

第5章　课件视频、声音素材的设计与制作

此案例选择"使用回放组件加载外部视频"单选项，如图 5.15 所示，进入下一步"外观"设置。

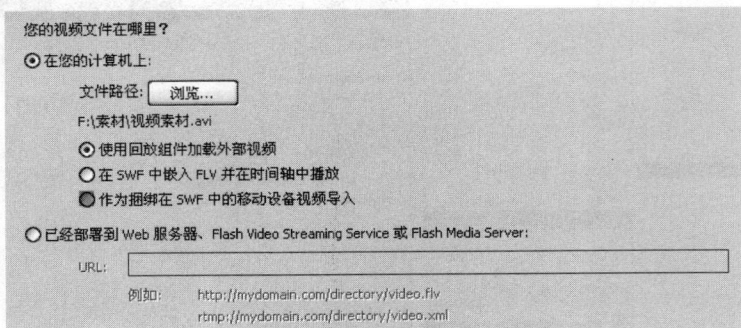

图 5.15　视频路径与回放模式设置

（4）选择播放器组件外观。

① 进入外观设置对话框后，在"外观"下拉菜单中选择播放控件，不同的控件模块决定播放器的外观与按钮组成、排列位置，同时还可以选择播放器颜色，如图 5.16 所示。

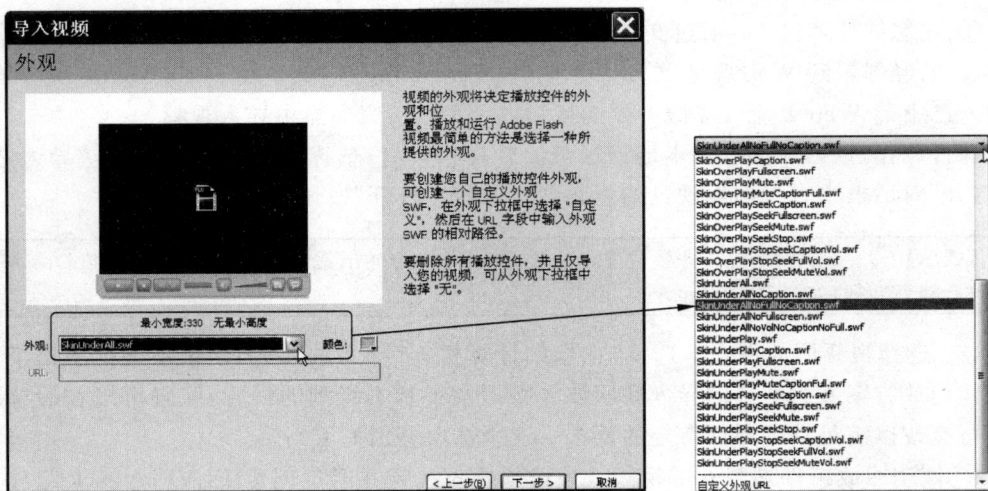

图 5.16　外观选择设置

> **【提示】** 外观对话框右侧已有提示，自创建一个播放器 swf，可选自定义外观 URL，输入所制作外观 swf 的相对路径；如需删除外观，选择"无"。

② 单击"下一步"按钮，进入"完成视频导入"对话框，单击"完成"按钮，视频素材及其播放控件同时导入到舞台和库，如图 5.17 所示。

③ 选择已经导入到舞台中的视频实例，应用工具箱中的任意变形工具进行缩放以适应 Flash 舞台布局，应用选择工具调整视频素材及其播放控件位置，如图 5.18 所示。

3. 视频嵌入 SWF 文件

（1）如上述通过"视频导入"向导导入视频步骤进入"导入视频"对话框，选择"在您的计算机上"的"文件路径"，选择本机视频素材。

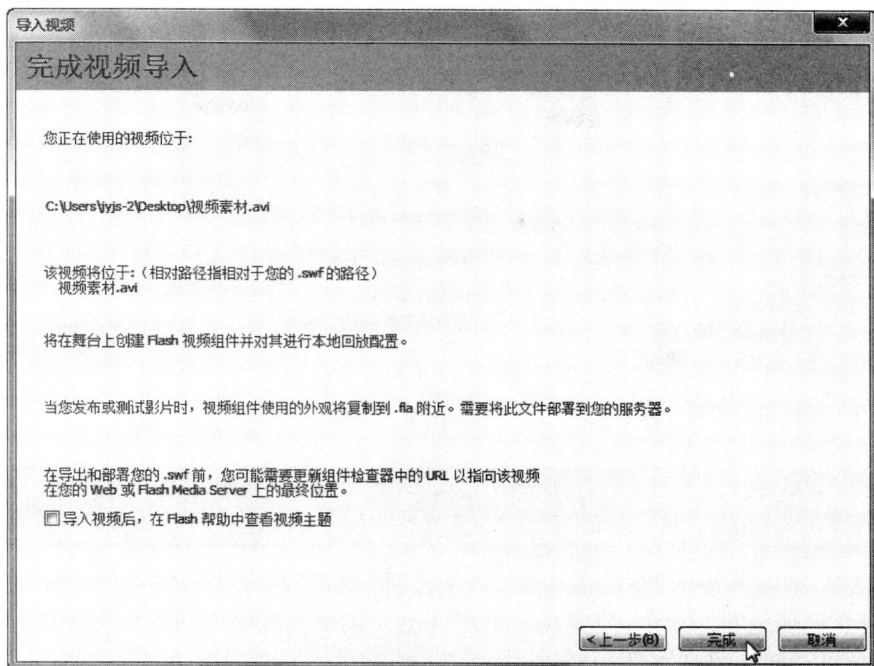

图 5.17　完成视频导入

图 5.18　视频导入场景

（2）选择视频回放模式为"在 SWF 中嵌入 FLV 并在时间轴中播放"，进入下一步，打开"嵌入"对话框，如图 5.19 和图 5.20 所示。

（3）在"嵌入"对话框的嵌入视频"符号类型"下拉列表中选择"嵌入的视频"或"影片剪辑"，根据需要勾选下面相应选项："将实例放置在舞台上"、"如果需要，可扩展时间轴"、"包括音频"，单击"下一步"按钮，完成视频导入。

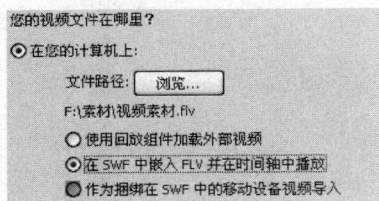

图 5.19　选择视频回放模式　　　　　　　图 5.20　选择元件（符号）类型

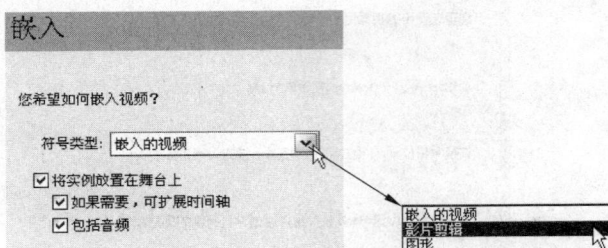

【提示】　符号（或称为元件）类型选择"影片剪辑"，在"库"中除了生成视频素材的影片剪辑元件外，同时也生成视频素材的嵌入视频元素。视频素材的元件实例就可以通过"属性"面板进行设置调整。

（4）在"完成视频导入"对话框中单击"完成"按钮，把视频素材导入 Flash 文档的库和舞台，视频素材展现在舞台中，同时在当前所选图层的时间轴上展开，并在"库"中新建视频素材影片剪辑和嵌入视频文件。

（5）选择舞台上导入的视频实例，应用工具箱中任意变形工具进行缩放以适应 Flash 舞台布局，应用选择工具调整视频素材及其播放控件位置。

（6）如果第（3）步选用"符号类型"为"影片剪辑"，则舞台上的视频就是影片剪辑元件的实例，便可以应用"属性"面板进行元件实例属性设置。选择舞台上导入的视频实例，在右侧"属性"面板的色彩样式效果、图层混合模式等选项中设置。

5.3.2　视频格式的转换

Flash 对导入的视频格式要求比较严格，一般导入的视频要求使用 F4V、FLV 或 H.264 格式编码。Flash 提供了视频导入向导，简化了将视频导入到 Flash 文档中的操作。在导入过程中检查所选择导入的视频文件是否符合 Flash 要求，如果视频不是 Flash 可以播放的格式，则会弹出对话框提示。同时提供 Adobe Media Encoder 对此类视频以适当的格式进行重新编码。

Adobe Media Encoder 编码器可以在"视频导入"向导中启动，也可以在 Windows 的"开始"菜单中选择，如图 5.21 所示。

（1）单击"添加"按钮，在打开对话框中浏览并选择准备导入 Flash 文档的视频素材，增加到编码器对话框列表中，列表中各设置选项如图 5.22 所示。

（2）在"格式"下拉列表中选择相应转换文件格式，如图 5.23 所示。

（3）在"预设"下拉列表中选择相应播放环境的文件编码预置，如图 5.24 所示。

把鼠标移动到"预设"项显示的文字上，相应会弹出预设的简单配置标准，如图 5.25 所示，单击预设项文字，会打开"导出预设"对话框，对话框中列出了预设对应的参数，提供多个供用户根据转换视频的要求而进行调整的选项，并可以拖动时间轨上的播放头预览转换的素材源和输出，如图 5.26 所示。

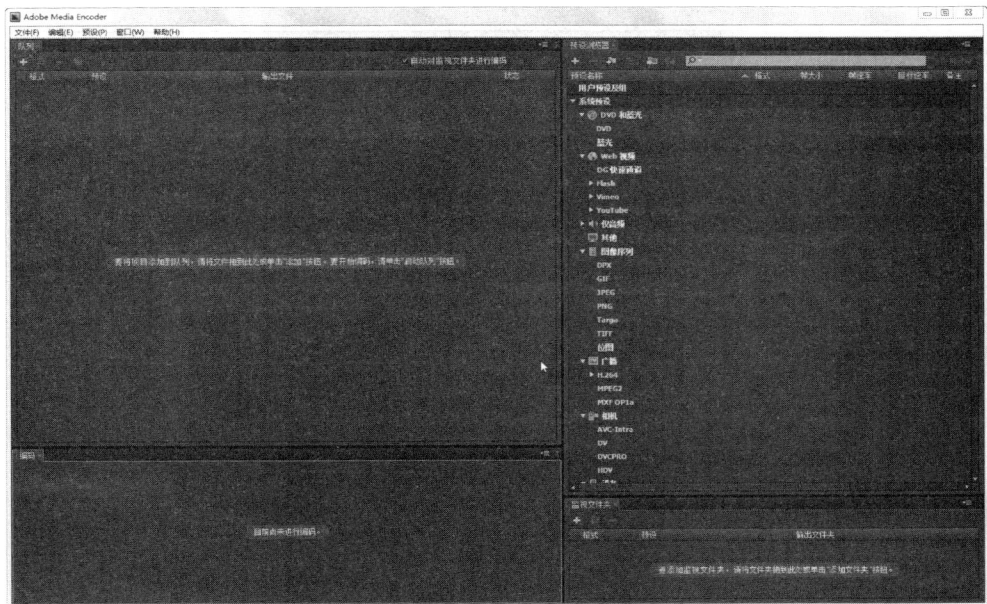

图 5.21　编码器工作界面

图 5.22　编码列表设置选项

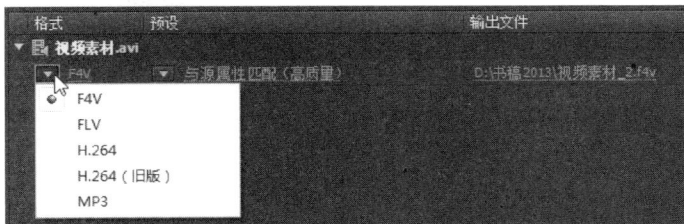

图 5.23　格式选项

（4）单击"队列"面板右上角的"开始队列"按钮 ，开始转换。转换过程进度条上同时会有小画面同步监视，如图 5.27 所示。

5.3.3　FLVPlayback 组件的应用

在 Flash 中，组件是创建网络上丰富的交互式应用程序的现成的构件模块。组件通过提供行为一致、随时可用并且可以自定义的复杂控件，将会大幅减少开发应用程序所需的时间和工作。在创作过程中使用时，只需将选中的组件从"组件"模板拖到当前文档中，而不必自行创建自定义按钮、组合框、列表或视频播放器，就可以轻松自定义这些组件的外观，使它与应用程序设计相吻合。

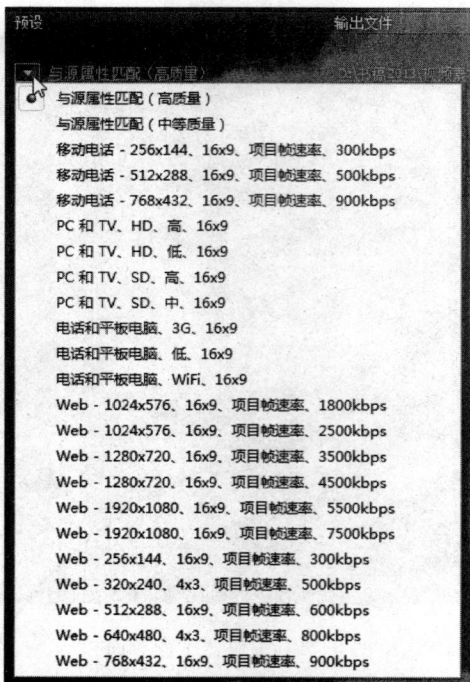

图 5.24　预设选项

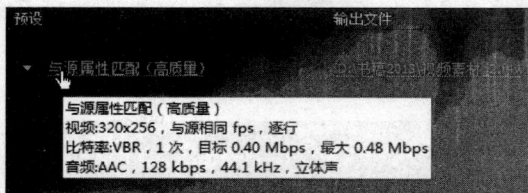

图 5.25　所选预设说明

Adobe Flash Professional CS6 包含 ActionScript 2 和 ActionScript 3 两套组件，如图 5.28 和图 5.29 所示，这两套组件不能相互混淆。当选择新建一个 Flash 组件时，Flash 会根据新建文档所选择的是 ActionScript 3 FLA 文件还是 ActionScript 2 FLA 文件，相应显示 ActionScript 3 组件或 ActionScript 2 组件。而打开一个现有 FLA 文件时，Flash 也会根据发布设置中指定的是 ActionScript 2 还是 ActionScript 3 而决定显示哪套组件。

FLVPlayback 组件是 Video 中最常用的组件之一。利用 FLVPlayback 组件可以控制视频播放，FLVPlayback 组件可以向 Flash 文档快速添加直观的用于控制视频播放的视频控件，实现全功能的 FLV 播放控制，并提供对渐进式下载和流媒体式加载 FLV 或 F4V 文件的支持。

1. FLVPlayback 组件功能

FLVPlayback 是针对视频的显示区域控制的组件，包含一组 FLV 所定义的控制按钮用于视频的播放、停止、暂停和回放。FLVPlayback 组件的主要功能为：

（1）提供若干预制的外观，方便快捷建立视频播放界面。

图 5.26 "导出设置"对话框

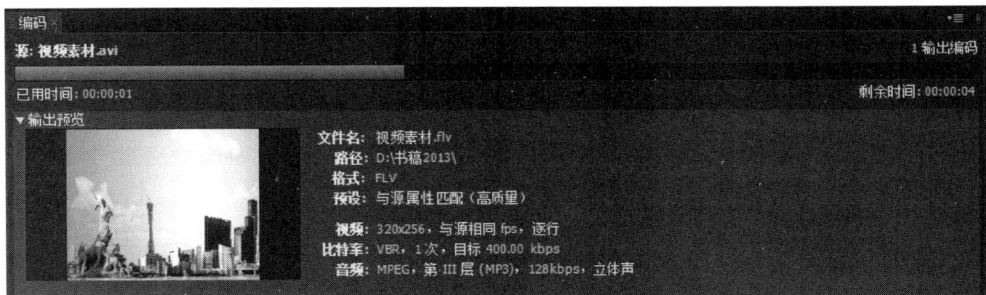

图 5.27 编码器转换

（2）提供创建自定义外观功能。

（3）提供播放提示点，实现视频与 Flash 文档中的其他元素同步。

（4）提供对自定义内容的实时预览。

（5）兼顾网络应用，保持合理的 SWF 文件大小以便于下载。

2．FLVPlayback 组件的导入

（1）随"视频导入"向导导入。

进入"视频导入"向导后，选择导入视频路径为"在您的计算机上"，回放模式为"使用回放组件加载外部视频"；继续在外观设置选项中选择播放控件即可实现 FLVPlayback 组件导入。

（2）通过单击动画编辑区右侧与"属性"面板之间相隔的工具条中的"组件"按钮 🎛 打开"组件"面板选择导入。

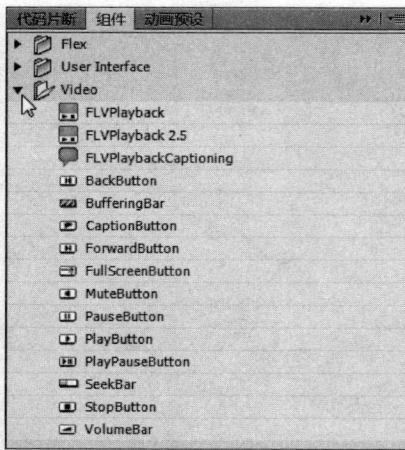

图 5.28　ActionScript 3 组件

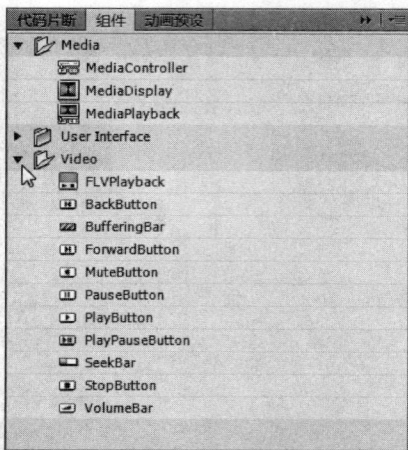

图 5.29　ActionScript 2 组件

（3）通过组件面板导入。

① 选择主菜单栏中的"窗口"|"组件"命令，打开"组件"面板，如图 5.30 所示，选择
FLVPlayback 组件拖放到舞台或库。

② 选择舞台上 FLVPlayback 组件实例，在其"属性"面板中展开"组件参数"选项，在展
开的"组件参数"列表中，选择 Source 选项参数 source ，单
击右边的 按钮，查找选择 FLVPlayback 组件所控制播放的视频源素材，如勾选"匹配源
尺寸"选项则舞台上的组件实例会因应视频尺寸而调整大小，如不勾选则视频素材将按照组
件实例的尺寸进行缩放，最后单击"确定"按钮记录在 Source 选项参数中，使 FLVPlayback
组件与视频源素材关联，如图 5.31 所示。

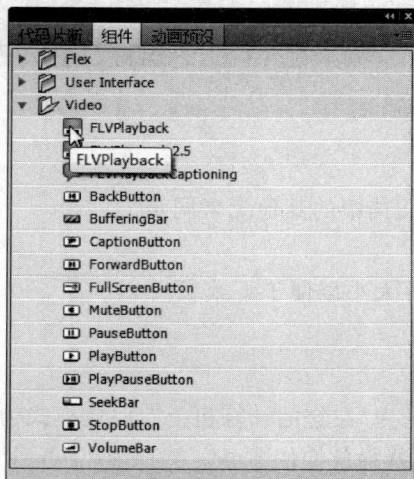

图 5.30　"组件"面板

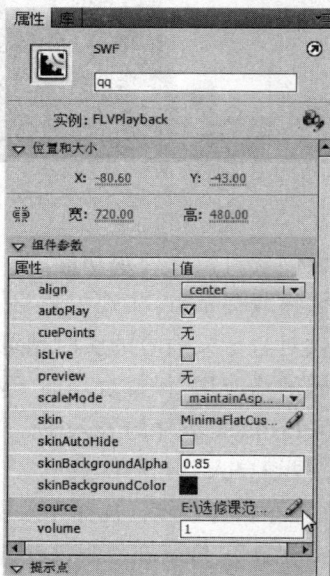

图 5.31　组件参数设置

3. FLVPlayback 组件的配置

（1）在舞台上选择带 FLVPlayback 组件的视频，在右侧"属性"面板中输入实例名称。

（2）单击"属性"面板中"组件参数"选项，展开"组件参数"列表，如图 5.31 所示。

（3）调整或输入各参数值或使用默认设置，有关参数可以在 Flash 帮助文件中找到。一般视频播放控制取默认值就足够了。

5.3.4 Flash 视频处理案例

本案例紧接 5.2.4 节的 Flash 声音处理案例——音乐知识课件，为其加载音乐作品欣赏视频，以此学习为课件添加视频的基本方法。

（1）打开课件文档，进入该课件的其中一个场景 bdfzp：贝多芬主要交响乐作品目录。

（2）以加载"贝多芬第 5 交响曲命运交响曲"演奏视频为例。在"曲目按钮"层第 2 帧插入关键帧，并把场景上按钮进行删除或调整，并新建一文本按钮"回到曲目"，其在场景中的实例名称为 hdqm_btn。

（3）在场景时间轴新建一图层"视频"层，在该层第 2 帧插入空白关键帧，该帧将用于承载导入的视频。选择该帧，添加动作脚本：**stop()**;。

（4）如图 5.32 所示，把"第五交响曲'命运'Op.67 1804.1808 C 小调"文本转换成按钮元件，设置好状态帧。

图 5.32 贝多芬主要交响乐作品目录场景

（5）选择舞台上"第五交响曲'命运'Op.67 1804.1808 C 小调"文本按钮实例，在"属性"面板中"实例名称"中输入"jxq5_btn"。选择动作层的有动作脚本标记 a 的帧，在其动作脚本中添加"第五交响曲'命运'Op.67 1804.1808 C 小调"文本按钮事件动作：

```
Stop();
jxq5_btn.addEventListener(MouseEvent.CLICK,jxqdz5)
  function jxqdz5(event: MouseEvent): void{
    gotoAndPlay(2)
```

使该按钮被单击后跳转到第 2 帧：第 5 交响曲视频播放场景，同时添加"回到曲目"按钮动作：

```
hdqm_btn.addEventListener(MouseEvent.CLICK,qmdz5)
  function qmdz5(event: MouseEvent): void{
    gotoAndPlay(1)
  }
}
```

图 5.33 为动作层添加动作帧 a 帧动作脚本，图 5.34 为时间轴分布和第 5 交响曲视频播放场景。

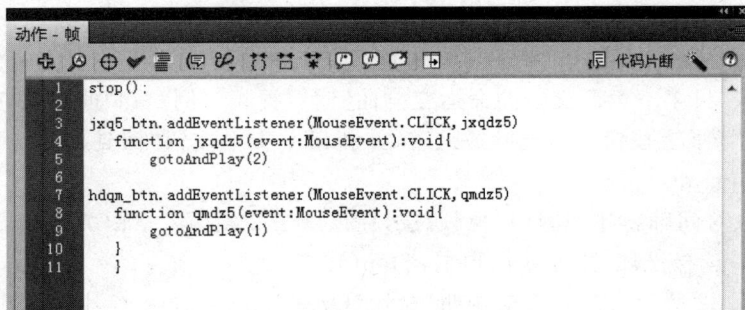

图 5.33　动作层 a 帧动作脚本

图 5.34　第 2 帧呈现的第 5 交响曲视频播放场景

（6）选择视频层的第 2 帧，在菜单中选择“文件”|“导入”|“导入视频”命令，便可打开"导入视频"对话框，进入"视频导入向导"。

（7）参考图 5.14 的"导入视频"对话框选择"在您的计算机上"，通过"文件路径"的"浏览"按钮查找本地硬盘中的第五交响曲演奏视频文件并单击"打开"按钮。

【提示】 如果所选择打开视频素材格式不符合 Flash 导入格式，会弹出提示框，提示需用 Adobe Media Encoder 编码器进行转换编码，才能导入正常播放。

（8）选择"使用回放组件加载外部视频"选项，单击"下一步"按钮进入"选择播放视频控件外观——FLVPlayback 组件"。

（9）进入外观设置对话框后，在"外观"下拉列表中选择播放控件，不同的控件模块决定播放器的外观、按钮组成及排列位置，同时还可以选择播放器颜色，完成以后进入下一步。

（10）进入"完成视频导入"，检查"完成视频导入"对话框中列出的视频导入相关信息无误，单击"完成"按钮结束导入向导。Flash 便会"获取元数据"，视频素材将在当前图层的帧舞台导入视频及其 FLVPlayback 组件。

（11）选择场景中导入的视频，在右侧"属性"面板中可以对导入视频的 X、Y 位置及高宽进行调整，也可直接运用工具箱中的选择工具移动导入视频到场景中合适位置，运用任意变形工具缩放导入视频以适应场景布局。

（12）在右侧"属性"面板中单击"组件参数"选项，展开"组件参数"列表，根据需要调整相关参数。如选择 preview 选项，单击按钮 ✎ 进入"选择预览帧"对话框，监视视频画面播放至合适帧，单击"导出"按钮并命名保存，最后单击"确定"按钮结束该选项设置，如图 5.35 所示。

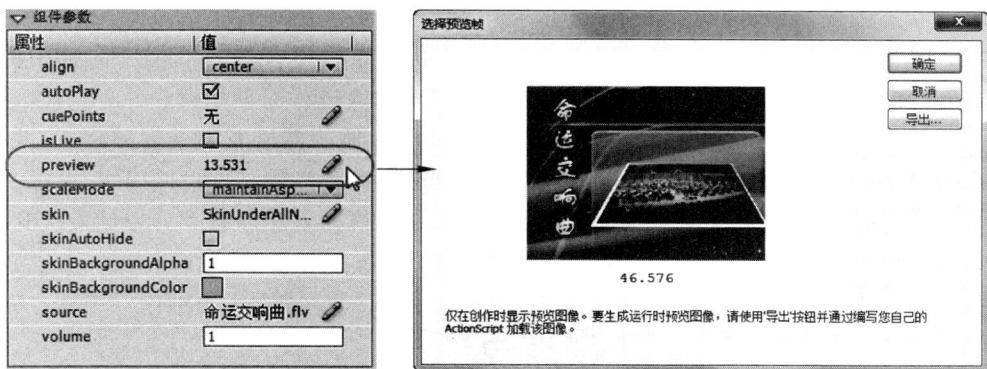

图 5.35　组件参数 preview 选项设置

进行以上步骤后，便为课件的"贝多芬主要交响乐作品"建立了第五交响曲视频，图 5.36 为第五交响曲视频场景。其他作品视频可以按照上述方法进行导入建立，通过选择曲目，便可打开相应视频欣赏。

【提示】 在视频层第 2～10 帧每帧插入空白关键帧，每帧添加帧动作脚本：stop();，在每帧导入一个曲目视频；在动作层 a 帧添加各个相应的曲目按钮实例动作便可实现。

第5章　课件视频、声音素材的设计与制作

图 5.36 导入视频后的场景

小　　结

本章主要学习 Flash 加载声音与视频的基本方法。音视频是多媒体课件的重要元素，声音更是 Flash 动画的主要构件之一。

（1）Flash 的声音类型有事件声音和音频流声音，两种声音的播放特点各不相同。

（2）声音的导入兼容格式较多，通过导入到库或导入到舞台都可以把声音素材导入当前文档的库中，Flash 文档加载声音都需先导入库中备用，Flash 同时也附带了声音公用库供使用。

（3）Flash 加载声音的方式主要有两种：在时间轴上关键帧或帧序列加载声音，或在按钮元件的状态帧上加载事件音效。

（4）按照声音在 Flash 文档中用途不同，可以利用加载声音帧的"属性"面板中的"声音"选项对加载声音播放进行设置，并应用"编辑封套"功能进行简单编辑。

（5）Flash 可以导入 Windows、QuickTime 或 Flash 播放器所兼容的视频格式，并提供了 Adobe Media Encoder 编码器为不适合 Flash 应用的视频格式进行转换编码。

（6）Flash 提供了"视频导入"向导，可简单快捷地将视频素材加载到 Flash 文档中。

（7）应用 FLVPlayback 组件，可以为视频实例提供界面和播放控件。

思考与练习

1. 参考书中案例进行模仿练习，学习应用声音加载方法为动画课件各场景加载背景音乐。

2. 学习为多媒体课件中的按钮加载事件声音的思路。

3. 参考 Flash 处理视频案例，探讨应用视频导入向导为课件加载视频素材的方法。

第3部分

Flash课件设计与
制作实战篇

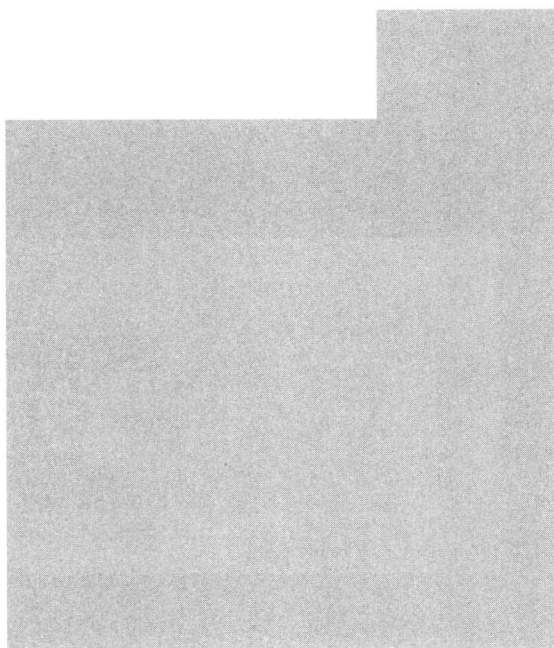

第6章 演示型多媒体课件的设计与制作

▶▶▶

【本章学习导读】

【知识重点】

1. 了解课堂演示型多媒体教学的特点。
2. 掌握课堂演示型多媒体教学课件的设计。
3. Flash CS4 模板的作用。
4. 学会使用 Flash CS4 的模板制作课堂演示型多媒体课件。

【学习任务】

1. 演示型多媒体课件概述。
2. 演示型多媒体课件的设计。
3. Flash 的模板。
4. 用 Flash CS4 制作演示型多媒体课件。

6.1 演示型多媒体课件概述

课堂演示型多媒体课件主要是根据教学内容和教学目标的需要,利用图形、动画等信息媒体来描述事物运动过程或性质,揭示事物的内在规律,使抽象的难以理解的知识对象变成形象直观、生动活泼的视觉信息;通过创设情境,调动学生积极思维,主动建构知识的意义,使学生在建构过程中,培养学习的能力。课堂演示型多媒体课件一般来说是为了解决某一学科的教学重点与教学难点而开发的,它注重对学生的启发、提示,反映问题解决的全过程,主要用于课堂演示教学。这种类型的教学软件要求画面直观,尺寸比例较大,能按教学思路逐步深入地呈现。课堂演示型课件是将课件表达的教学内容在课堂讲课时作演示,并与教师的讲授或其他教学媒体相配合。这种类型课件一般与学生间无直接交互作用。

这种类型的课件要求有大屏幕显示器或高亮度投影仪等硬件设备,开发时是以教师的教学流程为设计原则,应充分表现教师的教学思想,也要考虑课堂演示时的环境因素对演示效果的影响,选择可突出主题的屏幕显示。同时也要求使用课堂演示型课件的教师对课件内容有深入的了解。课堂演示型多媒体课件的特点概括起来主要有如下几方面。

1. 图文声像并茂，激发学生学习兴趣

演示型多媒体课件由文本、图形、图像、动画、声音、视频等多种媒体信息组成，具有图文声像并茂，视听结合、动静相宜、感染力强的特点，把一些单调、平淡、枯燥的内容变得生动形象，给学生提供多种感官的综合刺激，这种刺激能引起学生的学习兴趣和提高学生的学习积极性，从而使学生在这种良好的教学氛围中，能愉快地学习，充分参与，发挥学生的主体作用，优化教学的过程。

2. 形象、生动、具体，解决教学的难点问题

感知是获得知识的源泉，理解是在感知的基础上的认识深化，课堂演示型多媒体课件一般按照既定的教学过程将一些用语言难以清楚表述、变化过程复杂或不易直接观察的教学内容呈现给学生，形象、生动、具体，解决教学的难点问题，使学生获取对客观事物的感性认识，在头脑中留下深刻的表象，有利于教学效果的提高。

3. 配合教师的课堂讲授

在解决在传统教学中不能或难以解决的问题中，课堂演示型多媒体课件具有相当的优越性，对于教师通过语言、板书、实验难以透彻剖析和讲清楚的问题，可以利用计算机模拟教学过程，弥补传统教学的缺陷，使教学内容形象化、具体化、直观化，同时也容易体现以学生为主体的教学思想。但它是以辅助教师的教学为前提，为教师的教学服务的。因此，课堂演示型多媒体课件不能是脱离课堂教学实际，必须以友好的图形化人机交互界面，方便教师的使用，建立教师、学生与计算机系统之间的相互联系。

4. 高效性

演示型多媒体课件可以集中优秀教师的教学经验，以多媒体的表现形式，充分利用计算机技术的优势，能有效地帮助学生思考和理解教学内容，多媒体课件既可以制作成全面包括整节课的教学内容和过程，也可以制作成只是演示某一知识点的教学内容，短小精悍，从而大大提高教学效率及质量。

6.2　演示型多媒体课件的设计

课堂演示型多媒体课件的设计包括教学设计和系统设计，教学设计是以分析教学的需求为基础，以确立解决教学问题的步骤为目的，以评价反馈来检验设计与实施的效果，它是一种教学的规划过程和操作程序。多媒体课件的教学设计，就是要应用系统科学的观点和方法，按照教学目标和教学对象的特点，合理地选择和设计教学媒体信息，并在系统中有机地组合，形成优化的教学系统结构。

为了实现教学设计的要求，将教学知识内容在计算机上通过灵活多样的形式加以表达，发挥多媒体的优势，突破教学难点，突出教学重点，培养学生的能力和素质，这就需要进行多媒体课件的系统设计。课堂演示型多媒体课件的系统设计的主要工作如下。

1. 屏幕画面的设计

多媒体课件的屏幕中含有各种教学信息、帮助提示信息和可以进行交互作用的对象，对屏幕版面进行规划要预先设计安排好这些信息和对象的位置及其大小，确定哪些教学内容、哪些媒体素材放在同一屏幕上显示。演示型多媒体课件要特别注意突出教学信息，提供的教学提纲内容扼要、条理清楚、适量、突出重点,设计的字体与图像一般要求较大、显示清楚,文字不能过多、过密,要精炼,体现重点、难点;此外,文字设计要标准、规范,标题及内容的文字大小要一致;颜色搭配要求色彩协调,醒目自然,形成统一的格式。

2. 交互方式的设计

演示型课件设计时要考虑交互性要求。因为在教学过程中讲解教学内容时,不能完全按照课件的预先安排的顺序来进行播放,要根据实际的教学需要,配合学生的反应,根据教师教学方法不同而跳转到不同教学内容。因此,不能把演示型课件做成直线式的程序,而应该设计成具有一定交互性的、可以控制教学速度与进度的超链接结构。利用课件中的交互性,教师可以根据学生课堂理解和接受能力进行适时控制,对教学内容进行取舍,实现教学内容间的跳转,如对学生掌握较好的知识点进行深一步的研究,巩固扩充相关知识;对不易掌握的知识点选择链接与此知识点相关的基础知识部分,进行反复讲解直至学生理解,然后根据学生的理解情况判断是否进入扩充部分的链接。

3. 系统结构的设计

多媒体课件的系统结构是多媒体课件中各部分教学内容间相互关系及呈现的形式,它反映了多媒体课件的主要框架及其教学的功能。多媒体课件的系统结构实质是多媒体信息的组织结构,它大多采用非线性的超媒体结构,在设计非线性的超媒体结构时应考虑到主题显示与子主题之间、知识单元与知识点之间、知识单元与知识单元之间、知识点与知识点之间的逻辑关系和层次关系及其之间的跳转关系,形成一个非线性的网络结构,并据此形成知识结构流程图。同时考虑多媒体课件在实际应用中的具体情况,划分出多媒体课件的模块,建立多媒体课件的系统结构。一般来说,演示型软件系统结构一般包括:封面、菜单、教学单元的知识点内容、提供的媒体素材或资源等。

6.3 Flash 的模板

6.3.1 什么是模板

如果提到制作幻灯片,很多读者都会想到 PowerPoint。Flash 从 MX 版本开始增加了模板功能,使影片文档的创建更加简便快捷,让课件制作既可以像 PowerPoint 那样简单,又可以尽情发挥自己的创意。模板就是预先设置好的特殊 Flash 文档,它为 Flash 文档的最终创建提供一个基础的框架,该框架就是最终 Flash 文档的基础。Flash 模板为创作各种常见项目提供了易于使用的起点。有许多模板可供项目使用,如照片幻灯片模板、测验模板、移动内容模板以及其他许多项目模板。

Flash 附带的多个模板,能帮助用户简化工作的过程,提高文档创建的效率。因为在模板里面已经设计好了版面、图形、一些组件甚至是 ActionScript,只要配合自己的需要做些修改即可将其应用到自己的工作当中。这对于那些结构基本相同、有固定模式的文档制作是非常有利的。例如,Flash MX 2004 提供了很多种实用的模板,有广告、定制 PDA、菜单、幻灯片演示文稿、演示文稿以及教学测验等,其中针对教学课件,最实用的模板就是幻灯片演示文稿模板和测验模板。但后来的 Flash 版本提供的便于教学课件制作的模板越来越少，到 Flash CS3 和 Flash CS4 则取消了测验模板，只提供了幻灯片演示文稿模板，而到了 Flash CS5 以后，干脆连幻灯片演示文稿模板也被取消。因此，为方便课件的制作，本章节仍保留 Flash CS4 为平台，介绍幻灯片演示文稿模板如何快捷方便地制作课件。

6.3.2 Flash 中常见的模板

1. 移动设备模板

该模板内容可用多种浏览器、平台和移动电话进行查看。可以创作以下内容：

（1）高品质的动画。

（2）游戏。

（3）在设备和桌面系统中使用丰富媒体自定义用户界面。

（4）电子商务和企业解决方案。

Flash 文件很小巧，适于传输速率介于 9.6～60kb/s 的无线运营商网络。由于移动设备的存储容量有限，因此占用内存小的 Flash 文件非常理想。

使用移动设备模板，可以创建用于许多移动设备的内容。可以使用模板中的设备外观预览内容，就像在设备上查看内容一样。这些外观位于引导图层上，因此不会随内容导出或在运行时显示。

2. 测验模板

可以使用测验模板创建包含数种交互类型的自我评分测验。

3. 广告模板

广告模板有助于创建各种尺寸大小和标准媒体类型的广告版面文件，且这些尺寸及媒体类型均由互动广告局(IAB)定义并被业界广泛接受。

广告模板创建的应用程序需在各种浏览器和平台组合中测试其稳定性，如果广告应用程序不会导致错误信息、浏览器崩溃或系统崩溃，即可认为它是稳定的。

4. 照片幻灯片模板

使用带文本标题和回放控件的照片幻灯片模板展示照片。

6.3.3 使用模板

1. 使用步骤

（1）选择"文件"|"新建"命令。

（2）单击"模板"标签。

（3）选择一个模板，然后单击"确定"按钮。

（4）向 FLA 文件添加内容。

（5）保存并发布文件。

2. 使用照片幻灯片模板

照片的格式必须适合使用照片幻灯片模板。可以导入多种格式的图像，但通常 JPEG 最适合于显示照片。要获得最佳效果，请使用图像编辑程序将照片保存为 JPEG 格式。图像大小应为 640×480 像素并且应按编号顺序命名，例如，photo1.jpg、photo2.jpg 和 photo3.jpg。将照片导入 SWF 文件的步骤如下：

（1）选择包含在示例 picture layer 中的照片图层,然后单击垃圾桶图标将其删除。

（2）通过单击"插入图层"按钮创建一个新层,然后将这个新层命名为"我的照片"。
确保此新图层位于最底层。

（3）选择"我的照片"层中的第一个空白关键帧,然后选择"文件"|"导入"|"导入到舞
台"命令,找到照片序列。

（4）选择序列中的第一幅图像,单击"打开"按钮（Windows）或"导入"按钮
（Macintosh）,然后单击"导入"按钮。

（5）Flash 会识别出此图像是一个序列的一部分,并询问用户是否要导入序列中的所有
文件。单击"是"按钮。

3．进行最后加工

Flash 将各个图像放在不同的关键帧上。如果有 4 个以上的图像,则所有其他图层都
应具有相同的帧数。图像出现在"库"面板中。

（1）从库中删除此文档中包含的旧图像。

（2）更改每个图像顶部的标题、日期和说明。根据需要替换文本。

模板会自动确定文档中的图像数,并指明当前正在使用的照片。

4．使用自动播放模式

照片幻灯片模板还拥有一个内置的自动播放模式,该模式会在到达所设置延迟时间后
自动更换照片。默认情况下,模板的延迟时间设置为 4s,但用户可以更改这个设置。

（1）在舞台上选择控制器组件。该对象通常在舞台右上角,可控制照片播放的前进与
后退,利用该组件。通过组件检查器可设置相片自动播放的延迟时间。

（2）打开"组件"检查器（"窗口"|"组件检查器"）。默认情况下,选中的是"参数"选
项卡。

（3）选择"延迟",然后将该值更改为新延迟值（以 s 为单位）。

（4）保存并发布文档。

6.4　利用 Flash CS4 制作演示型多媒体课件

6.4.1　《阿房宫赋》多媒体课件的制作设计

《阿房宫赋》作于唐敬宗宝历元年,即公元 825 年,杜牧在《上知己文章启》中说:"宝历大
起宫室,广声色,故作《阿房宫赋》。"唐敬宗李湛 16 岁继位,贪好声色,大兴土木,游宴无度,
不视朝政,求访异人,希望获得不死灵药,因此在位三年即为宦官刘克明所杀。作者预感到
唐王朝的危险局势,就借这篇赋,表面上写秦因修建阿房宫,挥霍无度,贪色奢侈,劳民伤财,
终至亡国,实则是借秦之故事讽唐之今事,规劝唐朝的当政者,要以古为鉴,不能哀而不鉴,
最终只能落得"后人复哀后人也"的结局。下面利用 Flash CS4 来演示有关的教学内容,包
括背景资料、课文解析、写作特点、总评等。制作结果如图 6.1 所示。

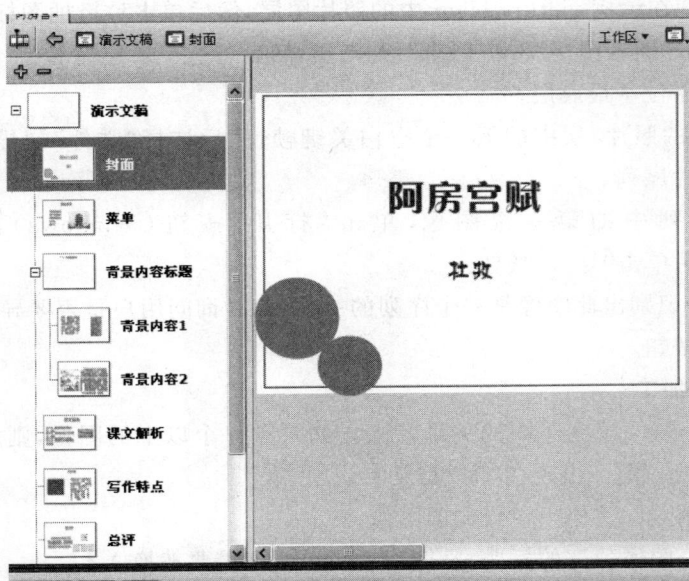

图 6.1　最终制作结果

6.4.2　《阿房宫赋》多媒体课件的制作

1. 新建演示文稿

首先在菜单"文件"中选择"新建"命令，会出现"新建文档"对话框，如图 6.2 所示。

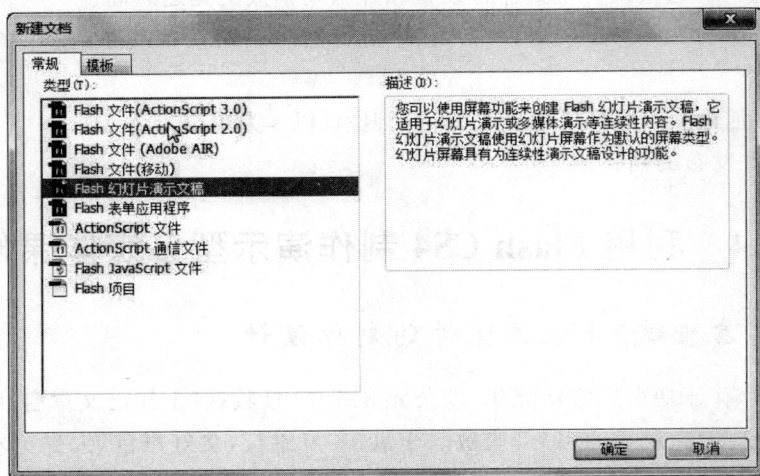

图 6.2　新建演示文稿

选择"Flash 幻灯片演示文稿"选项，界面如图 6.3 所示。

其中：□ 为时间轴显示开关，➕ 用于插入一幅幻灯片，➖ 用于删除选中的幻灯片。选择工具栏中的矩形工具，设置不要填充色、笔触宽度为 2、颜色为黑色，然后单击图 6.2 中的"演示文稿"幻灯片，在上面画一个矩形框，这个矩形框将会出现在所有的画面中（其余的幻灯片相对与这张幻灯片来讲是"嵌套屏幕"）。

2. 插入新幻灯片

新建一个演示文稿后,系统会自动插入第一张幻灯片,在制作过程中,根据需要可以不断插入新的幻灯片。在图 6.2 中选中某一幅幻灯片后,单击右键,在弹出的菜单中选择"插入屏幕"命令,或直接单击 ➕ 按钮,或在菜单栏"插入"中选择"屏幕"命令,就会在选中的幻灯片下面插入一幅新的幻灯片。双击幻灯片后的名字,可以给每幅幻灯片命名一个新的名字,如图 6.4 所示。

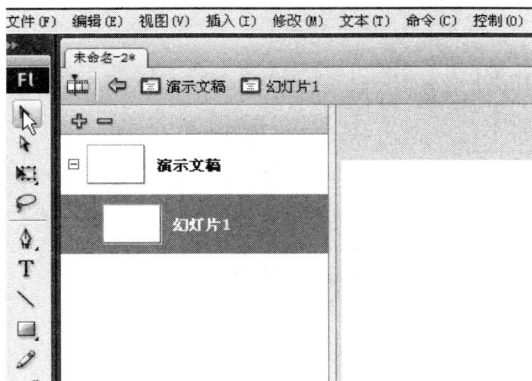

图 6.3　Flash 幻灯片演示文稿

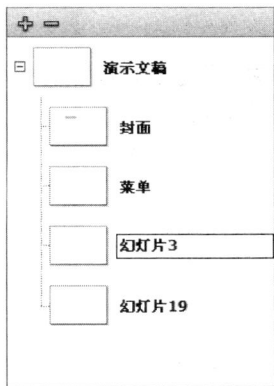

图 6.4　插入新幻灯片

3. 制作封面

选择名字为"封面"的幻灯片,单击 ⊞ 按钮打开时间轴,在工具栏中选择 T,在编辑窗口中输入文字,并在"属性"面板中对字体、字号、颜色等进行设置。这时的时间轴对应的就是"封面"幻灯片,可以利用添加层等,将封面制作得多姿多彩。如图 6.5 中新添加图层 2,在这个图层上画了两个装饰圆。

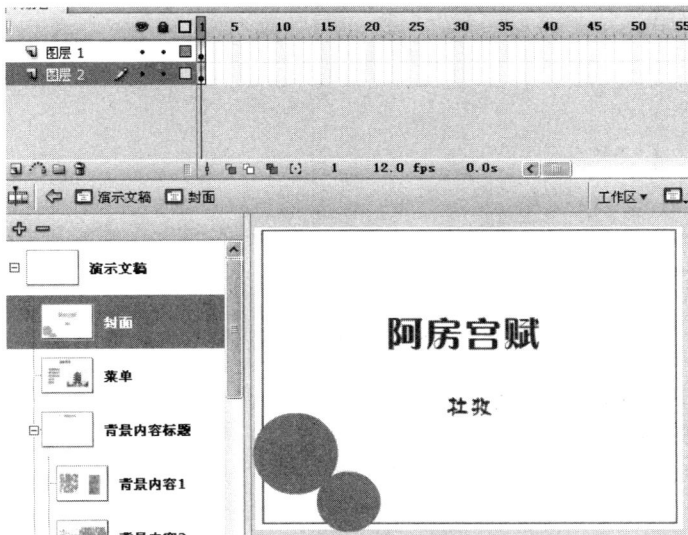

图 6.5　第 1 幅幻灯片:封面

4. 制作菜单

按照上面同样的方法制作第 2 幅幻灯片，这一幅是整个作品的菜单，实现演示内容跳转功能。为了不使界面显得单调，选择"文件"|"导入"|"导入到库"命令，选择一幅画将其导入到库，然后再插入到幻灯片中，如图 6.6 所示。

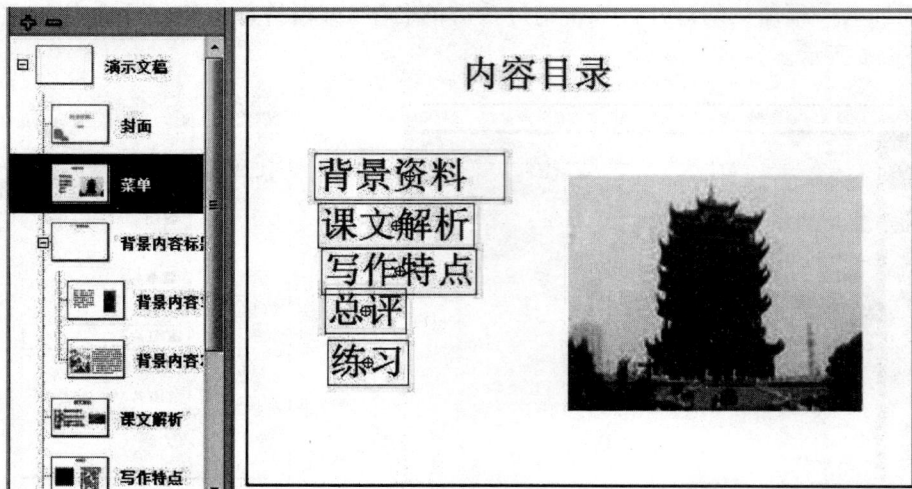

图 6.6   第 2 幅幻灯片：菜单

【提示】　由于后续要制作菜单项的超级链接功能，因此，菜单各项文字都需新建文本框单独输入。

5. 制作内容中的"背景资料"

选择第 3 幅幻灯片，其名字为"背景内容标题"，并输入如图 6.7 所示的标题。

图 6.7   制作背景

选中"背景内容标题"幻灯片，然后单击右键，在弹出的菜单中选择"插入嵌套屏幕"命令，连续插入两幅幻灯片，制作内容中的"背景资料"，一幅介绍杜牧其人，另一幅介绍写作阿房宫赋的背景。"背景内容 1"和"背景内容 2"两幅幻灯片嵌套于"背景内容标题"幻灯片中，"背景内容标题"是父级幻灯片，"背景内容 1"和"背景内容 2"是子幻灯片，父级幻灯片中放置了子幻灯片的标题，父级幻灯片的所有内容将出现在子级幻灯片中，单击"背景内容标题"左边的⊞按钮可展开下一层内容，单击⊟按钮可折叠下一层内容，如图 6.8 所示。在"背景内容标题"幻灯片中放置的是下面幻灯片的标题。

在"背景内容 1"幻灯片中输入文字"杜牧,字牧之。京兆万年人。太和二年,擢进士第,复举贤良方正。其诗情致豪迈,人号为小杜,以别甫云。《樊川》诗四卷,《外集》诗一卷,《别集》诗一卷,今编为八卷。",然后插入"杜牧"的图,如图 6.9 所示。

在"背景内容 2"幻灯片中输入文字"《阿房宫赋》作于唐敬宗宝历元年,即公元 825 年,杜牧的《阿房宫赋》就是在上述记载的基础上通过想象写成的。作者预感到唐王朝的危险局势,就借这篇赋,表面上写秦因修建阿房宫,挥霍无度,贪色奢侈,劳民伤财,终至亡国,实则是借秦之故事讽唐之今事,规劝唐朝的当政者,要以古为鉴,不能哀而不鉴,最终只能落得'后人复哀后人也'的结局"。然后插入"阿房宫"的图,如图 6.10 所示。

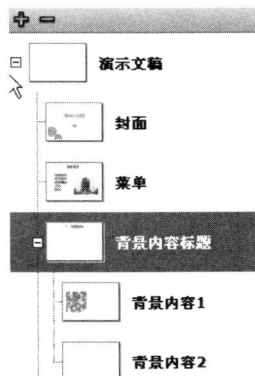

图 6.8　幻灯片的嵌套

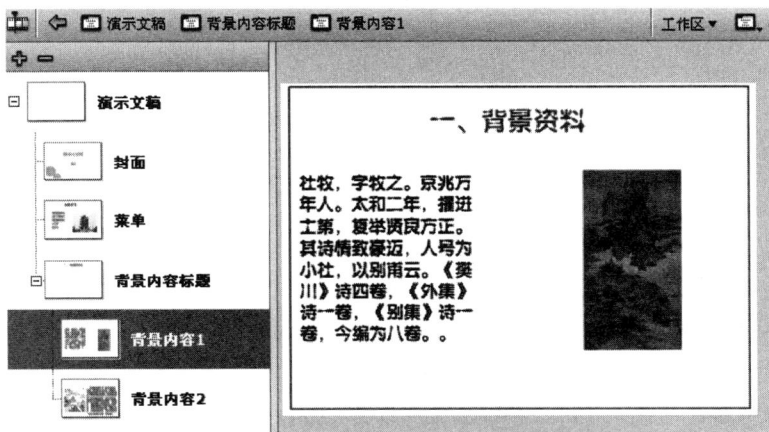

图 6.9　"背景资料"之作者简介

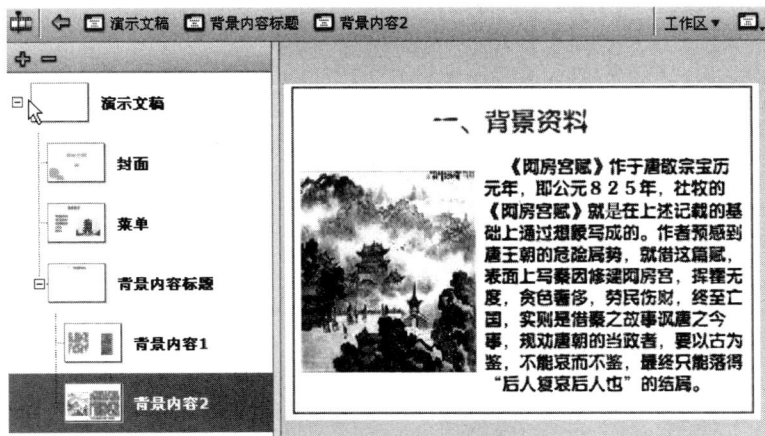

图 6.10　"背景资料"之文章写作背景

6. 制作内容中的"课文解析"

再插入一张幻灯片,输入标题为"课文解析",文字"第1段:铺叙阿房宫建筑宏伟、豪华。第2段:铺叙统治者生活的荒淫、奢靡。第3段:指出秦必亡之命运。第4段:讽谏唐王李湛勿蹈秦皇覆辙。",插入一张图片,然后在这张幻灯片中插入朗读这篇课文的声音文件。效果如图6.11所示。

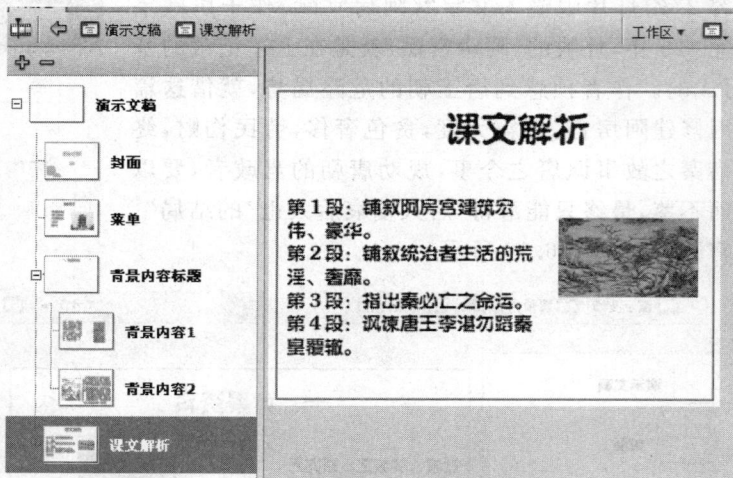

图6.11　插入声音

7. 制作内容中的"写作特点"

插入新幻灯片,输入标题"写作特点",文字为"第一部分作者用的是总写和细写相结合的写法。总写部分,作者泼墨写意,粗笔勾勒。'覆压三百余里',言其占地之广,'隔离天日',状其楼阁之高;'骊山'两句,写其依山傍水,气势非凡。细写部分,作者工笔重彩,精描细绘。"。然后为这段文字配一段影片。效果如图6.12所示。

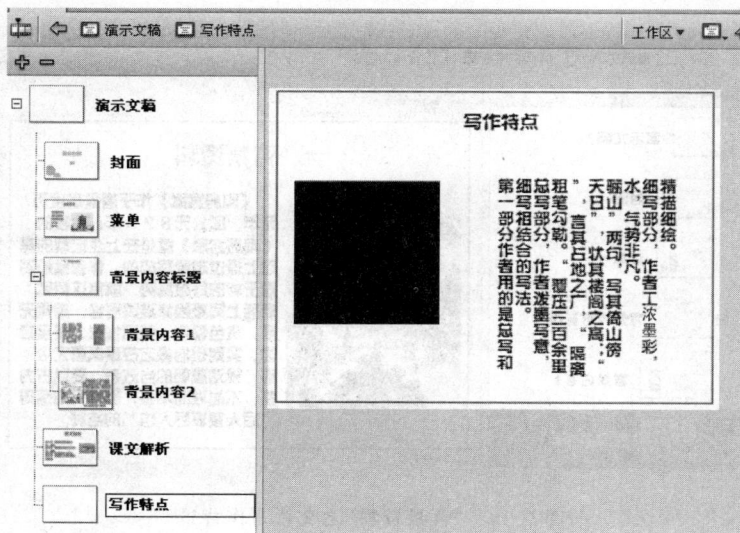

图6.12　插入影片

8．制作内容中的"总评"和"练习"

按照图 6.13 和图 6.14 的效果分别再制作两幅幻灯片。

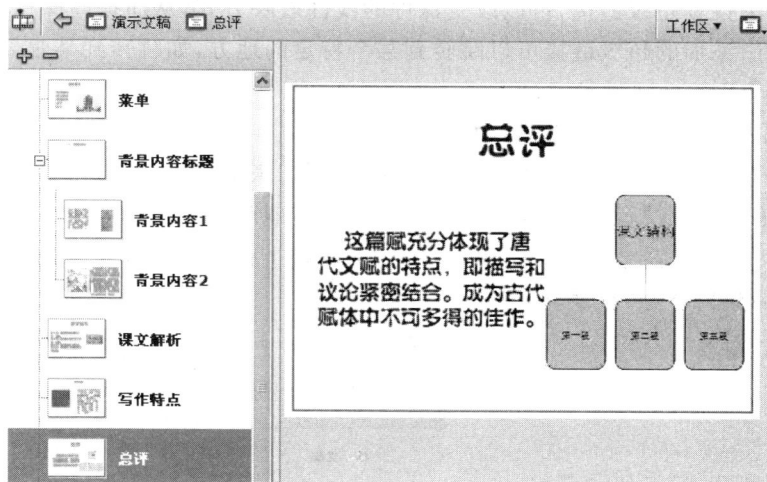

图 6.13　"总评"制作效果

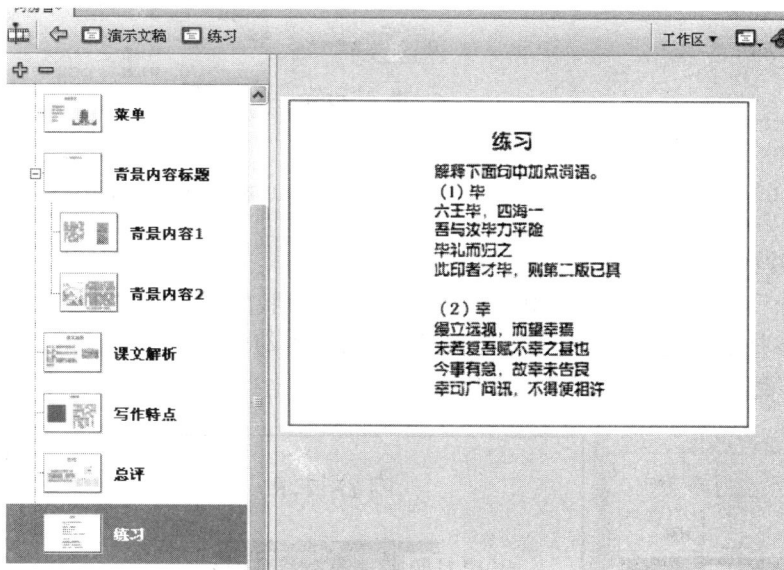

图 6.14　"练习"制作效果

9．对幻灯片的其他操作

可以对幻灯片进行添加、删除、复制或调整幻灯片次序的操作。幻灯片的移动、复制、删除操作一般在大纲视图或幻灯片浏览视图中进行，复制时选中要删除的幻灯片，然后按 Ctrl＋C 键，再在目标位置按 Ctrl＋V 键即可；移动时按住鼠标左键拖动幻灯片到目的位置后释放鼠标，即可完成幻灯片顺序的调整；删除时选中要删的幻灯片，然后按 Del 键，即可删除一张幻灯片。

10. 添加链接交互

放映幻灯片的时候有两种次序，一种是按照幻灯片的前后顺序一次放映，一种是通过对幻灯片中的对象设置超级链接，可以改变课件的线性放映方式，从而提高课件的交互性。用户在演示文稿中添加的超级链接可以跳转到某个特定的地方，如跳转到某张幻灯片、另一个演示文稿或某个 Internet 地址。

1）幻灯片顺序播放的设置

第一张幻灯片"封面"播放完后，应该顺序播放第二张幻灯片"菜单"，实现这种效果的方法是：选择菜单"窗口"|"行为"命令，打开"行为"面板，如图 6.15 所示。

然后单击选中幻灯片"封面"后，单击"行为"面板上的 ⊞ 按钮，在弹出菜单中选择"屏幕"|"转到下一张幻灯片"命令，如图 6.16 所示。

图 6.15 "行为"面板   图 6.16 设置顺序播放

2）幻灯片超级链接的设置

例如在如图 6.6 所示的菜单中，单击"总评"应该跳转到幻灯片"总评"，而幻灯片"总评"的跳转也应该是返回幻灯片"菜单"。设置方法是：单击幻灯片"菜单"里的"总评"，单击"行为"面板上的 ⊞ 按钮，在弹出菜单中选择"屏幕"|"转到幻灯片"命令，如图 6.17 所示。

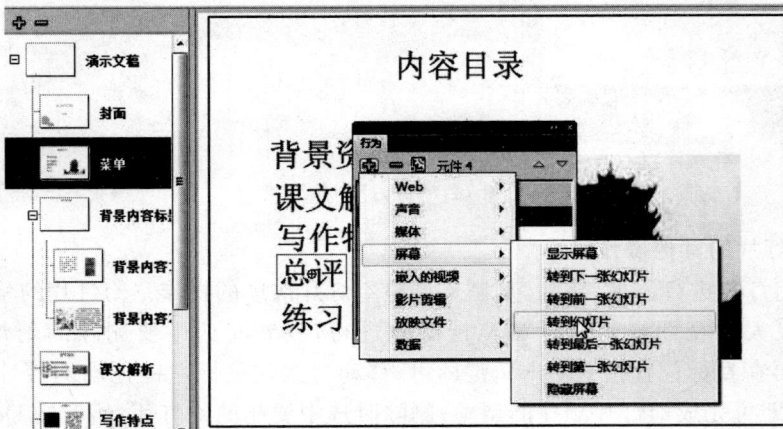

图 6.17 设置跳转播放

选择"转到幻灯片"命令后,弹出如图 6.18 所示的菜单,在选择"演示文稿"中要跳转到的幻灯片名,例如本例中选择"总评"。

同样的方法,选中幻灯片"总评",在"行为"面板中选择跳转回幻灯片"菜单"。

11. 添加幻灯片的转场效果

选中某张幻灯片(例如幻灯片"封面"),在"行为"面板中单击"转变"命令,如图 6.19 所示。

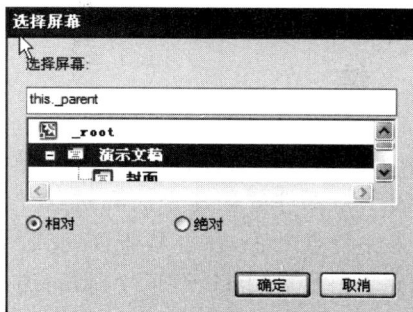

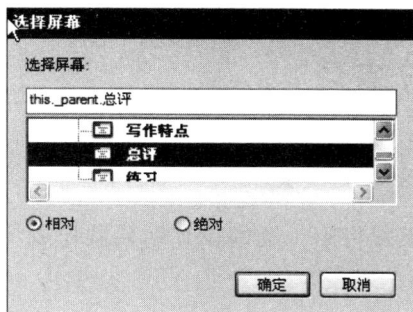

图 6.18　选择跳转的幻灯片　　　　　　图 6.19　设置转变效果

在打开的如图 6.20 所示的"转变"对话框中选择一种转场特效,并可以在对话框的右侧对该效果的参数进行修改。

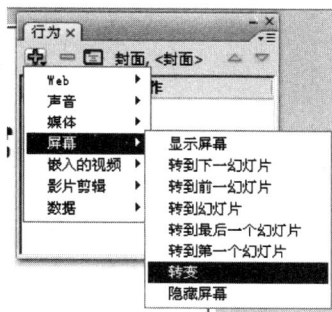

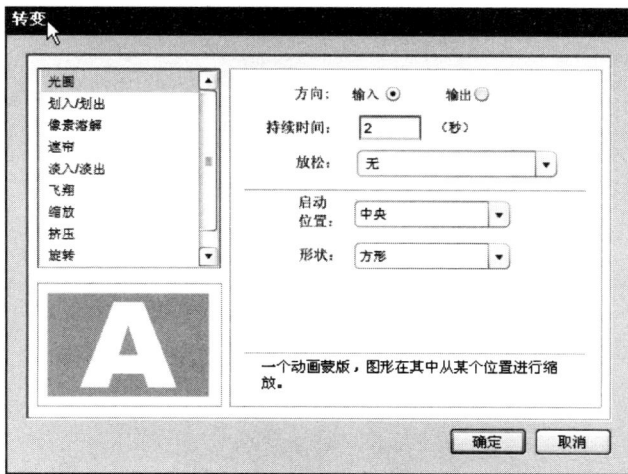

图 6.20　设置转变效果的参数

12. 测试和保存影片

执行"控制"|"测试影片"命令（或利用快捷键 Ctrl＋Enter）测试课件的演示效果，如果课件演示的效果正常，执行"文件"|"保存"命令将文件保存为"阿房宫赋"。

13. 发布影片

为了使制作的影片脱离编辑环境而能正常观看，利用"文件"|"导出影片"命令将创建 Flash SWF 文件，也可以将 Flash 内容插入浏览器窗口中的 HTML 文档中演示。

小　　结

课堂演示型多媒体课件是当前课堂教学中采用的最广泛的课件类型，本章以 Flash 幻灯片模板为开发平台，介绍了方便快捷的课堂演示型课件的创建方法和过程。为保证课件设计的合理性和开发的高效性，本章从演示型课件特点入手，在屏幕画面、交互方式和系统结构等方面，介绍了课堂演示型课件的设计思路，并结合 Flash 幻灯片模板，通过具体实例介绍了一个完整多媒体演示型课件的具体制作方法。

思考与练习

1. 选择一个你所熟悉的教学内容，制作一节课内容的演示型课件，并设计相应的脚本，要求给出主要的界面。

2. 利用 Flash CS4 中的幻灯片演示文稿模板将第 1 题的设计结果制作成演示型课件，并将课件打包。

第7章 训练复习型课件的设计与制作

▶▶▶

【本章学习导读】

【知识重点】

（1）了解训练复习型课件的含义及特点。

（2）掌握训练复习型课件的设计原理，理解视频素材采集及后期处理过程。

（3）学会运用 Flash CS6 和 ActionScript 3.0 编制训练复习型课件。

【学习任务】

（1）利用 UI 组件的 RadioButton 制作判断题课件。

（2）利用按钮元件制作单选题课件。

（3）利用 UI 组件的 CheckBox 制作多选题课件。

（4）利用输入文本制作填空题课件。

（5）利用 ActionScript 3.0 的 LineStyle() 和 LineTo() 函数制作连线题课件。

（6）利用 ActionScript 3.0 的 URLLoader 对象和相关函数制作题库型课件。

（7）利用 ActionScript 3.0 的 StartDrag() 和 StopDrag() 函数制作拼图游戏课件。

7.1 训练复习型课件概述

练习和测验是教学过程中的一个重要环节，在评价学生的学习成绩、激发学生的学习动力和竞争意识、提高学习效果等方面都起着重要作用，同时也为教师了解学生学习情况，改进教学、提高教学质量提供必要的反馈信息。因此，设计并制作出知识覆盖面广，功能合理全面的训练复习型课件是制作优秀课件的重要技能之一。

7.1.1 训练复习型课件的含义

训练复习型课件主要通过问题的形式呈现，通过程序运行，以不同的方式提出问题，并让学生在计算机上即时交互回答，反复操练，最终达到学生对知识的强化掌握，加深学生对知识的理解，促进学生对知识的迁移与运用。

为保证全面考核学生对知识的掌握程度，训练复习型课件的知识覆盖面要能涵盖章节内容的主要知识点,题目的难度也应根据不同的适用人群进行难易程度的适量分配。

根据训练复习的方式不同,训练复习型课件通常会以两种类型出现,一种就是通常的测验型课件,这一类课件主要以大量的知识问答题呈现,让学生通过选择、填空、判断、匹配等方式进行应答;第二种则以游戏的方式呈现,该类课件通常做成益智型的学习小游戏,让学生在愉快的学习情境中掌握某种知识和能力。其实无论是哪种方式的训练型课件,其设计的核心内容无非就三个,训练的问题以什么方式提出,学生以什么方式回答,计算机以什么方式进行反馈,因此,在设计过程中,合理设计这三个模块内容的呈现和运行方式,就能达到最终的教学训练效果。

7.1.2 训练复习型课件的设计策略

下面就从两种训练复习型课件入手,介绍训练复习型课件的设计原则。

1. 测验型课件的设计策略

1）提问时机的把握

在课件中,问题的提出通常分为两种情况,一是某个知识内容学习后,为强化该知识的掌握,出现的形成性练习,该类练习主要功能是及时强化所学知识,加强学生对当前知识点的记忆和理解能力。为保证知识的及时强化,学生回答问题后,该类练习题在设计时应注意单题反馈功能设置,也就是说,学生在每回答完一个问题后,马上根据学生的回答情况给予相应的及时反馈。为刺激学生的记忆,给予学生一定的学习激励,该类题目反馈设计上应适当增加次数限制或时间限制功能;另一种情况是所谓的总结性测验,该类练习题主要针对整章或整门课程教学内容,对学生进行一个综合测试,为增强学生学习竞争意识,提高学生的学习动机,该类练习题在设计时也应适当考虑时间限制、总分统计的交互功能,回答反馈不一定在单题回答后给出,可在所有题目完成后进行一个总分统计,并进行学习总结,指出学生整门课程知识掌握的优势和弱势,从而引导学生有针对性地进行二次学习。

2）问题类型的设置

提出问题的形式应多样化,充分发挥多媒体计算机处理、判断和表现信息的功能,多样的提醒可降低学生的学习惰性,提高学生的学习兴趣。通常,测验型的问题题型主要有选择题、填空题、判断题、匹配题等。

3）问题难易程度的控制和内容的编排

根据前苏联心理学家维果茨基的"最近发展区"理论,问题的难度要适中才能起到良好的训练和学习效果,问题太过简单,不能引起学生思考,也不容易抓住学生的学习兴趣和积极性,如果问题太难超过学生的心理认识发展水平,又会挫伤学生的学习积极性,导致学生放弃学习。因此,为兼顾较多的使用人群,课件的题目量应足够大,题目应根据不同知识水平的学生人群划分难度等级,题目的编排顺序应根据一定层次的学生对象,从简单到复杂进行排列,题目考核的内容应根据知识点的难度进行适度分割,保证学生学习的小步骤,提高学习激励机制的作用。

4）应答方式的设计

当学生对某问题作出响应后,计算机应及时针对学生的回答正误给予应答,在提供正确解答之前,计算机应限制学生的回答次数或学习时间,从而提高学生回答问题的关注性,对于只有两个答案选项的题目,只应给一次回答机会。计算机给予的回答反馈,内容应注意生动性和针对性,对于错误响应的反馈,要适度考虑学习引导原则,可适当给出回答提示,引导学生进行二次回答,如在学生无法正确回答的情况下,还应设定跳转按钮,引导学生回到相关知识内容进行二次学习。

2. 训练游戏型课件设计的策略

游戏型课件是属于以游戏为活动形式开展教学活动的多媒体教学软件,是游戏性与教学性有机结合的学习材料,和一般的电脑游戏软件不同。这类课件具有与其他类型 CAI 的不同特性,设计此类课件时注意既要考虑教学性,又要发挥游戏的特征优势,着重在"趣味性"与"交互性"上下工夫,也就是说,如何设趣、激趣、诱趣、扩趣,怎样控制(设定条件、选择难度进度)与进入角色参与游戏。它的结构既要符合课件设计的要求,又要体现游戏的设计特色。主要注意以下几个方面:

1) 选择题材合理

选题合理主要包括:教学内容适用性、教学活动适用性、媒体呈现适用性、游戏表现适用性、学习群体适用性。所选择的教学活动题材必须适合多媒体呈现,使用游戏型课件的确能够激发学生学习兴趣,优化教学效果,所设计的课件适合教学活动特定的学习群体。

2) 教学设计与游戏设计相结合

游戏型课件既是课件,又是游戏,游戏是为实现教学目标而展开的。课件设计离不开教学设计原理,在进行课件教学设计时也要充分考虑课件的游戏特色,结合游戏设计原理进行。熟悉游戏设计原理才能开阔思路,更好地确定教学目标、策略和内容。

3) 游戏设计合理

游戏设计要明确教学目标,根据教学内容、教学活动、学生学习特点,进行游戏选型,做好游戏规则、情境、角色的设计,合理选择媒体,充分反映游戏的趣味性和竞争性。游戏要以内在的趣味性诱发学生的内在动机,游戏规则、情境、角色的创设至关重要。一个好的游戏课件具有促进认知活动的进行,对激发学习者的情感有着促进作用。

4) 体现课件特色

游戏型课件特色主要应该体现在两个方面:一是"寓教于乐",体现课件游戏的趣味性和挑战性;二是体现以"学"为主的学习模式,通过游戏的交互设置和角色扮演,以学生为学习主体开展自主探讨学习或协作化学习。

当然,游戏型课件设计时要注意以下不利因素:

(1) 竞争性设置不当。竞争性是游戏型课件激发学生学习参与兴趣的主要因素。竞争设置不当,将造成参与者兴趣不大或产生畏难情绪,降低游戏课件的吸引力。

(2) 分散教学目标。过度追求游戏的刺激性、渲染游戏的华丽,学生可能会沉浸在游戏的视觉兴奋与刺激中,而迷失原本的教学目标。

(3) 导航及操作设计不当。导航不明确,在游戏的华丽与刺激中"迷航",操作设计不当,学生可能会在等待、移动记号等琐碎动作上花费较多时间,这些都会使学生降低学习参与兴趣。

7.2　测验型课件的制作

　　练习和测验是教学过程中用于检验学生对知识掌握情况的有效方法,在课件中,它们则是帮助学习者对知识进行复习和巩固,并以此来验证自己学习效果的有效工具。利用Flash 的 ActionScript 语言,结合 Flash 简单使用的动画编辑功能,可编制出图文并茂,且具有良好交互功能的练习测验型课件。

　　练习测验型课件一般由判断题、选择题、填空题、连线题、拖曳题等题型组成,利用Flash 的用户界面组件(UI 组件)结合相关实例对象 ActionScript 的简单编程操作,教师可以轻而易举地实现以上题型的制作。

7.2.1　判断题的制作

1. 制作要点

　　该类课件主要应用了 Flash UI 组件中的 RadioButton 单选按钮组件制作题目选项的界面,然后再通过编写 ActionScript 实现题目正确与错误的判断过程。

　　课件运行时,用户通过单击单选按钮答题,当回答正确时,屏幕出现提示"答对了,真棒!"的鼓励语句,当答错时,屏幕将出现"真遗憾,错了!"字样,提示选择的错误,图 7.1 为程序运行结果。

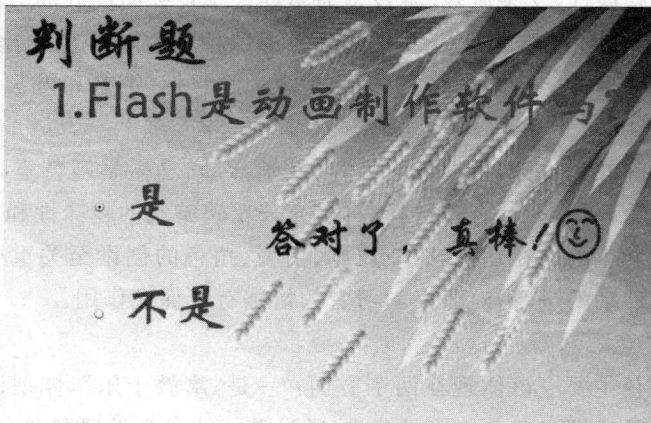

图 7.1　判断题运行结果画面

2. 制作步骤

（1）创建新文档。

① 启动 Flash CS6,出现"新建文档"界面,或在已开启的 Flash CS6 界面中单击"文件"|"新建"菜单命令,弹出"新建文档"对话框。

② 在界面和对话框中选择"Flash 文件(ActionScript 3.0)"选项,创建一个遵循ActionScript 3.0 语法规则的 Flash 文档。创建界面请参见图 7.2。

③ 选择菜单栏上"修改"|"文档"命令,进入文档"属性"面板,设置文档大小为 1024×768,并设置帧频为 15fps。

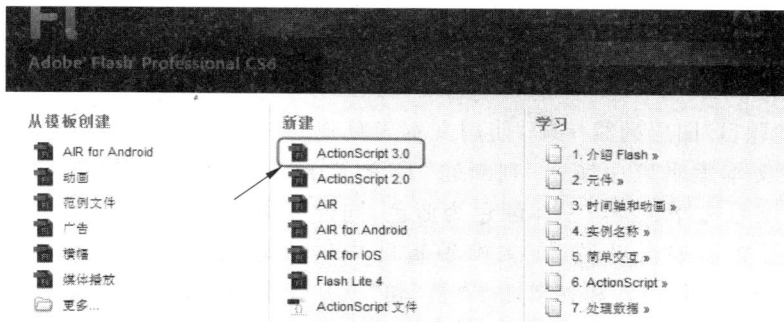

图 7.2　创建文件

【提示】　ActionScript 3.0 是 Flash 整合到 Adobe 公司后推出的功能强大、面向对象的编程语言,其代码执行速度比早期 ActionScript 2.0 和 ActionScript 1.0 要快 10 倍,且向下兼容,但单个 SWF 文件无法将 ActionScript 1.0 或 2.0 代码和 ActionScript 3.0 代码组合在一起使用。ActionScript 3.0 代码可以加载以 ActionScript 1.0 或 2.0 编写的 SWF 文件,但它无法访问该 SWF 文件的变量和函数,因此,如果是熟悉 ActionScript 1.0 或 2.0 的用户,可以考虑仍然采用 ActionScript 2.0 格式新建文件,但可能会影响到课件日后使用的兼容性,如果是 ActionScript 语言的新手,建议直接使用新版本,采用 ActionScript 3.0 格式创建文件。

（2）制作软件背景画面。

① 选择程序下方的“时间轴”选项卡,在出现的“时间轴”面板左下侧的图层控制区域,双击“图层 1”字样,将“图层 1”名称修改成“背景”。

② 执行“文件”|“导入”|“导入到库”菜单功能,将一个背景图片导入到该文件库中以备用。

③ 选中“时间轴”面板中的“背景”图层,将库中的背景图像拖放到当前图层的编辑界面中,建立如图 7.3 所示的课件背景。

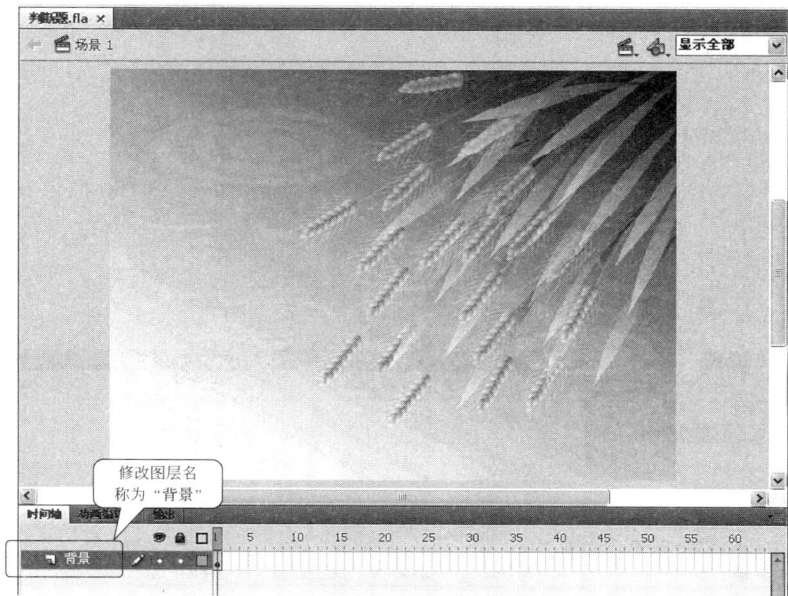

图 7.3　建立课件背景

第7章　训练复习型课件的设计与制作

（3）制作题目内容画面。

① 单击"时间轴"面板中的"插入图层"按钮，分别新建两个图层，并命名为"题目"和"脚本"。

② 选择"题目"图层的第一帧，使用文本工具建立一个文本编辑区域，在文本编辑区中输入"判断题"几个字样，字体选择"华文行楷"，字号选择 96 号，字体颜色为蓝色，同样使用文本工具建立相应的文本编辑区域，在文本编辑区中输入题目"1. Flash 是动画制作软件吗?"和答案选项"是"和"不是"，字体选择"华文新魏"，字号选择 78 号，字体颜色为红色。

③ 选择"窗口"菜单中的"组件"选项，打开"组件"窗口，双击 User Interface 组件类，找到 RadioButton 选项，如图 7.4 所示，并分别拖放两个 RadioButton 到舞台上，对应"是"和"不是"文字位置，并将其对齐，最终效果如图 7.5 所示。

④ 选中其中一个 RadioButton 组件，并选择舞台右边的"属性"面板，选择"组件参数"选项卡，并将文本"是"对应的 RadioButton 组件参数值的 groupName 属性设置为"PanDuan"，删除 lable 参数的值，将 value 参数设置为"rightA"。同样，对"不是"的 RadioButton 组件做相同设置，唯一不同的是 value 参数设置为"wrongA"，具体操作如图 7.6 和图 7.7 所示。

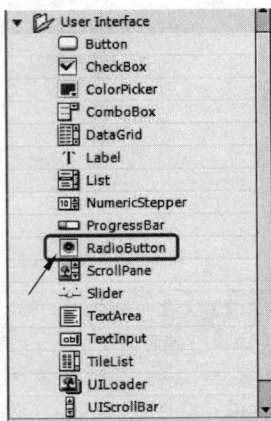

图 7.4 RadioButton 组件

图 7.5 创建题目内容

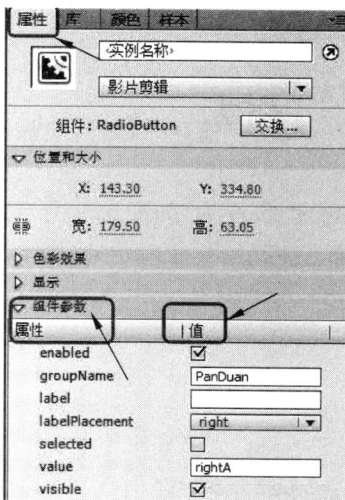

图 7.6 RadioButton 组件"属性"面板

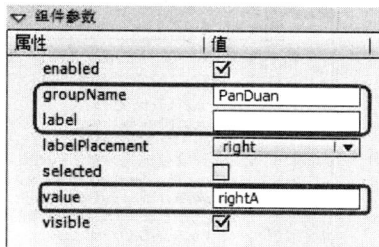

图 7.7 设置 RadioButton 属性

（4）制作评判"正确"与"错误"的影片剪辑。

① 新建一个新元件，将元件名称改为"Right"，类型改成"影片剪辑"，单击"确定"按钮，此时将出现 Right 影片剪辑的编辑界面；

② 选择 Right 影片剪辑"图层 1"的第 1 帧，并在编辑界面中，利用文本工具，在中央输入"答对了，真棒！"字样，字体设置成蓝色，并结合绘图工具在字旁边绘制出笑脸图样，如图 7.8 所示。

图 7.8 创建评价反馈影片剪辑

③ 参照上面的步骤，创建名称为"Wrong"的用于判断错误情况的影片剪辑，在编辑界面中输入"真遗憾，错了！"，并绘制哭脸。

④ 返回场景，分别将刚才制作的 Right 和 Wrong 影片剪辑拖放到舞台题目选项的右侧，两个影片剪辑最好完全重叠放置。

⑤ 选中舞台中的 Right 影片剪辑，打开"属性"面板，单击"实例名称"文本框并在里面输入"Dui"字样，同样方法，将 Wrong 影片剪辑的"实例名称"改成"Cuo"。

（5）利用 ActionScript 脚本语言设置问题选项单击动作行为。

① 选择"脚本"图层的第 1 帧，并单击菜单"窗口"中的"动作"选项，或者直接按 F9 快捷键，打开"动作—帧"面板。

② 在"动作—帧"面板中输入如下脚本代码，实现单击动作行为，如图 7.9 所示。

图 7.9　输入脚本事件语句

```
stop ();
Dui.visible = false;
Cuo.visible = false;
//问题选项未被选择时隐藏 Right 和 Wrong 影片剪辑
import Flash.events.Event
import fl.events.ComponentEvent
import fl.controls.RadioButtonGroup
//此三行程序导入该程序所用的事件类别
var PanDuanGRP: RadioButtonGroup = RadioButtonGroup.getGroup("PanDuan")
PanDuanGRP.addEventListener(MouseEvent.CLICK,clickHandler);
//此两行程序为 RadioButton 组件加入侦听事件
function clickHandler(event: MouseEvent): void{
  if (event.target.selection.value == "rightA"){
    Dui.visible = true;
    Cuo.visible = false;
  }
  else{
    Dui.visible = false;
    Cuo.visible = true;
}
//判断选项单击结果，单击正确显示 Right 影片剪辑，单击错误显示 Wrong 影片剪辑
  }
```

(6) 测试运行结果并保存文件。

① 按下 Ctrl+Enter 键测试影片动画。

② 执行"文件"|"保存"菜单命令保存作品。

7.2.2 单选题的制作

1. 制作要点

单选题的制作方法有很多,如上面判断题的制作中所述,利用 RadioButton 组件,也可以制作出单选题样式,而灵活应用按钮元件,同样可以制作出界面美观、运行灵活的单选题课件,本案例就是将单选题选项做成按钮元件,结合 ActionScript 的条件判断脚本语言,实现单选题的制作过程。

该课件运行时当用户单击了正确的单选选项后,屏幕出现提示"哈哈,好厉害哦!"的鼓励语句,当选错时,屏幕将出现"可惜错了,继续努力哦!"字样,提示发生错误选择,图 7.10 是运行结果界面。

图 7.10 单选题课件运行结果

2. 制作步骤

(1) 创建新文档。

① 执行"文件"|"新建"菜单命令,弹出"新建文档"对话框。

② 在对话框中单击"Flash 文档"选项,新建一个 ActionScript 3.0 的 Flash 文档。

③ 选择菜单栏上"修改"|"文档"命令,进入文档"属性"面板,设置文档大小为 1024×

768，并设置帧频为 15fps。

（2）制作软件背景画面。

依照上个例子的做法，将一个位图导入到库中，并将该位图拖放到时间轴"背景"图层的编辑界面中，制作该题所需的背景画面。

（3）制作题目静态内容画面。

① 同样单击"时间轴"面板中的"插入图层"按钮，分别新建两个图层，并命名为"题目"和"脚本"。

② 单击"背景"图层，单击"锁定/解除锁定所有图层"设置小锁，将该图层锁死，避免在以后的操作中移动该图层的内容。

③ 选择"题目"图层的第 1 帧，使用文本工具建立一个文本编辑区域，在文本编辑区中输入"单选题"几个字样。

④ 继续使用文本工具建立相应的文本编辑区域，在文本编辑区中输入题目"2.下面哪个软件属于动画制作软件？"。

（4）制作选择题选项按钮。

① 选择菜单"插入"中的"新建元件"选项，在弹出的"创建新元件"窗口中，将元件名称改为"xxA"，类型改为"按钮"，然后单击"确定"按钮进入该元件的编辑窗口。

② 在该元件编辑窗口的时间轴上，单击"弹起"帧，然后在该帧编辑窗口中输入文字"A. Flash"，字体为"华文新魏"，字号为 60，颜色为红色。

③ 在"指针经过"帧单击右键，在弹出的菜单中选择"插入关键帧"选项，将刚才输入的文字在此帧进行复制，然后将该帧的文字颜色的 Alpha 值调整为 50％，字体更改为 65。

④ 同样在"按下"帧单击鼠标右键，选择弹出菜单中的"插入关键帧"命令，并把该帧的文字颜色还原为完全不透明的红色，字号还原为 60 号。

⑤ 在"点击"帧单击鼠标右键，在弹出的菜单中选择"插入空白关键帧"选项，应用矩形工具在此空白关键帧绘制一个矩形，矩形要求能正好覆盖刚才输入的文字区域。此步骤的目的是保证整个文字区域处于能被鼠标单击激活状态，该按钮最终完成的效果如图 7.11 所示。

图 7.11 选项按钮的制作

⑥ 采用该方法分别制作选项 B、C、D 三个选项的按钮，选项文字内容分别为"B. Dreamweaver"、"C. CoolEdit"、"D. Photoshop"，4 个按钮元件的名称分别为"xxB"、"xxC"、"xxD"并将 4 个选项按钮拖放到场景舞台中，在"属性"面板中给舞台中的 4 个按钮分别命名 4 个实例名称，分别为"A"、"B"、"C"、"D"，最终效果显示如图 7.12 所示。

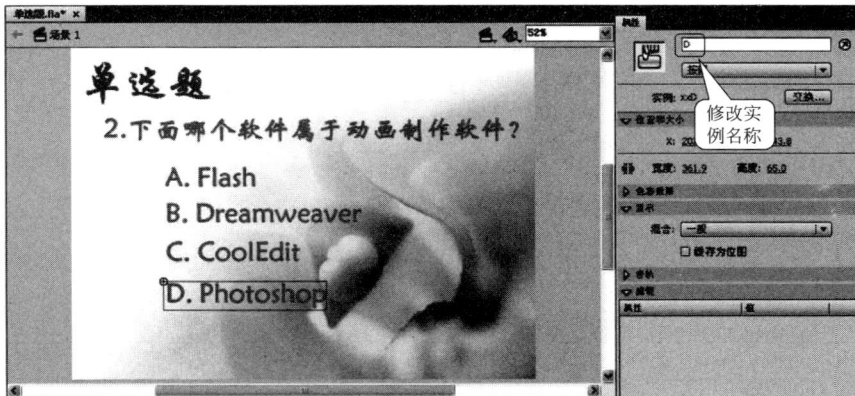

图 7.12　题目效果显示

（5）制作问题回答后的反馈显示。

① 使用文本工具，在场景舞台的下方拖放出一个文本框，在该文本框的"属性"面板中，选择"文本类型"，将文本改成"动态文本"模式，将该文本的实例名称命名为"FanKui"，并将该文本框的字体设置为"华文新魏"，字号为 60，颜色为蓝色，效果如图 7.13 所示。

图 7.13　反馈动态文本框的添加

② 为保证动态文本框文字的正常显示，需设置文字的字体嵌入方式。单击"属性"面板"字符"选项卡里"样式"的"嵌入"按钮，激活"字体嵌入"对话框，将该对话框右侧"字符范围"选项里的"全部"选项勾选，然后单击"确定"按钮就完成了字体的嵌入过程。具体操作如图 7.14 和图 7.15 所示。

第7章　训练复习型课件的设计与制作

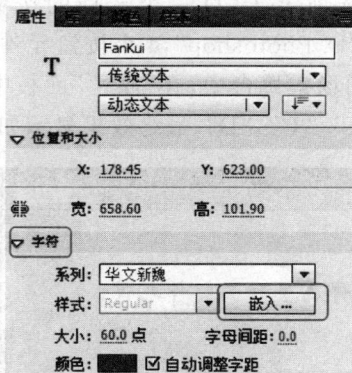

图 7.14　字体的嵌入设置 1

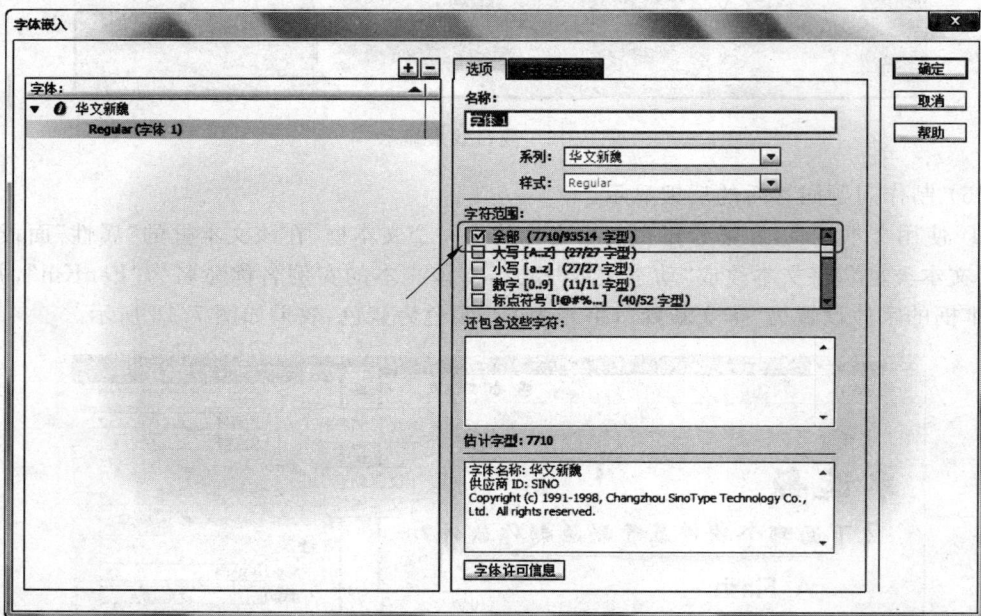

图 7.15　字体的嵌入设置 2

③ 选择"脚本"图层的第 1 帧，打开"动作—帧"面板，在"动作—帧"面板中输入如下脚本代码：

```
Stop();
//程序初始化并停留到当前帧
A. addEventListener(MouseEvent.CLICK,clickA);
function clickA(event: MouseEvent): void {
  FanKui.text = "你太棒了!";
}
//给选项 A 加入鼠标单击侦听动作,并设定反馈动态文本框进行正确反馈的显示
B. addEventListener(MouseEvent.CLICK,clickB);
function clickB(event: MouseEvent): void {
  FanKui.text = "可惜错了,继续努力哦!";
```

```
  }
//给选项 B 加入鼠标单击侦听动作,并设定反馈动态文本框进行正确反馈的显示
C. addEventListener(MouseEvent.CLICK,clickC);
function clickC(event: MouseEvent): void {
  FanKui.text = "可惜错了,继续努力哦!";
}
//给选项 C 加入鼠标单击侦听动作,并设定反馈动态文本框进行正确反馈的显示
D. addEventListener(MouseEvent.CLICK,clickD);
function clickD(event: MouseEvent): void {
  FanKui.text = "可惜错了,继续努力哦!";
}
//给选项 D 加入鼠标单击侦听动作,并设定反馈动态文本框进行正确反馈的显示
```

【提示】 ActionScript 3.0 之前的版本,on( )事件处理函数,可以直接放在 Button 实例上,但在 ActionScript 3.0 中,此方法已不再使用,必须采用 addEventListener 对按钮添加侦听动作才能实现按钮的单击判断行为,在以后的几个例子中,凡牵涉到按钮的动作都采用了侦听的方法。

(6)测试运行结果并保存文件。

① 按 Ctrl＋Enter 键测试影片动画。

② 执行"文件"|"保存"菜单命令保存作品。

7.2.3 多选题的制作

1. 制作要点

复选框是可实现多项勾选,并在网络中广泛应用的重要控件之一,Flash 的 CheckBox 组件也正是一个具有复选框功能的控件程序,利用复选框的多选功能,再结合 ActionScript 的条件判断脚本语言判断复选框选择的真假状态,就可以制作出多选题运行效果。

本教材的多选题课件,将 CheckBox 组件作为多选题选项的选择开关,程序运行时,当用户对正确答案相应的复选框全部选中后,屏幕将出现提示"哈哈,好厉害哦!"的鼓励语句,当未选全或选错时,屏幕将出现"真可惜,错了!"字样,提示发生错误选择,图 7.16 是运行结果界面。

2. 制作步骤

(1) 创建新文档。

依照前两个例子的方法,首先创建 ActionScript 3.0 的 Flash 文档,并设置文档大小为 1024×768,帧频为 15fps。

(2) 制作软件背景画面。

依照上个例子的做法,将一个位图导入到库中,并将该位图拖放到时间轴"背景"图层的编辑界面中,制作该题例所需的背景画面。

(3) 制作题目内容画面。

① 同样单击"时间轴"面板中的"插入图层"按钮,分别新建两个图层,并命名为"题目"和"脚本"。

② 单击"背景"图层,单击"锁定/解除锁定所有图层"设置小锁,将该图层锁死,避免在以后的操作中移动该图层的内容。

③ 选择"题目"图层的第 1 帧,使用文本工具建立一个文本编辑区域,在文本编辑区中输入"多选题"几个字样。

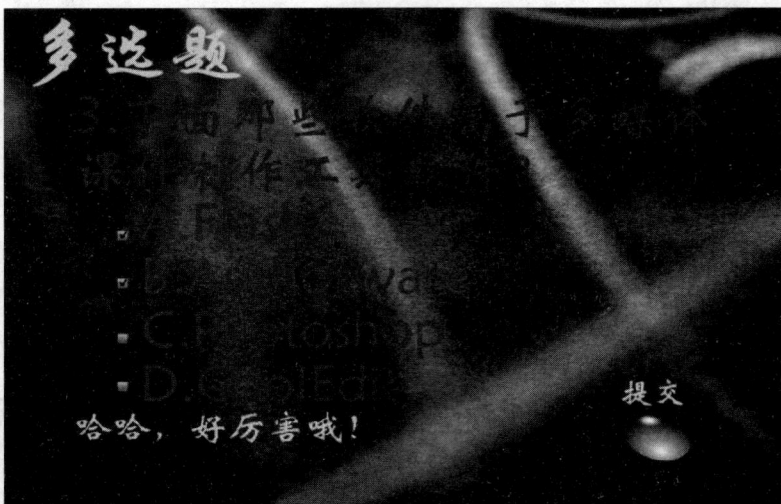

图 7.16　多选题课件运行结果

　　④ 使用文本工具建立相应的文本编辑区域，在文本编辑区中输入题目"3.下面哪些软件属于多媒体课件制作工具软件?"和 4 个选项内容"A. Flash"、"B. Authorware"、"C. Photoshop"和"D. CoolEdit"。

　　⑤ 打开"组件"面板，双击 User Interface 打开其文件夹，找到 CheckBox 选项，如图 7.17 所示，并分别拖放 4 个 CheckBox 按钮到舞台，分别对应 4 个选项文字位置，将其对齐，并分别设置 4 个组件的实例名称为"dxA"、"dxB"、"dxC"、"dxD"。

　　⑥ 选中题目选项 A 对应的 CheckBox 组件，并选择右边的"属性"面板，选择"属性"面板里的"组件参数"选项卡，将该组件的 label 参数删除为空白，以免影响画面显示，采用同样方法删除另外三个 CheckBox 组件的 label 值，具体操作如图 7.18 所示。

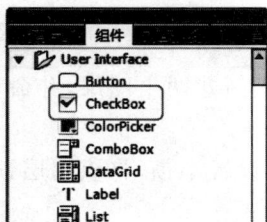

图 7.17　CheckBox 组件

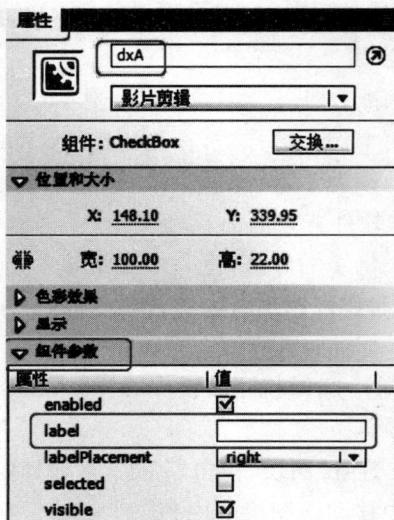

图 7.18　CheckBox 组件参数设置

（4）制作问题提交和回答反馈的文字显示。

① 选择"题目"图层的第一帧，执行"窗口"|"其他面板"|"公共库"|"按钮"菜单命令，打开"库—按钮"面板，找到一个可搭配界面的按钮，将其拖放到舞台合适位置，并在按钮上方输入"提交"字样，该按钮主要实现回答提交的作用。

② 选择该按钮，并将该按钮"属性"面板中的"实例名称"改为"TiJiao"。

③ 使用文本工具，在舞台的下方拖出一个文本框，在该文本框的"属性"面板中，将文本改成"动态文本"模式，将该文本的实例名称命名为"FanKui"。同样，为保证动态文本框文字的正常显示，需设置文字的字体嵌入方式。单击"属性"面板"字符"选项卡里"样式"的"嵌入"按钮，激活"字体嵌入"对话框，将该对话框右侧"字符范围"选项里的"全部"选项勾选，然后单击"确定"按钮完成字体的嵌入。整个题目最终完成的界面如图 7.19 所示。

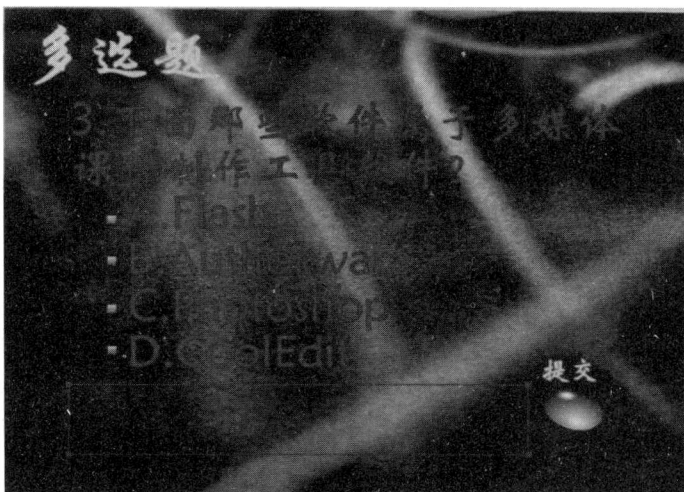

图 7.19　题目界面效果

（5）利用 ActionScript 脚本语言设置选择和单击动作行为。

① 选择"脚本判断"图层的第 1 帧，打开"动作—帧"面板。

② 在"动作—帧"面板中输入如下脚本代码，实现单击动作判断行为。

```
stop();    //程序初始化并停留到当前帧
//判断选项单击结果,所有答案勾选了,动态文本显示"哈哈,好厉害哦!",进行了错误选择,动态文本
//显示"真可惜,错了!"的字样
TiJiao.addEventListener(MouseEvent.CLICK,clickTJ);
function clickTJ(event: MouseEvent): void {
if((dxA.selected == true)&&(dxB.selected == true)&&(dxC.selected == false)&&(dxD.selected =
= false))
{
  FanKui.text = "哈哈,好厉害哦!"
}
else
{
  FanKui.text = "真可惜,错了!"
}
}
```

（6）测试运行结果并保存文件。

① 按 Ctrl＋Enter 键测试影片动画。

② 执行"文件"|"保存"菜单命令保存作品。

7.2.4 填空题的制作

1. 制作要点

填空题主要实现文本输入交互的运行效果，通过键盘的文本输入，计算机必须实现相应的显示和反馈效果，而 Flash 文本的"输入文本"属性即可提供这种功能。

本课件将制作一个带有两个填空栏的填空题，在该课件中将设置三个按钮，一个按钮为"提交"按钮，一个为"清空"按钮，另一个为"答案"按钮。"提交"按钮将告诉程序答案输入是否完成并进行答案检测，"清空"按钮允许用户重新清空填空栏进行重填，"答案"按钮将在填空栏中显示正确答案内容。课件在设计时首先利用 Flash 的"输入文本"实现程序运行时的填空输入动作，然后再利用"对"、"未完成"和"错"三个影片剪辑元件实现反馈提示功能。课件运行界面如图 7.20 所示。

图 7.20 填空题课件运行结果

2. 制作步骤

（1）创建新文档。

创建一个 ActionScript 3.0 的 Flash 文档，并设置文档大小为 1024×768 和帧频为 15fps。

（2）制作软件背景画面。

导入一幅位图，并将其放在命名为"背景"的图层编辑画面中，作为该题的背景画面。

（3）制作题目内容画面。

① 在"时间轴"面板中再新建两个图层，并命名为"题目"和"脚本"。

② 锁定"背景"图层，避免在以后的操作中移动该图层的内容。

③ 选择"题目"图层的第 1 帧，使用文本工具建立一个文本编辑区域，在文本编辑区中输入"填空题"几个字样。

④ 再使用文本工具在舞台编辑窗口中输入"4. Flash 是制作＿＿＿＿＿＿的软件，

Photoshop 是制作_____的软件。"在两个填空栏处拖放两个文本框,并把文本框的文本类型选择为"输入文本",文本颜色设为红色,文本字号大小设置与题目文字字号大小一致,分别设置两个输入文本框的段落格式属性为居中,两个输入文本框实例名称分别为"TK1"和"TK2",并设置两个输入文本框的文字的嵌入方式。整个题目的界面效果如图 7.21 所示,输入文本框的设置如图 7.22 所示。

图 7.21　填空题题目内容的设置

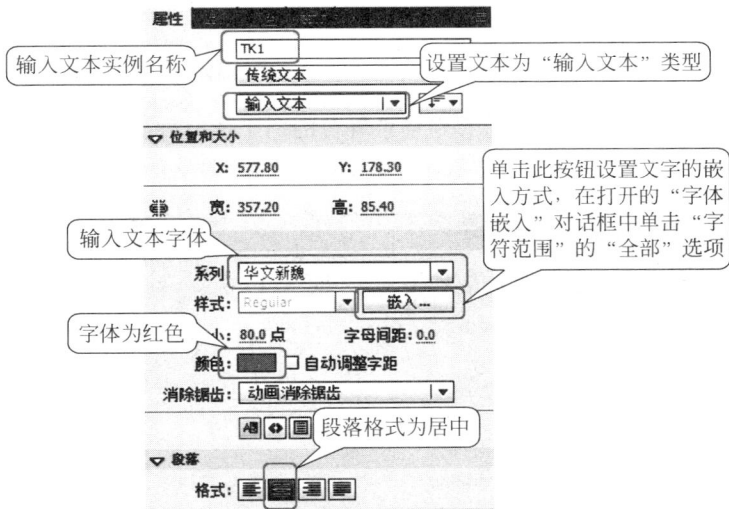

图 7.22　输入文本框的属性设置

(4) 制作"提交"按钮、"清空"按钮、"答案"按钮和回答反馈的影片剪辑

① 选择"题目"图层的第 1 帧,执行"窗口"|"其他面板"|"公共库"|"按钮"菜单命令,打开"库—按钮"面板,并找到和画面效果搭配的三个按钮,本文实例采用的是 classic button 下的 ovals 按钮,将三个按钮分别拖放到题目下方的合适位置,在按钮下方分别输入"提交"、"清空"、"答案"等静态文本字样,并为三个按钮设置实例名称为"TiJiao"、"QingKong"、"DaAn"。

第7章　训练复习型课件的设计与制作

② 选择"插入"菜单中的"新建元件"选项，新建一个名为"PanDuan"的影片剪辑元件。

③ 在 PanDuan 影片剪辑的时间轴面板的第 2~4 帧中分别插入三个空白关键帧，选择第 1 帧，打开"动作—帧"面板，在面板里输入"stop()"行为动作，将影片剪辑在运行时停在该帧，选择第 2 帧，在该帧用铅笔工具绘制一个"×"的图形，颜色为红色，选择第 3 帧，同样用铅笔工具绘制一个"√"的图形，选择第 4 帧，在该帧输入静态文字"还有一栏没填对哦，继续努力！"，影片剪辑制作后的洋葱皮多帧显示效果如图 7.23 所示。

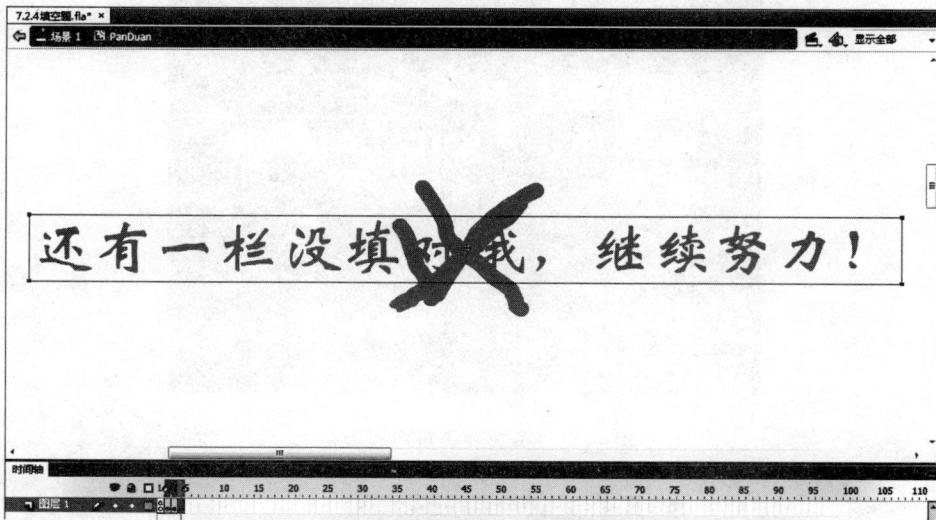

图 7.23　判断影片剪辑的制作

④ 分别将 PanDuan 影片剪辑拖放到场景舞台的两个填空栏处和按钮的下方，产生三个实例对象，并分别将三个实例名称设为"PD1"、"PD2"、"PD3"，最终的设置效果将如图 7.24 所示。

图 7.24　按钮和反馈影片剪辑的设置

（5）利用 ActionScript 脚本语言设置按钮行为和反馈的显示。

① 选择"脚本"图层的第 1 帧，打开"动作—帧"面板。

② 在该面板中输入如下脚本代码，实现各个按钮的单击动作行为。

```
//"提交"按钮程序代码
TiJiao.addEventListener(MouseEvent.CLICK,clickTJ);
function clickTJ(event: MouseEvent): void {
if ((TK1.text == "动画")&&(TK2.text == "图像")) {
    PD1.gotoAndStop(3);
    PD2.gotoAndStop(3);
    PD3.gotoAndStop(1);
    //以下的代码为填写答案正确时，将显示反馈影片剪辑的正确帧画面
}
else if ((TK1.text == "动画")&&(TK2.text == "")||(TK2.text == "图像")&&(TK1.text == "")) {
    PD1.gotoAndStop(1);
    PD2.gotoAndStop(1);
    PD3.gotoAndStop(4);
    //以上的代码为填写答案不完整时，将提示用户继续完成题目
}
else if ((TK1.text == "动画")&&(TK2.text!== "图像")){
    PD1.gotoAndStop(3);
    PD2.gotoAndStop(2);
    PD3.gotoAndStop(4);
}
else if ((TK2.text == "图像")&&(TK1.text!== "动画")){
    PD1.gotoAndStop(2);
    PD2.gotoAndStop(3);
    PD3.gotoAndStop(4);
}
//以上的代码为填写答案部分正确时，将提示用户继续完成题目
else {
    PD1.gotoAndStop(2);
    PD2.gotoAndStop(2);
    PD3.gotoAndStop(1);
}
//以上的代码为填写答案不正确时，将显示反馈影片剪辑的错误帧画面
};
//"清空"按钮代码
QingKong.addEventListener(MouseEvent.CLICK,clickQK);
function clickQK(event: MouseEvent): void {
//反馈影片剪辑返回第 1 帧空白画面
PD1.gotoAndStop(1);
PD2.gotoAndStop(1);
PD3.gotoAndStop(1);
//填空栏内容清空
TK1.text = "";
TK2.text = "";
}
//"答案"按钮代码
DaAn.addEventListener(MouseEvent.CLICK,clickDA);
```

195

```
function clickDA(event: MouseEvent): void {
PD1.gotoAndStop(1);
PD2.gotoAndStop(1);
PD3.gotoAndStop(1);
TK1.text = "动画";
TK2.text = "图像";
}
```

（6）测试运行结果并保存文件。

① 按 Ctrl＋Enter 键测试影片动画。

② 执行"文件"|"保存"菜单命令保存作品。

7.2.5 连线匹配题的制作

1. 制作要点

连线匹配题在中学测验中也是常见的题型，利用 Flash 提供的 createEmptyMovieClip 命令，结合 lineStyle() 和 lineTo() 函数，可绘制并创建连线，实现单击按钮创建连线的运行效果。

本课件是常见的匹配连线题，程序在运行过程中要求用户将相应的程序和对应的功能进行连线匹配，如果连线正确则进行正确反馈，否则提示出错，程序运行界面如图 7.25 所示。

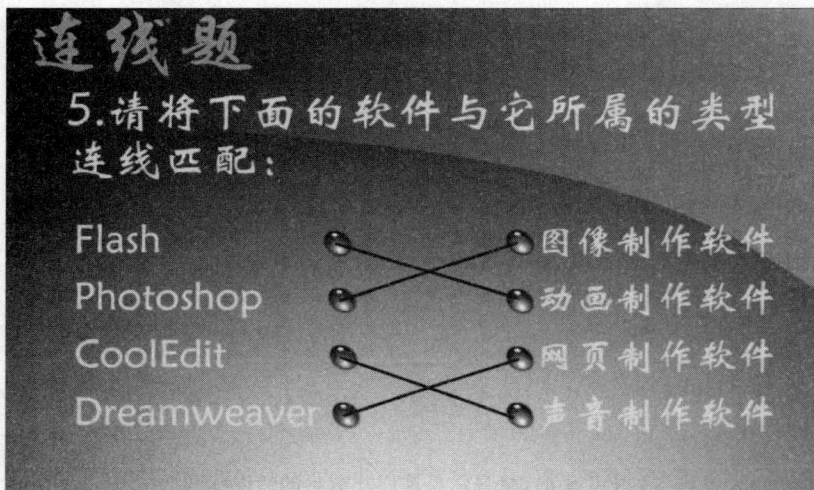

图 7.25 连线题课件运行结果

2. 制作步骤

（1）创建新文档。

创建一个 ActionScript 3.0 的 Flash 文档，并设置文档大小为 1024 × 768，帧频为 15fps。

（2）制作软件背景画面。

导入一幅位图，并将其放在命名为"背景"的图层舞台画面中，作为该题的背景。

（3）制作题目显示画面。

① 在"时间轴"面板中分别新建名为"题目"、"判断"、"脚本"的三个图层。

② 锁定"背景"图层，避免在以后的操作中移动该图层的内容。

③ 选择"题目"图层的第1帧，使用文本工具建立一个文本编辑区域，在文本编辑区中输入"连线题"几个字样和进行连线匹配的内容文字，设置后的题目文字界面如图7.26所示。

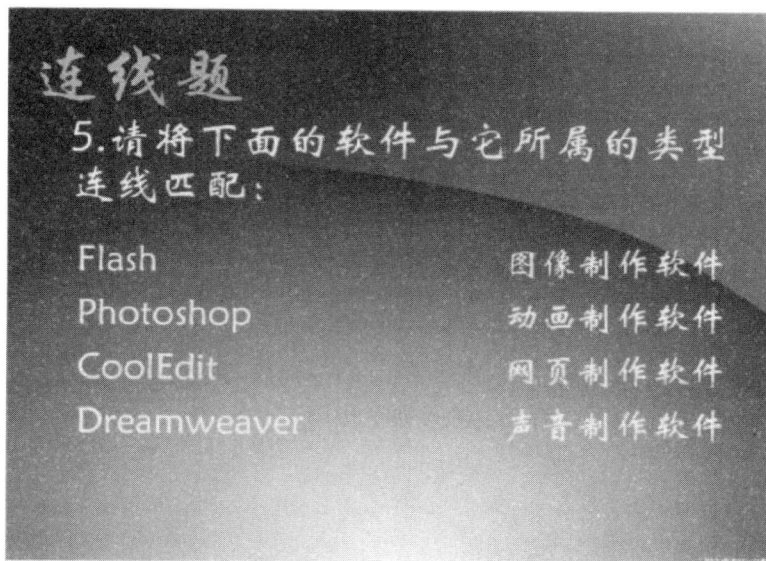

图7.26　连线题题目文字内容

④ 选择"题目"图层的第1帧，执行"窗口"|"其他面板"|"公共库"|"按钮"菜单命令，打开"库—按钮"面板，找到和画面效果搭配的按钮，本实例采用的是 classic button 下的 ovals 按钮，在题目左边文字的右边放置4个按钮，将4个按钮的实例名称改为"a1"、"a2"、"a3"和"a4"，同时在右边匹配文字的左边放置4个按钮，也将这4个按钮的实例名称设置为"b1"、"b2"、"b3"和"b4"，效果如图7.27所示。

图7.27　题目界面按钮的设置

第7章　训练复习型课件的设计与制作

⑤ 执行"文件"|"导入"|"导入到库"菜单命令，在弹出的"导入到库"对话框中将事先准备好的代表正确连线和错误连线的反馈声音导入到库文件中，并分别在库中将两个声音改名为"正确"和"错误"。

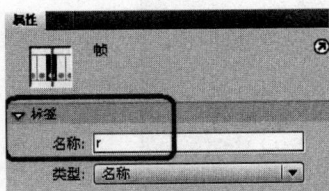

图 7.28　修改"判断"图层帧标签

⑥ 在"判断"图层的第 2 帧和第 6 帧插入空白关键帧，选中第 2 帧，将库中名为"正确"的声音放置在场景舞台，再选中第 6 帧，将名为"错误"的声音放置在场景舞台中。

⑦ 选择"判断"图层的第 2 帧，在"属性"面板的帧标签名称处将该帧标签名修改为"r"，效果如图 7.28 所示，依同样方法，将该层第 6 帧的标签名修改为"w"。

（4）利用 ActionScript 脚本语言设置连线动作和对错反馈。

① 在"脚本"图层的第 1 帧、第 5 帧和第 10 帧分别插入空白关键帧。

② 在第 1 帧的"动作—帧"面板中输入如下代码：

```
stop();
var Result: String;
var LXX: Number;
var LXY: Number;
var LianX1: Shape  = new Shape();
var LianX2: Shape = new Shape();
var LianX3: Shape = new Shape();
var LianX4: Shape = new Shape();
//创建划线动作需要的图形对象
a1.addEventListener(MouseEvent.CLICK,clickLX1);
function clickLX1(event: MouseEvent): void {

  a2.enabled = false
  a3.enabled = false
  a4.enabled = false
  Result = "动画";
  //将该连线的正确答案赋予 result 这个变量,用于后面的正确反馈判断
  LXX = a1.x;
  LXY = a1.y;
  //将 a1 按钮的横纵坐标值赋给 LXX 和 LXY 两个变量
}

a2.addEventListener(MouseEvent.CLICK,clickLX2);
function clickLX2(event: MouseEvent): void {

  a1.enabled = false
  a3.enabled = false
  a4.enabled = false
  Result = "图像";
  //将该连线的正确答案赋予 result 这个变量,用于后面的正确反馈判断
  LXX = a2.x;
  LXY = a2.y;
  //将 a2 按钮的横纵坐标值赋给 LXX 和 LXY 两个变量
```

```
        }
a3.addEventListener(MouseEvent.CLICK,clickLX3);
function clickLX3(event: MouseEvent): void {
    a1.enabled = false
    a2.enabled = false
    a4.enabled = false
    Result = "声音";
    //将该连线的正确答案赋予 result 这个变量,用于后面的正确反馈判断
    LXX = a3.x;
    LXY = a3.y;
    //将 a3 按钮的横纵坐标值赋给 LXX 和 LXY 两个变量
}
a4.addEventListener(MouseEvent.CLICK,clickLX4);
function clickLX4(event: MouseEvent): void {

    a2.enabled = false
    a3.enabled = false
    a1.enabled = false
    Result = "网页";
    //将该连线的正确答案赋予 result 这个变量,用于后面的正确反馈判断
    LXX = a4.x;
    LXY = a4.y;
    //将 a4 按钮的横纵坐标值赋 LXX 和 LXY 两个变量
}
b1.addEventListener(MouseEvent.CLICK,clickB1);
function clickB1(event: MouseEvent): void {
    a1.enabled = true
    a3.enabled = true
    a4.enabled = true
    this.addChild(LianX1);
    //在动画中添加划线对象
    LianX1.graphics.lineStyle(3,0x000000,1.0);
    //设置所划线的线形格式
    LianX1.graphics.moveTo(LXX,LXY);
    //将划线的起点定位到 a1 按钮上
    LianX1.graphics.lineTo(mouseX,mouseY);
    //将划线的起点定位到鼠标所到的位置上
    if (Result == "图像") {
        //判断是否为正确的连线行为
        gotoAndPlay("r");          //正确连线就调用名为"正确"的声音
        Result = "";               //清空 result 变量值
    } else {
        gotoAndPlay("w");          //错误连线调用"错误"声音
        LianX1.graphics.clear();
        //错误情况下不进行划线操作
    }
}
b2.addEventListener(MouseEvent.CLICK,clickB2);
function clickB2(event: MouseEvent): void {
    a2.enabled = true
    a3.enabled = true
```

第7章 训练复习型课件的设计与制作 ◀◀

```
    a4. enabled = true
    this. addChild(LianX2);
    LianX2. graphics. lineStyle(3,0x000000,1.0);
    LianX2. graphics. moveTo(LXX,LXY);
    LianX2. graphics. lineTo(mouseX,mouseY);
    if (Result == "动画") {
      //判断是否为正确的连线行为
      gotoAndPlay("r");              //正确连线就调用名为"正确"的声音
      Result = "";                  //清空 result 变量值
    } else {
      gotoAndPlay("w");             //错误连线调用"错误"声音
      LianX2. graphics. clear();
    }
  }
b3. addEventListener(MouseEvent. CLICK,clickB3);
function clickB3(event: MouseEvent): void {
  a2. enabled = true
  a3. enabled = true
  a1. enabled = true
  this. addChild(LianX3);
  LianX3. graphics. lineStyle(3,0x000000,1.0);
  LianX3. graphics. moveTo(LXX,LXY);
  LianX3. graphics. lineTo(mouseX,mouseY);
  if (Result == "网页") {
    //判断是否为正确的连线行为
    gotoAndPlay("r");              //正确连线就调用名为"正确"的声音
    Result = "";                  //清空 result 变量值
  } else {
    gotoAndPlay("w");             //错误连线调用"错误"声音
    LianX3. graphics. clear();
  }
}
b4. addEventListener(MouseEvent. CLICK,clickB4);
function clickB4(event: MouseEvent): void {
  a1. enabled = true
  a2. enabled = true
  a4. enabled = true
  this. addChild(LianX4);
  LianX4. graphics. lineStyle(3,0x000000,1.0);
  LianX4. graphics. moveTo(LXX,LXY);
  LianX4. graphics. lineTo(mouseX,mouseY);
  if (Result == "声音") {
    //判断是否为正确的连线行为
    gotoAndPlay("r");              //正确连线就调用名为"正确"的声音
    Result = "";                  //清空 result 变量值
  } else {
    gotoAndPlay("w");             //错误连线调用"错误"声音
    LianX4. graphics. clear();
  }
}
```

③ 在第 5 帧和第 10 帧的"动作—帧"面板中输入如下代码：

```
Stop()
//让动画停止在声音结尾
```

（5）测试运行结果并保存文件。

① 按 Ctrl＋Enter 键测试影片动画。

② 执行"文件"|"保存"菜单命令保存作品。

7.2.6　题库型测验题的制作

在多媒体教学软件中，用于检测学生学习情况的练习模式通常有两种，一种是针对某知识点进行的形成性练习，此类练习以单题模式出现，目的是对该知识点实现及时强化与反馈，加深学生对知识的记忆和理解；另一种为通常在教学中所说的测验模式，该类练习采用题库的方式出现，当学生在规定时间内完成规定分量的题目练习后，通过给出一个总的学习成绩反馈结果，以了解学生对某一阶段学习的掌握情况。以上课件案例，主要介绍的是单题模式课件的制作，而如何制作题库型的测验模式课件将是下面要介绍的重点。

1．制作要点

题库型课件采用了题目文件与程序文件分离的方式，运用 ActionScript 3.0 语言的 URLLoader 对象及 load()函数，调用外部设置的文本文件，使其在 Flash 场景中的动态文本中进行动态显示。此类课件与单题课件在反馈上有所不同，由于检测的是学生某一段时间的学习情况，该课件不会在每一题完成后马上给出正确或错误的反馈信息，而是在学生完成规定数量的测试题后再最终给出学生一个考核总成绩，以实现对学生阶段学习情况的反馈总结作用。

由于采用外部文件加载的方式实现题目的显示，因此，对于题目内容的更改不需要在 Flash 中进行，这大大提高了课件制作效率，也为教师根据教学需要及时更换题目内容提供了便利。

课件从页面显示看主要有三个模块，一个为课件的封面，主要用于显示题库的主标题内容；第二模块为练习题显示模块，该页面将通过动态文本框动态显示题目内容；最后一个模块为成绩统计模块，通过该模块，程序将采用动态文本将学生做练习的总分数情况进行动态显示。程序运行的三个模块界面显示效果如图 7.29 所示。

与前面的例子相比，该课件相对复杂，图层的安排也相对烦琐，为提高程序的可阅读性和可调试性，本课件对图层进行了统筹安排，图层的组织效果如图 7.30 所示。

2．制作步骤

（1）创建新文档。

创建一个 ActionScript 3.0 的 Flash 文档，并设置文档大小为 1024×768，帧频为 15fps。

（2）制作软件背景画面。

导入一幅位图，并将其放在命名为"背景"的图层舞台画面中，作为该题的背景。

（3）制作题库测验题课件的封面显示。

① 在"时间轴"面板"背景"图层上方新建一个名为"封面"的图层。

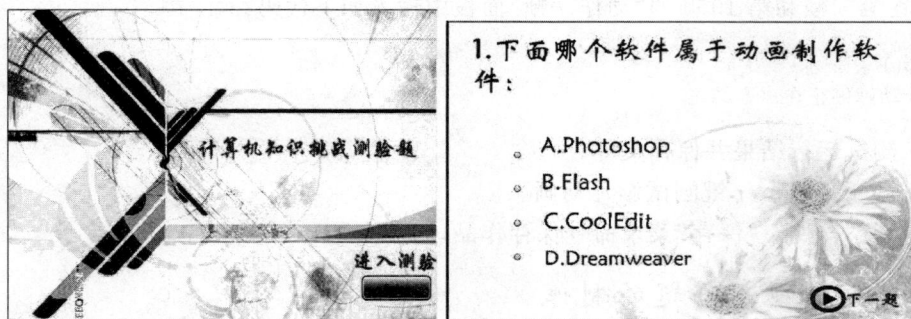

图 7.29　题库型课件运行效果

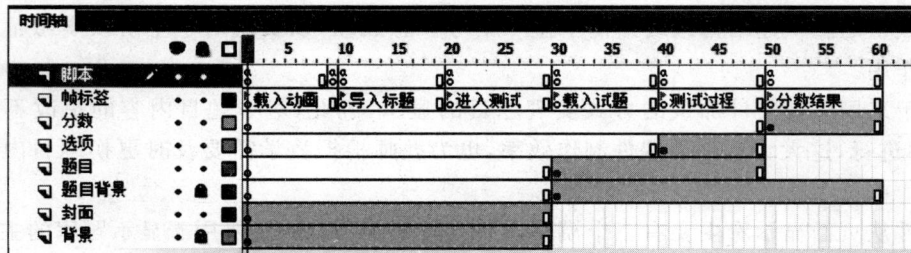

图 7.30　题库型课件图层的组织

② 锁定"背景"图层，避免在以后的操作中移动该图层的内容。

③ 选择"封面"图层的第 1 帧，使用文本工具，将文本类型界定为"动态文本"，然后在场景舞台中央位置拖放一个动态文本区域，并设定该文本区域的实例名称为"title"，文字字体为"华文行楷"，字体颜色红色，字号 80，并单击"属性"面板的"字符"选项里的"嵌入"按钮，在打开的"字体嵌入"对话框中，将"字符选项"里的"全部"选项勾选，单击"确定"按钮设置字体嵌入，以保证该动态文本框内的文本能正常显示。该文本区域可根据教师教学的需要，通过更改外部文本文件，动态显示标题内容，关于该内容的具体设置，将会在后面 ActionScript 语言的编写部分描述。

④ 仍然处在"封面"图层的第 1 帧，选择菜单"窗口"｜"公用库"｜"按钮"命令，选择 buttons rounded 里的 rounded red 按钮放置在舞台场景右下方，并用变形工具将按钮大小做适当调整，并将该按钮的实例名称命名为"JinRu"。

⑤ 使用文本工具将文本类型界定为"静态文本",在 JinRu 按钮的上方输入"进入测验"字样,字体为华文新魏,字号 50,字体颜色为红色,封面设置后的效果如图 7.31 所示。

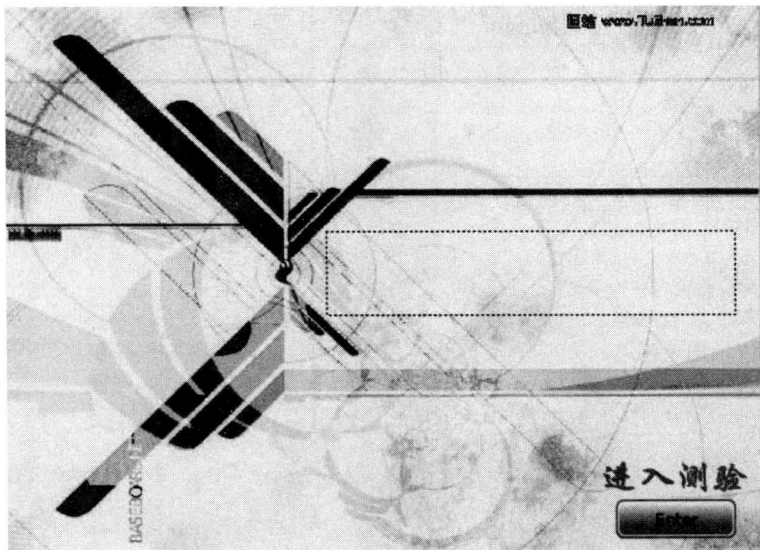

图 7.31 题库型测验题封面

⑥ 在"背景"图层和"封面"图层的第 29 帧插入普通帧,以保证两个图层的图像能延续到封面结束的位置。

(4) 制作题库测验题课件的题目和选项内容显示。

① 在"时间轴"面板"封面"图层上方新建一个名为"题目背景"的图层,从外部导入一个背景图像放入库中,在该图层的第 30 帧处插入空白关键帧,将导入的背景图放置在该帧的场景舞台上,并在该图层第 60 帧处插入普通帧,将此背景图像延续到测验结束位置。

② 锁定"题目背景"图层,避免在以后的操作中移动该图层的内容。

③ 在"时间轴"面板"题目背景"图层上方新建一个名为"题目"的图层,同样在第 30 帧处插入空白关键帧,选择文本工具,将文本类型界定为"动态文本",然后在场景舞台靠上部合适位置拖放一个动态文本区域,并在"属性"面板处设定该文本区域的实例名称为"TiMu",文字字体为"华文行楷",字体颜色蓝色,字号 60,段落格式为"左对齐",同样单击"嵌入"按钮设置其字体嵌入方式,其设置效果如图 7.32 所示,该区域主要用于动态显示各练习题的题目文字内容。

④ 选择菜单"窗口"|"公用库"|"按钮"命令,选择 circle button 中的 next 按钮,放置在该图层第 30 帧处场景舞台底部右侧位置,为该按钮设置实例名称为"JiXu",并在按钮右侧输入静态文本字样"下一题"。

⑤ 在"时间轴"面板"题目"图层上方新建一个名为"选项"的图层,在该图层 40 帧处插入空白关键帧。选择菜单"窗口"|"组件",选择第 40 帧,将"组件"面板里的 RadioButton 组件拖放到舞台题目文字的下方,为该组件实例命名为"XuanZe1"。选择该组件"属性"面板里的"组件参数"选项卡,对该组件做相应参数设置,设置的具体内容如图 7.33 所示。

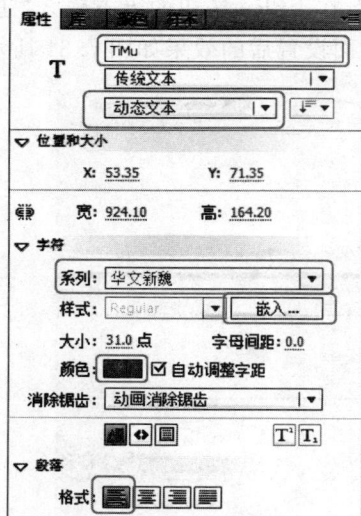

图 7.32　题目动态文本框的设置　　　　图 7.33　单选按钮的设置

　⑥ 再拖放三个 RadioButton 组件,依次放置在第一个 RadioButton 组件下方,将 4 个单选按钮组件同时选中,利用菜单"修改"|"对齐"的"左对齐"和"按高度均匀分布"选项,将 4 个对象进行对齐排版,同样设置三个单选按钮的"组件检查器"面板,面板内容除了 value 值分别为"B"、"C"、"D",其他设置均为相同,并分别为另外三个单选按钮设置实例名称为"XuanZe2"、"XuanZe3"、"XuanZe4".

　⑦ 分别在 4 个单选按钮组件右边拖放 4 个动态文本框,各文本框实例名称为"Xuan1"、"Xuan2"、"Xuan3"、"Xuan4",文字字体均为"华文行楷",字体颜色为蓝色,字号 50,段落格式为"左对齐";并单击"属性"面板的"字符"选项里的"嵌入"按钮,在打开的"字体嵌入"对话框中,将"字符选项"里的"全部"选项勾选,单击"确定"按钮完成字体嵌入.

　⑧ 在"题目"和"选项"图层第 49 帧处插入普通帧,让图像显示能延续到测验结束。至此,题目的界面编辑完成,具体效果如图 7.34 所示。

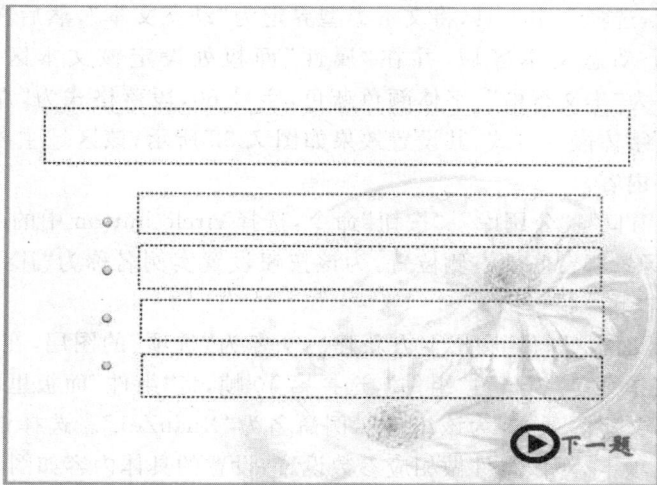

图 7.34　题库型测验题目内容界面

（5）制作题库测验题课件的分数显示界面。

① 在"时间轴"面板"选项"图层上方新建一个名为"分数"的图层，在第50帧处插入空白关键帧。

② 选择文本工具，将文本类型界定为"动态文本"，然后在场景舞台中合适位置拖放三个动态文本区域，并在"属性"面板处设定文本区域的实例名称为"Dui"、"Cuo"和"FenShu"，分别单击三个动态文本"属性"面板的"字符"选项里的"嵌入"按钮，在打开的"字体嵌入"对话框中，将"字符选项"里的"全部"选项勾选，单击"确定"按钮设置字体嵌入，以保证动态文本框内的文本能正常显示。然后在三个动态文本框上方输入静态文字"分数"，字体为"华文行楷"，字体颜色蓝色，字号90，在三个动态文本框左侧相应位置输入静态文字"正确题目数："、"错误题目数："和"得分："，字体均为"华文行楷"，字体颜色蓝色，字号60，段落格式为"左对齐"，其设置效果如图7.35所示，该区域主要用于动态显示学生测验后的分数结果。

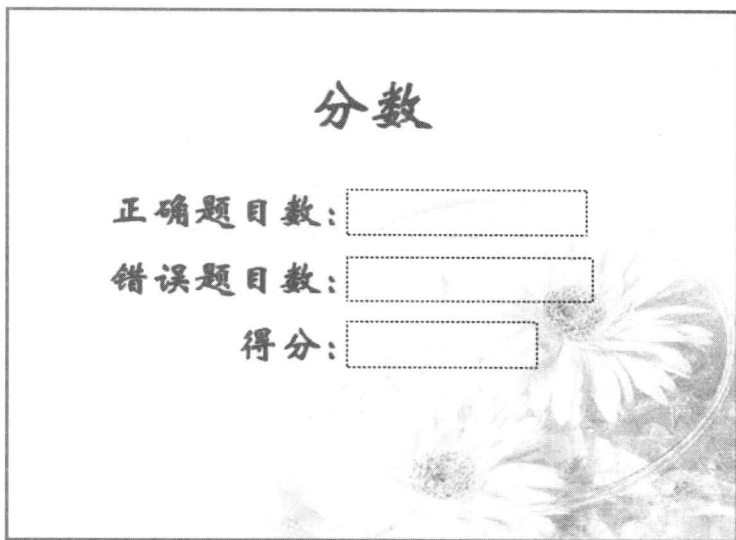

图7.35　分数界面效果

③ 在"分数"图层第60帧处插入普通帧，让图像显示能延续到测验结束。

（6）为影片添加ActionScript代码。

① 在"分数"图层上方新建两个图层，分别命名为"帧标签"和"脚本"。

② 选择"帧标签"图层的第1帧，在其"属性"面板的"标签"栏设定"名称"为"载入动画"，设定的效果如图7.36所示。依同样方法，分别在该图层的第10、20、30、40、50帧插入空白关键帧，并将这几个关键帧的标签名称命名为"导入标题"、"进入测试"、"载入试题"、"测试过程"和"分数结果"，建立该层的目的主要是为后来的ActionScritp的编写提供归类管理和调试便利。

③ 打开Windows记事本软件，分别生成名为

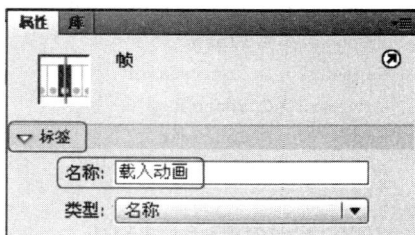

图7.36　帧标签的设置

"BiaoTi. txt"、"WenTi1. txt"、"WenTi2. txt"、"WenTi3. txt"、"WenTi4. txt"5 个文本文件，
5 个文件以 Unicode 编码格式进行存盘，效果如图 7.37 所示。5 个文本文件的文本内容
如下。

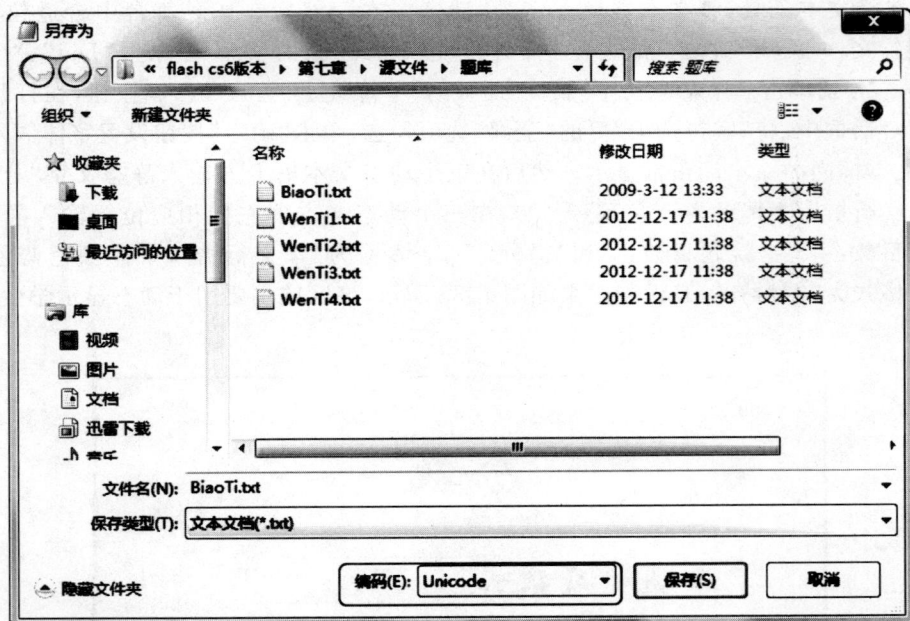

图 7.37　外部文本文件的存储

BiaoTi. txt 的文本内容：

BT = 计算机知识挑战测验题 &totalQuestions = 4&isLoaded = 1

WenTi1. txt 的文本内容：

question = 1.下面哪个软件属于动画制作软件：
&answer1 = A. Photoshop
&answer2 = B. Flash
&answer3 = C. CoolEdit
&answer4 = D. Dreamweaver
&correctAnswer = B&isQLoaded = 1

WenTi2. txt 的文本内容：

question = 2.用于处理和编辑图像素材的软件是：
&answer1 = A. Flash
&answer2 = B. Dreamweaver
&answer3 = C. Photoshop
&answer4 = D. CoolEdit
&correctAnswer = C&isQLoaded = 1

WenTi3. txt 的文本内容：

question = 3.获取和处理课件音频素材的软件是：

```
&answer1 = A.Flash
&answer2 = B.CoolEdit
&answer3 = C.Photoshop
&answer4 = D.Dreamweaver
&correctAnswer = B&isQLoaded = 1
```

WenTi4.txt 的文本内容：

```
question = 4.下面哪个软件可以用于制作网络型多媒体课件是：
&answer1 = A.Premeire
&answer2 = B.CoolEdit
&answer3 = C.Photoshop
&answer4 = D.Dreamweaver
&correctAnswer = D&isQLoaded = 1
```

④ 在"脚本"图层的第 1 帧插入空白关键帧,在该帧的"动作—帧"面板中输入如下代码:

```
if (framesLoaded > = totalFrames)
{
    gotoAndPlay("导入标题");
}
//判断动画的所有帧是否已载入内存,如果是就调到"导入标题"帧
```

⑤ 在"脚本"图层的第 9 帧插入空白关键帧,在其"动作—帧"面板中输入如下程序代码:

```
gotoAndPlay("载入动画");
//在动画未完全载入前跳回第 1 帧继续进行载入动作
```

⑥ 选择"脚本"图层的第 10 帧,插入空白关键帧,在其"动作—帧"面板中输入如下程序代码:

```
var rightNum: Number;
var wrongNum: Number;
var questionNum: Number;
var isLoaded: Number;
var totalQuestions: Number
rightNum = 0;
wrongNum = 0;
questionNum = 0;
//对动画需要的变量进行初始化
isLoaded = 0;
//用 isLoaded 变量记录问题是否载入完成
var loader: URLLoader = new URLLoader();
loader.addEventListener( Event.COMPLETE,handleComplete );
// 定义数据加载成功与否的事件监听器
loader.dataFormat = URLLoaderDataFormat.VARIABLES;
// 配置 loader,以加载 URL 编码变量
loader.load( new URLRequest( "BiaoTi.txt" ) );
//载入存有测验标题名称的 BiaoTi.txt 文件
function handleComplete( event: Event ): void {
```

```
    fmTitle.text = loader.data.BT;
}
//将加载后的标题文字赋值给 fmTitle 动态文本框
if(isLoaded == 1){
    gotoAndPlay("进入测试");
}else{
    gotoAndPlay("导入标题");
}
//判断数据加载成功与否,加载成功则进入"进入测验"帧,否则继续在"导入标题"帧加载文本文件
//内容
```

⑦ 同样在"脚本"图层的第 20 帧插入空白关键帧,在其"动作—帧"面板中输入如下程序代码：

```
stop();
JinRu.addEventListener(MouseEvent.CLICK,clickJR);
function clickJR(event: MouseEvent): void {
    gotoAndPlay("载入试题");
}
//单击 Enter 按钮进入"载入试题"帧
```

⑧ 在"脚本"图层的第 30 帧插入空白关键帧,在其"动作—帧"面板中输入如下程序代码：

```
var isQLoaded: Number
var totalQ: Number
isQLoaded = 0
totalQ = loader.data.totalQuestions
questionNum += 1;
//统计已经载入的题目数
if (questionNum > totalQ) {
    gotoAndStop("分数结果");
    //载入的题目数已经超过了总题目数后进入"分数统计"帧
}
else
{
    var loader1: URLLoader = new URLLoader();
    loader1.addEventListener( Event.COMPLETE,handleComplete1 );
    // 定义事件处理器以监听加载成功和失败的状态
    loader1.dataFormat = URLLoaderDataFormat.VARIABLES;
    // 配置 loader,以加载 URL 编码变量
    loader1.load( new URLRequest( "WenTi" + questionNum + ".txt" ));
    // 加载题目内容数据
    function handleComplete1( event: Event ): void {
      TiMu.text = loader1.data.question;
      Xuan1.text = loader1.data.answer1;
      Xuan2.text = loader1.data.answer2;
      Xuan3.text = loader1.data.answer3;
      Xuan4.text = loader1.data.answer4;
    }
//将加载的题目内容分别赋值给题目和选项的相关动态文本框
    if (isQLoaded == 1)
```

```
    {
        gotoAndPlay("测试过程");
    }
    else
    {
        gotoAndPlay("载入试题");
    }
}
```

//判断题目是否载入完成,如已载入则进入"测试过程"帧,否则返回"载入试题"帧继续载入题目

⑨ 选择"脚本"图层的第 40 帧,插入空白关键帧,在其"动作—帧"面板中输入如下程序代码:

```
stop();
var cAnswer: String
import fl.controls.RadioButtonGroup
import fl.controls.RadioButton
cAnswer = loader1.data.correctAnswer
JiXu.addEventListener(MouseEvent.CLICK,clickJX);
function clickJX(event: MouseEvent): void {
    isQLoaded = 0;
    gotoAndPlay("载入试题");

}
//此行程序导入该程序所用的事件类别
var XXGRP: RadioButtonGroup = RadioButtonGroup.getGroup("XuanXiang")
XXGRP.addEventListener(MouseEvent.CLICK,clickHandler);
//此两行程序为 RadioButton 组件加入侦听事件
function clickHandler(event: MouseEvent): void{
  if (XXGRP.selectedData == cAnswer){
    rightNum += 1;
  } else {
    wrongNum += 1;

  }
}
```

⑩ 选择"脚本"图层的第 50 帧,插入空白关键帧,在其"动作—帧"面板中输入如下程序代码:

```
stop();
Dui.text = String(rightNum);
Cuo.text = String(wrongNum);
FenShu.text = String((rightNum/totalQ) * 100);
```

（7）测试运行结果并保存文件

① 按 Ctrl＋Enter 键测试影片动画。

② 执行"文件"|"保存"菜单命令保存作品。

7.3   训练游戏型课件的制作

训练游戏型课件主要采用将练习题目制作成游戏的方式,通过游戏的趣味性和竞争性的机制,提高学生的学习兴趣,激发学生的学习热情,此类课件在制作时既要注意考虑课件的教学性,同时也应发挥游戏的趣味性与交互性等特征,通过让学生融入游戏角色,实现潜移默化的教学训练作用。

利用 Flash 的 ActionScript 交互语言,可以制作出形式多样的交互游戏,下面以教学中经常用到的拖曳游戏和英语单词学习游戏为例,介绍如何利用 ActionScript 3.0 语言实现教学游戏训练题目的制作。

7.3.1   拼图游戏课件的制作

1. 制作要点

由于拼图操作是一种计算机的拖曳交互行为,为实现拖曳的效果,Flash 必须将被拖曳的各个图形对象先转换成具有单击变化反应的按钮元件,然后再将具有动态效果的按钮元件转换成影片剪辑元件,利用 ActionScript 脚本语言的 startDrag()和 stopDrag()函数实现影片剪辑元件中的按钮元件拖曳行为的判断过程。

本课件是语文反义词练习的课件,程序在运行过程中要求用户将界面左边的词语拖放到右边相应的反义词位置处,如果拖放正确则将图像放置到拖放位置,并发出表扬的声音,如果拖放错误,被拖放的对象将会自动弹回原位,并提醒用户继续完成题目,所有词语正确拖放完成后,将拼出一幅表扬的图片画面,程序运行界面如图 7.38 所示。

图 7.38　拼图游戏课件运行结果

2. 制作步骤

(1) 创建新文档。

创建一个 ActionScript 3.0 的 Flash 文档,并设置文档大小为 1024×768,帧频

为 15fps。

（2）制作软件背景画面。

导入一幅位图，并将其放在命名为"背景"的图层编辑画面中，作为该题的背景画面。

（3）制作拖曳图块素材。

① 从网上找到一幅用于表扬的图片素材，将其导入到 Flash 的库中。

② 将其拖放到场景舞台编辑界面，选择菜单"视图"|"标尺"选项，激活标尺，利用图像变形工具将图片拖放变形，变形后的长和宽均为 480 像素，以方便将图片横竖均分切割为 9 块。

③ 选择菜单"修改"|"分离"命令，或按快捷键 Ctrl＋B 将图像打散。

④ 选择直线工具，直线颜色选择黑色，在图片上横竖均分各画两条直线，将图片分为 9 块。

⑤ 用鼠标在横向和纵向的标尺处各拉出两条辅助线，辅助线位置正好与黑色直线位置重合，选择菜单"视图"|"辅助线"|"锁定辅助线"命令，或按 Ctrl＋Alt＋键，将辅助线锁死。

⑥ 按住 Ctrl 键然后用鼠标在 4 条黑线边界的中间拉出一个拐点，再次按住 Ctrl 键将突起的两端拉回，形成一个小三角，使用鼠标将小三角变形成小圆弧，修改后的图片素材如图 7.39 所示。

⑦ 选择左上角图片，并单击鼠标右键，选择弹出菜单中的"转换为元件"命令，将该图片转换成名为 p1 的图形元件，依此方法，分别把另外 8 块图片转换成名为 p2、p3、p4、p5、p6、p7、p8、p9 的图形元件。

⑧ 选中 p1～p9 这 9 个元件，按 Ctrl＋C 键拷贝一份，按 Ctrl＋V 键将刚才复制的元件粘贴上来，单击选中 p1，单击鼠标右键，选择弹出菜单中的"转换为元件"命令或按 F8 键弹出"元件属性"对话框，将该元件转换名为 b1 的按钮元件，同样，依次将剩下的 8 个图形元件转换为名为 b2、b3、b4、b5、b6、b7、b8、b9 的按钮元件。

⑨ 双击 b1，进入 b1 编辑界面，在该界面时间轴"指针经过"插入关键帧，并在该帧用文字工具在图形上方输入"骄傲"字样，在"按下"帧插入关键帧，设置图像的 Alpha 值为 50%，然后在"点击"帧插入"普通帧"，依同样方法设置 b2～b9 的其他按钮，唯一不同的是各个按钮上方的文字为需要学习练习的其他反义词。

⑩ 单击选中 b1，按 F8 键弹出"元件属性"对话框，在"名称"中输入"m1"，然后将元件类型选为"影片剪辑"，单击"确定"按钮后将所选元件 b1 转化为影片剪辑 m1，同样将剩下的按钮采用同样方法分别转化为影片剪辑 m2、m3、m4、m5、m6、m7、m8、m9，将所有这些元件在舞台编辑界面中删除，这样，全部的拖曳图块素材制作完成。

（4）创建进行拖放位置判断的影片剪辑。

① 采用步骤（3）类似的方法，先在场景舞台中绘制一个长和宽均为 480 像素的蓝色矩形，借助标尺工具并利用直线工具，在矩形横竖位置分别均分画上两条直线，将矩形分割成 9 个小方块，绘制后的效果如图 7.40 所示。

② 利用文字工具分别在切割出来的 9 个小矩形块上方输入需要练习的 9 个反义词词组。

③ 同时选中左上角被切割出来的小矩形块和它上方的文字，选择菜单"修改"|"组合"命令将两者合为一体，选择该组合对象，对其单击鼠标右键，选择弹出菜单中的"转换为元件"命令，将该图块转换成名为"fy1"，类型为"影片剪辑"的元件，以此类推，将剩下的其他 8 个小矩形块也分别转换成名为"fy2"、"fy3"、"fy4"、"fy5"、"fy6"、"fy7"、"fy8"、"fy9"的影片

剪辑，并在舞台中将各个影片剪辑的实例命名为"FanYi1"、"FanYi2"、"FanYi3"、"FanYi4"、"FanYi5"、"FanYi6"、"FanYi7"、"FanYi8"、"FanYi9"。

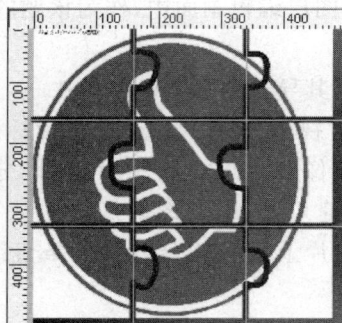

图 7.39　切割后的图片素材　　　　　图 7.40　切割矩形块

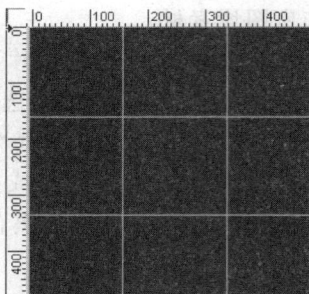

④ 用鼠标全部拖选 9 个影片剪辑，并将它们移至舞台右边合适位置，设置后的最终效果如图 7.41 所示。

图 7.41　设置反义词矩形块

【提示】　在 Flash 中，一个对象坐标值的界定是以舞台的左上角作为坐标 x，y 的起点，而如果一个影片剪辑是一个具有一定面积的图像，界定这个剪辑的坐标将以该剪辑在元件编辑窗口中的十字参考点作为在舞台中的坐标计算界定点，因此，为保证程序运行时，拖曳图块拖曳放置后能完整拼合，在生成影片剪辑 m1～m9 和 fy1～fy9 影片剪辑的过程中，两类影片相对应的图块元件的坐标参考点应注意保持一致。例如，如果 m5 元件在元件编辑窗口中的十字参考点在该元件的左上方，fy5 元件的坐标参考点也应在该 fy5 元件的左上方，本实例对于坐标参考点的设定方法可参见图 7.42。

(5) 制作游戏内容界面。

① 在"时间轴"面板上分别新建两个图层，命名为"游戏界面"和"脚本"。

② 锁定"背景"图层，避免在以后的操作中移动该图层的内容。

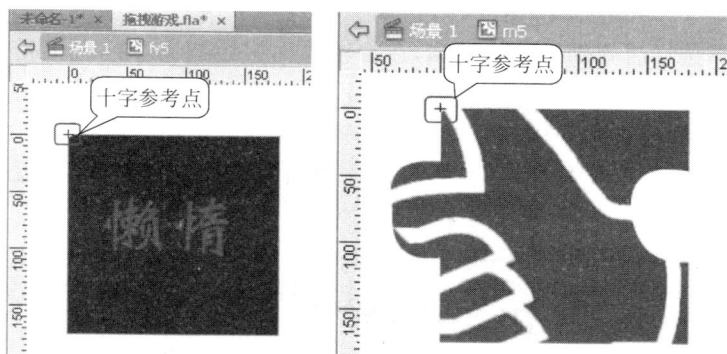

图 7.42　坐标参考点的界定

③ 选择"游戏界面"图层的第 1 帧，使用文本工具建立一个文本编辑区域，在场景舞台编辑区顶部输入"反义词拼图游戏"几个字样。

④ 将库中 m1～m9 影片剪辑随意拖放在场景舞台的左边合适位置，并依次将 9 个影片剪辑的实例名称命名为"PinTu1"～"PinTu9"。

⑤ 选择"插入"|"新建元件"命令，创建一个名为"BangZhu"的按钮元件，在该按钮元件的编辑窗口中，选择时间轴的"弹起"帧，在编辑界面中绘制一个红色的矩形，并在该矩形上输入"帮助"两字，文字颜色设为黄色，在"指针经过"帧插入关键帧，并在编辑界面中红色按钮的右上方绘制一个黄色矩形，在黄色矩形上输入关于该游戏的帮助说明文字字样，按钮设置后的效果如图 7.43 所示，然后在"按下"和"点击"帧插入普通帧，将该按钮拖放到场景舞台的左下方。

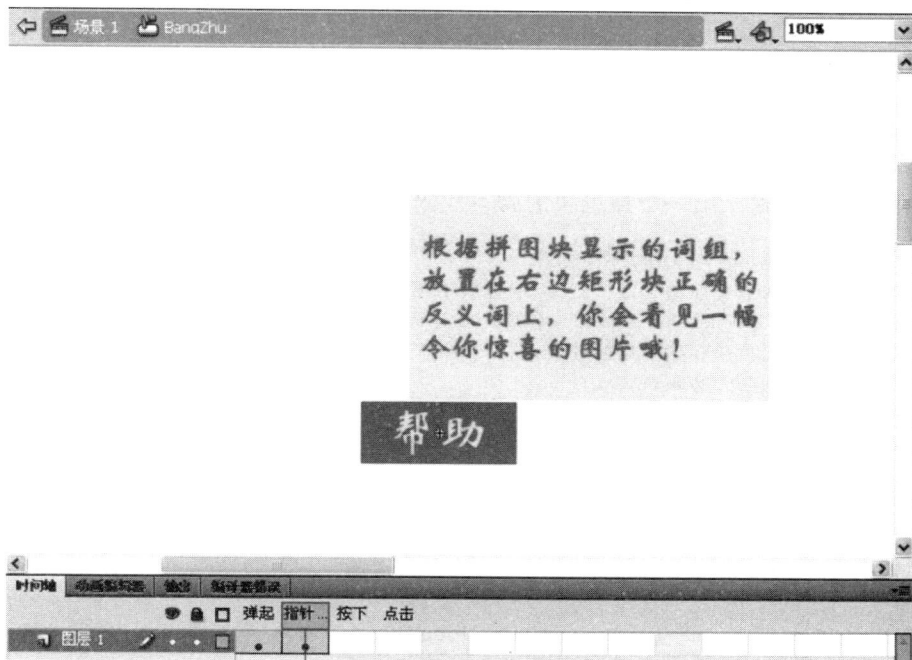

图 7.43　"帮助"按钮的设置

214

⑥ 选择"插入"|"新建元件"命令，创建一个名为"ChongWan"的按钮元件，在该按钮元件的编辑窗口中，选择时间轴的"弹起"帧，在编辑界面中绘制一个红色的矩形，并在该矩形上输入"重玩"两字，文字颜色设为黄色，在"指针经过"和"按下"帧插入关键帧，"点击"帧插入"普通帧"，选择"指针经过"帧，将该帧的红色矩形的 Alpha 值设为 50%，并将该按钮拖放到场景舞台的左下方"帮助"按钮旁边，并设定该按钮的实例名称为"CW"，游戏设置后的最终界面如图 7.44 所示。

图 7.44　拖曳游戏界面

（6）利用 ActionScript 设置"重玩"按钮和拖曳反馈行为。

① 选中"脚本"图层的第 1 帧，打开"动作—帧"面板。

② 在该面板中输入第一个拖曳块的脚本代码，实现拖曳反馈行为。

```
var startingLocation1: Point;
//定义拖曳图像未拖曳前的起始位置,以便拖放不正确时可弹回原位
PinTu1.addEventListener(MouseEvent.MOUSE_DOWN,mdPT1);
//添加拖曳对象在被鼠标按下后的侦听动作
function mdPT1(event: MouseEvent): void {
    startingLocation1 = new Point();
    startingLocation1.x = PinTu1.x;
    startingLocation1.y = PinTu1.y;
    //获取拖曳对象未拖曳前的坐标位置
    PinTu1.startDrag();
    //设定拖曳对象的拖曳动作
}
PinTu1.addEventListener(MouseEvent.MOUSE_UP,mpPT1);
//添加拖曳对象在鼠标弹起后的侦听动作
function mpPT1(event: MouseEvent): void {
```

```
    PinTu1.stopDrag();
    //设定拖曳对象停止拖曳的动作
    if (MovieClip(PinTu1.dropTarget['parent']).name == "FanYi1") {
    //判断拖曳对象是否落在应放置的反义词图块上,如果是,则设定拖曳对象自动放置并吸附在
//反义词图块上
        PinTu1.x = FanYi1.x;
        PinTu1.y = FanYi1.y;
    } else {
    //如果拖曳对象不是落在应放置的反义词图块上,则让拖曳图块弹回起始位置
        PinTu1.x = startingLocation1.x;
        PinTu1.y = startingLocation1.y;
    }
}
```

③ 同样在"动作—帧"面板中,采用①同样的方法对其他 8 个拖曳块输入相类似的脚本语言,唯一不同的是 startingLocation、PinTu、FanYi、mdPT、mpPT 等变量和实例名称的后缀,要依据不同的拖曳块进行对应变更。

④ 同样在该"动作—帧"面板中,输入"重玩"按钮的脚本代码,实现各拖曳块还原到初始位置的动作。

```
CW.addEventListener(MouseEvent.CLICK,clickCL);
    function clickCL(event: MouseEvent): void {
        PinTu1.x = startingLocation1.x;
        PinTu1.y = startingLocation1.y;
        PinTu2.x = startingLocation2.x;
        PinTu2.y = startingLocation2.y;
        PinTu3.x = startingLocation3.x;
        PinTu3.y = startingLocation3.y;
        PinTu4.x = startingLocation4.x;
        PinTu4.y = startingLocation4.y;
        PinTu5.x = startingLocation5.x;
        PinTu5.y = startingLocation5.y;
        PinTu6.x = startingLocation6.x;
        PinTu6.y = startingLocation6.y;
        PinTu7.x = startingLocation7.x;
        PinTu7.y = startingLocation7.y;
        PinTu8.x = startingLocation8.x;
        PinTu8.y = startingLocation8.y;
        PinTu9.x = startingLocation9.x;
        PinTu9.y = startingLocation9.y;
}
```

(7) 测试运行结果并保存文件。

① 按 Ctrl+Enter 键测试影片动画。

② 执行"文件"|"保存"菜单命令保存作品。

7.3.2 寻宝游戏课件的制作

1. 制作要点

本游戏实例是一个英语词汇学习的益智游戏,该游戏通过让学生在一幅绘制有繁多杂

乱物体的图像中，找到游戏所列出英文单词对应的实物对象，为提高游戏的趣味性和竞争性，应注意被寻找的物体对象在整幅图像中的隐蔽性，比如说把对象放置在其他物体后方或者放置在整幅图像的角落位置等。

在界面设计上，为实现课件中寻找物体的交互行为，与英文单词对应的物体对象，该课件均制作成具有单击行为的按钮元件，同时，为了在学生寻找对象过程中，不获得任何提示信息，整幅图像也制作成能呈现手形鼠标，但不具备单击功能的按钮元件，从而保证被寻找对象在整幅图中的隐蔽性。在编程技术上，为达到课件文字和按钮画面的动态呈现，ActionScript 3.0 中的 TextFormat()对象、removeChild()函数将在本例中重点应用。本课件运行的界面如图 7.45 所示。

图 7.45　寻宝游戏课件运行界面

2. 制作步骤

（1）创建新文档。

创建一个 ActionScript 3.0 的 Flash 文档，并设置文档大小为 1024×768，帧频为 15fps。

（2）对时间轴进行统筹规划。

① 单击"时间轴"面板中的"插入图层"按钮，分别新建 5 个图层，并命名为"主界面"、"游戏按钮"、"游戏"、"分数"和"脚本"。

② 在"主界面"图层第 1、2 帧插入空白关键帧，这两帧主要用于放置游戏未开始时的界

面内容,在第 3～9 帧再插入空白关键帧,这几帧是用于放置游戏开始后的主界面内容。

③ 在"游戏按钮"图层第 1～9 帧插入空白关键帧,用于放置控制游戏的游戏按钮菜单。

④ 在"游戏"图层的第 1～3 帧分别插入三个空白关键帧,然后在第 9 帧插入普通帧,此层的第 1 帧用于放置游戏的封面界面内容,第 2 帧用于放置游戏的规则说明内容,第 3～9 帧则用于放置游戏进行过程中需要的各个按钮和文字对象。

⑤ 在"分数"图层的第 1 帧插入空白关键帧,并在第 8 帧插入普通帧,然后再在第 9 帧插入一个空白关键帧,此层第 1～8 帧的内容主要放置游戏进行过程中的得分情况,第 9 帧则用于放置游戏完全结束后的表扬文字。

⑥ 在"脚本"图层的第 1～4 帧和第 9 帧插入空白关键帧,在第 5～8 帧插入普通帧,用于日后的 ActionScript 语言的编写。

⑦ 时间轴最终编制完成后的显示效果如图 7.46 所示。

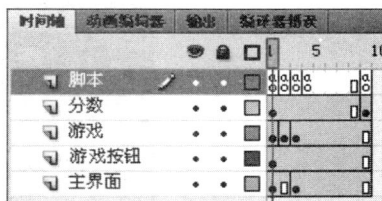

图 7.46 寻宝游戏课件时间轴的规划

(3) 制作游戏开始前的主界面内容。

① 从网上找到一幅如图 7.47 所示的用于进行寻宝游戏的图片素材,并用 Photoshop 选择工具将图中需制作成按钮对象的物体分别裁剪出来,并存储成相应的 JPEG 图片文件,并将所有的图片导入到 Flash 的库中,各图片的文件名分别为"寻宝.jpg"、"寻宝 1.jpg"、"剪刀.jpg"、"手套.jpg"、"光盘.jpg"、"蝴蝶.jpg"、"手表.jpg"。"寻宝.jpg"图片是用来设置游戏初始界面的画面图像,"寻宝 1.jpg"主要用于制作游戏开始时的背景图像,"剪刀.jpg"、"手套.jpg"、"光盘.jpg"、"蝴蝶.jpg"、"手表.jpg"等图片则是用来制作游戏开始时进行单击操作的各宝物按钮,各素材的主要画面内容如图 7.47 所示。

寻宝.jpg

寻宝1.jpg

剪刀.jpg

手套.jpg

光盘.jpg

蝴蝶.jpg

手表.jpg

图 7.47 寻宝游戏图片素材

217

② 选择主界面图层的第 1 帧，将导入的"寻宝.jpg"放置在场景舞台的合适位置，放置后的效果如图 7.48 所示。

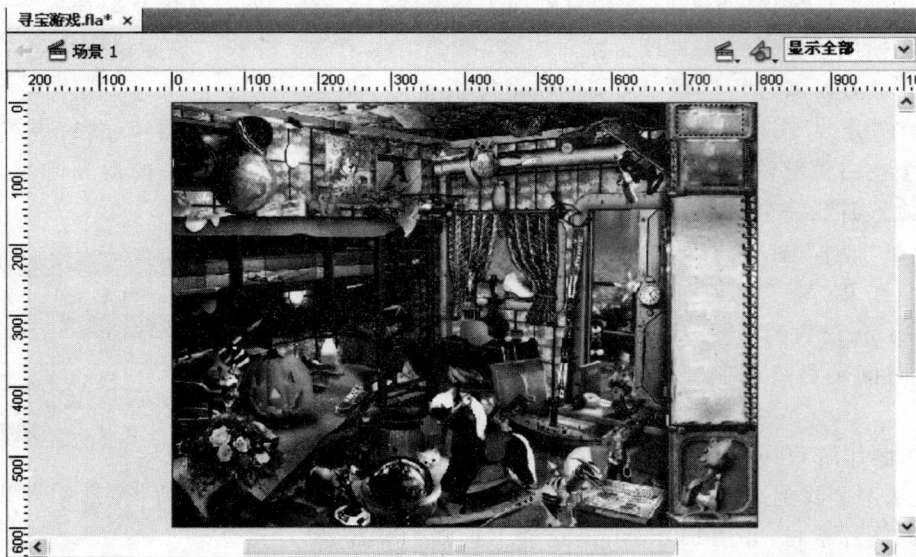

图 7.48　主界面初始画面

③ 选择菜单"插入"|"新建元件"命令，生成一个名为"按钮图"的影片剪辑元件，然后在该元件编辑窗口中绘制一个垂直方向的蓝白色渐变的圆角矩形，该图像主要用于制作后面的游戏主菜单按钮。

④ 选择菜单"插入"|"新建元件"命令，生成一个名为"主菜单按钮"的按钮元件，选择该按钮元件时间轴的"弹起"帧，将第③步制作好的"按钮图"影片剪辑拖放到该帧编辑界面中，选中编辑界面中的影片剪辑对象，选择该对象"属性"面板中的"滤镜"选项，单击该选项卡左下方的"添加滤镜"按钮，在弹出的菜单中选择"斜角"滤镜效果，生成立体按钮效果，滤镜添加的具体方法和参数设置可参见图 7.49 所示。

⑤ 在"主菜单按钮"元件时间轴的"指针经过"和"按下"帧分别插入关键帧，并设置"指针经过"帧中的图像对象的 Alpha 值为 70%，设置"按下"帧中图像对象的"滤镜"的"斜角"效果中的角度值为 214，这样具有立体效果的一个按钮就制作完成了，制作完的按钮效果如图 7.50 所示。

⑥ 选择场景时间轴的"游戏按钮"图层，拖放两个制作好的"主菜单按钮"放置在舞台合适位置，并在按钮上方分别输入静态文字"游戏规则"和"开始游戏"两组字，并为两个按钮分别设置实例名称为"GuiZe"和"KaiShi"。

⑦ 选择场景时间轴的"游戏"图层第 1 帧，在两个按钮下方合适位置输入静态文字"单词寻宝游戏"，并设定合适的文字颜色、字体和字号大小。

⑧ 选择场景时间轴的"分数"图层，在两个按钮上方合适位置拖放一个动态文本框，将该文本框的实例名称命名为"FenShu"，并单击该文本框"属性"面板的"字符"选项里的"嵌入"按钮，在打开的"字体嵌入"对话框中，将"字符选项"里的"全部"选项勾选，单击"确定"按钮设置字体嵌入，以保证该动态文本框内的文本能正常显示。至此，游戏的封面界面制作完

成,完成后的效果如图 7.51 所示。

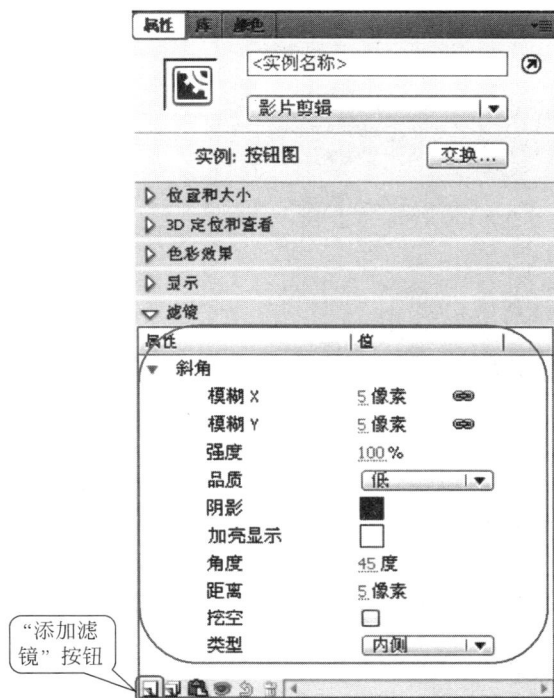

图 7.49　主菜单按钮滤镜的添加

图 7.50　主菜单按钮效果

图 7.51　寻宝游戏封面界面

⑨ 选择场景时间轴的"游戏"图层第 2 帧,在两个按钮下方合适位置输入对游戏规则进行相关说明的静态文字,并设定合适的文字颜色、字体和字号大小,该帧是在单击了"游戏规则"按钮后显示的画面内容,具体画面效果如图 7.52 所示。

图 7.52　寻宝游戏的游戏规则说明画面

（4）制作游戏进行时需要的物体按钮。

① 选择菜单"插入"|"新建元件"命令,生成一个名为"背景"的按钮元件,在该按钮编辑界面的"弹起"帧,将"寻宝 1.jpg"素材拖放到编辑界面中央,然后在"按下"帧插入普通帧,该按钮主要作为游戏开始时的背景图像,之所以做成按钮,主要是为了让全幅画面的鼠标均变成"手型"单击状态,以便用于生成被寻找物的隐蔽状态。

② 选择菜单"插入"|"新建元件"命令,生成一个名为"蝴蝶"的按钮元件,在该按钮编辑界面的"弹起"帧,将"蝴蝶.jpg"素材图片拖放到编辑界面中央,然后在"指针经过"和"按下"帧分别插入关键帧,选择"指针经过"帧,利用任意变形工具,将编辑界面中蝴蝶适当放大,选择"按下"帧,将事先导入到库中的、能发出铃声的 ding.wav 声音素材拖放到当前帧的编辑画面中,使按钮在单击后发出声响,蝴蝶按钮编辑后的多帧显示画面如图 7.53 所示。

③ 采用第②步同样的方法,依次完成"手套"、"手表"、"光盘"、"剪刀"等按钮。

（5）制作开始时的界面内容。

① 选择主界面图层的第 3 帧,将"寻宝.jpg"图片覆盖整个舞台放置,然后将"背景"按钮放置在场景舞台中"寻宝.jpg"图形的按钮导航区域的左侧,放置的位置如图 7.54 所示。

② 选择场景时间轴的"游戏"图层第 3 帧,将库中做好的"蝴蝶"、"手套"、"剪刀"、"手表"和"光盘"按钮,放置在"背景"按钮画面中,并将该画面中原有的"蝴蝶"、"手套"、"剪刀"、"手表"和"光盘"的图像进行覆盖,放置时最好借助辅助线,保证"蝴蝶"等按钮能和原图中的

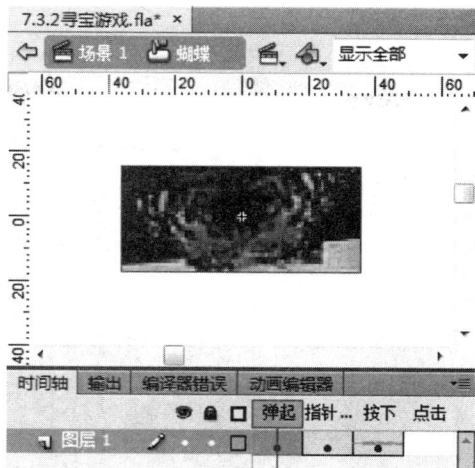

图 7.53　蝴蝶按钮的制作

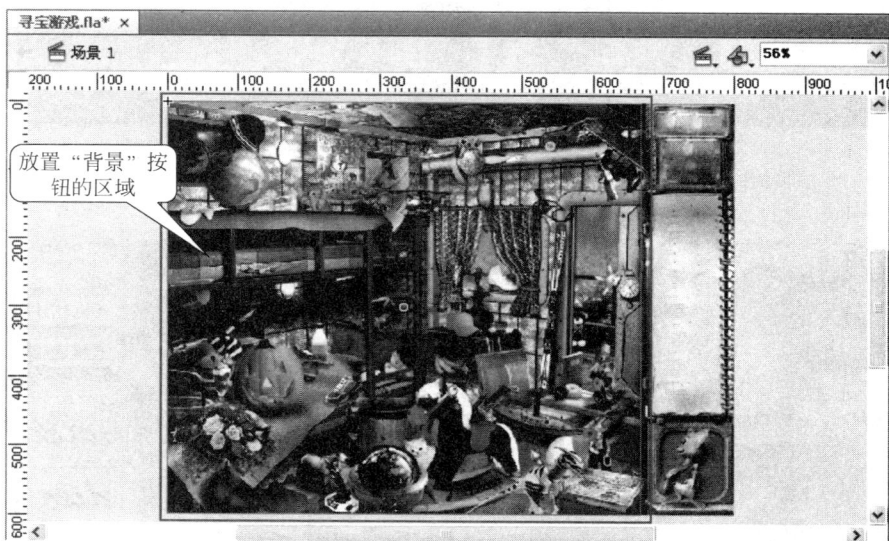

图 7.54　背景按钮的放置

图像位置完全吻合，并为各按钮设定实例名称为"HuDie"、"ShouTao"、"JianDao"、"ShouBiao"、"GuangPan"，各按钮放置后的位置如图 7.55 所示。

③ 同样还处在场景时间轴"游戏"图层的第 3 帧，在场景画面中右侧主菜单按钮下方的黄色区域，拖放 5 个动态文本框，在 5 个动态文本框内分别输入"watch"、"disc"、"butterfly"、"glove"和"scissors"等英文字样，文字颜色设为蓝色，字号为 45，字体为"华文行楷"，同时设置这些动态文本的字体嵌入方式。为 5 个文本框设定实例名称，分别为"WT"、"DS"、"BF"、"GV"和"SC"，设置后的图像效果如图 7.56 所示。

④ 选择场景时间轴的"分数"图层第 9 帧，在该帧场景舞台的中央输入静态文字"恭喜你，你赢啦！"，字体为"华文行楷"，字号 77，文字颜色为黄色，这样整个游戏的界面就编辑完成了。

图 7.55　各寻宝按钮的放置

图 7.56　动态文本的设置

（6）利用 ActionScript 设置游戏的交互行为。

① 选择场景时间轴"脚本"图层的第 1 帧，打开"动作—帧"面板，在该面板中输入如下代码：

```
stop()
var FS: Number = 0
var ZQ: Number = 0
var TMS: Number = 5
//定义用来存储分数、正确题目数和题目总数的变量
GuiZe.addEventListener(MouseEvent.CLICK,clickGZ);
function clickGZ(event: MouseEvent): void {
gotoAndStop(2)
}
//设置 GuiZe 按钮单击后跳到动画的第 2 帧画面运行
KaiShi.addEventListener(MouseEvent.CLICK,clickKS);
function clickKS(event: MouseEvent): void {
gotoAndStop(3)
}
//设置 KaiShi 按钮单击后跳到动画的第 3 帧画面运行
```

② 选择场景时间轴"脚本"图层的第 2 帧，打开"动作—帧"面板，在该面板中输入如下代码：

```
stop()
```

③ 选择场景时间轴"脚本"图层的第 3 帧，打开"动作—帧"面板，在该面板中输入如下代码：

```
stop()
var PanDuan1: Number
var PanDuan2: Number
var PanDuan3: Number
var PanDuan4: Number
var PanDuan5: Number
//定义用于存储各寻宝按钮单击后的状态变量
var format1: TextFormat = new TextFormat();
//定义文本格式,用于设置单词文本的颜色变换
format1.color = 0xFF0000;
//设置单词动态文本颜色为红色
HuDie.addEventListener(MouseEvent.CLICK,clickHD);
function clickHD(event: MouseEvent): void {
BF.setTextFormat(format1);
PanDuan1 = 1
gotoAndStop(4)
}
JianDao.addEventListener(MouseEvent.CLICK,clickJD);
function clickJD(event: MouseEvent): void {
SC.setTextFormat(format1);
PanDuan2 = 1
gotoAndStop(4)
}
```

```
ShouBiao.addEventListener(MouseEvent.CLICK,clickSB);
function clickSB(event: MouseEvent): void {
WT.setTextFormat(format1);
PanDuan3 = 1
gotoAndStop(4)
}
GuangPan.addEventListener(MouseEvent.CLICK,clickGP);
function clickGP(event: MouseEvent): void {
DS.setTextFormat(format1);
PanDuan4 = 1
gotoAndStop(4)
}
ShouTao.addEventListener(MouseEvent.CLICK,clickST);
function clickST(event: MouseEvent): void {
GV.setTextFormat(format1);
PanDuan5 = 1
gotoAndStop(4)
}
```

//当各寻宝按钮被单击后,依次为各按钮的单击状态变量赋值,并跳到相应的帧进行分数统计

```
if (PanDuan1 == 1){
    removeChild(HuDie);
}
if (PanDuan2 == 1){
removeChild(JianDao)
}
if (PanDuan3 == 1){
    removeChild(ShouBiao);
}
if (PanDuan4 == 1){
removeChild(GuangPan)
}
if (PanDuan5 == 1){
removeChild(ShouTao)
}
```

//当各按钮被单击后,将已被单击的按钮从动画中卸载

```
FenShu.text = String(FS)
if (FS == 100){
gotoAndStop(9)
}
```

//将游戏所得分数在 FenShu 动态文本框中显示,如果分数已达 100 分,则跳到动画第 9 帧结束游戏

④ 选择场景时间轴"脚本"图层的第 4 帧,打开"动作—帧"面板,在该面板中输入如下代码:

```
ZQ = ZQ + 1
```
//单击了相应宝物按钮后对正确题目数进行累加
```
FS = (ZQ/TMS) * 100
```
//计算游戏所得分数值
```
FenShu.text = String(FS)
```

```
//将分数在 FenShu 动态文本框中显示
gotoAndPlay(3)
//返回第 3 帧继续游戏
```

⑤ 选择场景时间轴"脚本"图层的第 9 帧,打开"动作—帧"面板,在该面板中输入如下代码:

```
FS = 0
ZQ = 0
TMS  = 5
PanDuan1 = 0
PanDuan2 = 0
PanDuan3 = 0
PanDuan4 = 0
PanDuan5 = 0
//初始化动画所需所有变量
var format2: TextFormat = new TextFormat();
//定义一个新文本格式
format2.color = 0x0000FF
//设置该文本格式文字颜色为蓝色
SC.setTextFormat(format2);
WT.setTextFormat(format2);
GV.setTextFormat(format2);
DS.setTextFormat(format2);
BF.setTextFormat(format2)
//重新将各单词动态文本框的文字颜色设置为蓝色,以便游戏重新开始时可恢复到初始颜色状态
```

(7) 测试运行结果并保存文件。

① 按 Ctrl+Enter 键测试影片动画。

② 执行"文件"|"保存"菜单命令保存作品。

小　　结

本章从训练复习型课件的含义和特点入手,介绍了测验型和游戏型两种训练复习型课件的设计思路和具体的制作方法,并以判断题、单选题、多选题、填空题、连线题、拼图游戏、寻宝游戏等具体案例,直观生动地介绍了训练复习型课件的具体设计和制作过程。理论上,本章阐述了训练复习型课件的具体设计原则;技术上,探讨了 UI 组件、按钮元件的交互应用、输入文本和动态文本处理和应用及 ActionScript 3.0 的 LineStyle()和 LineTo()函数、URLLoader 对象和 load()函数、StartDrag()和 StopDrag()、TextFormat()对象、removeChild()等函数在制作各种训练复习型课件中的具体应用方法和技巧。

思考与练习

制作一个具有主菜单的中学语文题库型课件,该课件的题目类型应包括判断题、单选题、多选题、填空题,该课件主菜单界面如图 7.57 所示。

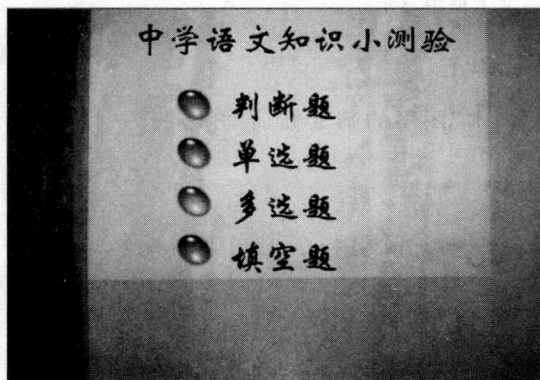

图 7.57　上机练习主菜单界面

制作要点：

（1）统筹规划时间轴，设定不同的图层和帧段放置主菜单内容和各个题型内容。

（2）运用菜单的"窗口"|"公用库"|"按钮"命令获取主菜单按钮。

（3）利用 ActionScript 3.0 的按钮单击侦听事件将动画跳转到相应题型的帧段运行。

第8章　资料型课件的设计与制作

▶▶▶

【本章学习导读】

【知识重点】

(1) 了解资料型课件的含义及特点。

(2) 掌握资料型课件的设计原理。

(3) 学会运用 Flash CS6 和 ActionScript 3.0 制作资料型课件。

【学习任务】

(1) 根据课件的内容设计统筹规划时间轴。

(2) 运用 addEventListener 的 MouseEvent. MOUSE_OVER 侦听事件制作弹出菜单。

(3) 运用 UI 组件的 UIScrollBar 制作文本的滚动显示。

(4) 运用 URLLoader()函数加载外部文本文件和 SWF 文件。

(5) 运用 Adobe Media Encoder CS6 制作 FLV 视频文件。

(6) 运用 NetConnection()、NetStream()和 Video()函数导入和播放外部视频文件。

8.1　资料型课件概述

8.1.1　资料型课件的概念

资料型多媒体课件是根据教学目标把某一门课程或根据教学内容而划分的专题(或案例)以电子书、资料库的形式为学生自学、课堂教学、课后复习提供学习信息资源。资料库型多媒体课件分为电子书和多媒体资料库两种。电子书是利用计算机技术将一定的文字、图片、声音、影像等信息,通过数码方式记录在以光、电、磁为介质的设备中,然后再借助于特定的软件和设备来进行读取、复制和传输的阅读型软件。多媒体资料库是教师根据教学的具体需求,将文本资料、图片资料、视频资料、音频资料等组织在一个资料库中,通过多媒体格式从不同的角度给予学习者感官上的刺激,从而引发其学习兴趣,达到增强记忆的效果,同时也是学生通过各种媒体获取丰富知识的简单、便捷的途径。制作资料库型多媒体课件前往往需要准备大量的素材,如图片、音频和视频资料等,以保证课件内容的丰富性和适用面。

8.1.2 多媒体资料型课件的特点

1. 开发的开放性

独立型课件一般都是由一两个人根据某一教师的教学方案而开发出来的，可以说是集中了一两个人智慧的封闭型课件。而资料库则不同，教师可以根据不同的知识点，制作成元课件或素材，将资源添加至资料库中，因此，资料型课件可整合众多教师的智慧，扩充资料库的内容，教师和学生可根据具体的教学和学习需要，选择性地使用资源内容。

2. 使用的灵活性

独立内容课件由于设计者教学思路的定式，从而导致课件使用范围相对有限，许多独立型课件只能用于一堂或一门专门的课程中，无法拓宽使用面。而资料型课件则不同，教师上课前，根据教学需要可以从该课件进行查阅和检索，找到与本课程相关的知识点和多媒体素材，并根据自己教学的需要进行显示组合，这样既打破了课件使用的局限性，也拓宽了课件的使用面，提高课件的效益。

3. 资源的共享性

独立型课件由于为专人设计，缺乏通用性，资源很难共享。现在的中小学大多使用国家教委或省教委指定的统一教材，这为开发多媒体资料库提供了一个良好的外部环境。因为教材统一，那么，各单元各课的重要知识点也应是统一的。所以，根据各知识点开发出来的多媒体资源，在主要教学思想、所要达到的目标等方面也应是统一的，可以相互通用。正因为如此，教师不仅可以使用本校的资料库，还可以通过联网，共享其他学校的资料库。随着互联网在中国的广泛建立，将为教育开辟一块更广阔的天地。

8.2 多媒体资料型课件的设计

8.2.1 多媒体资料型课件的设计原则

多媒体资料型课件是指以教材中的知识点为基础，根据一定的分类原则进行组合的素材资料的集合。主要有文本素材、图形素材、图像素材、动画素材、音频、视频素材甚至是元课件素材。建构多媒体资料库就是为了提供丰富多彩的教学信息，方便教师和学生使用，因而，多媒体资料库的本质特征是资料性，根据教学情境和实际教学的需要，有选择地组合教学素材。从这个意义上说，建构多媒体素材资料库的指导原则就是"以不变（素材资料）应万变（教学实际）"的思想，在设计中要遵循以下原则。

1. 注重人的主体性

多媒体资料库将教学信息资源与教学思想、教法、学习理论相结合的主动权交给了师生，将过去课件设计者从事的教学设计回归到教师学生自己的手中，成为教师和学生教学活动的工具，因而适应任何类型的教师与学生，具有高度的灵活性和可重组性，充分体现了面向 21 世纪尊重人、以人为主体的教育思想。教学设计和学习理论的运用，不是在课件开发之初，而是由师生在教学活动中进行，真正做到以不变应万变，计算机成为课堂教学的有力工具，成为教师和学生个性与创造性充分发挥的技术保障。人是课堂教学的核心，计算机是人的工具，这是多媒体资料库思想的核心。

2. 资料型课件与教学过程和教材版本不具有强相关性

多媒体资料库是以知识点为分类线索,这样,无论每个教师的教学方式如何不同,教材课程体系如何变化,多媒体资料型课件的内容都可被师生应用于当前教学活动中。

3. 基元性与可积性

教学资源素材愈是基本的、小单元化的,附加的边界约束条件愈少,其重组的可能性就愈大。以往的多媒体课件总是有启承转收,有头有尾,自成整体,断了哪一个环节都不行,这种看似完美的软件固化了知识的联系,模式化了思维过程,机械化了教学程序,很不适应于千变万化的课堂信息交流;它排斥了教师的主导性和创造性、学生的主体性和差异性,忽视了教学环境与学生原有发展水平、最近发展区的多变性。教学资源素材则不然,它就是一个基本知识点,不囿于任何特定的教学思想、教学方法,也不局限于课件体系和教材版本,其附加的约束条件少,因而可重组性就较大。值得强调的是:这种开发思想并不排斥教育思想与教学方法,相反,它借鉴众多优秀教育思想和教学方法,总结出适合单一知识点教学的教学基元策略,并将此策略应用于独立知识点小课件的开发上,形成知识积件库,该积件库犹如集古今中外优秀教育家智慧于一炉,炉中每一粒星火都能燎原学生思想之光芒。

4. 易用性、通用性、灵活性、实用性

资料库集中了当代应用软件的设计思想精华,它有大量丰富的教学素材,用起来很方便,操作界面直观、明白、人性化、教学化,适于全体师生,适于不同的教学情境,成为课堂教学的实用工具。

8.2.2 多媒体资料库内容设计

多媒体资料库是以知识点为基础的(Project-Based),按一定检索和分类规则组织的素材资料,包括图形、表格、公式、曲线、文字、声音、动画、视频、元课件等多维信息的素材资源库,其内容设计可以是与学科无关,与特定课程无关的教学素材资源,因而多媒体资料库通常不体现设计和制作者的教学思想和教学策略,而是一种用来配合课堂教学过程,为解决教学内容中的某些重点和难点而设计的情景片断;利用教学资料库和组合平台,教师可以根据自己的思维逻辑和教学策略,灵活地组织教学,将自己的教学艺术与资料库的优势实现无缝对接,极大地提高教学效率。根据库中的素材性质不同可以建立以下类型的资料库。

1. 学科资料库

这是各学科教学资料库,例如"二年级语文多媒体资料库"、"初一数学多媒体资料库"等,资料库中的内容包括与课本内容有关的多媒体素材以及与教学内容相关的课外阅读材料、参考资料、教案、各类习题等。

2. 专题资料库

这是选取某个学科中的一个知识点建立资料库,例如语文中的"鲁迅资料库",物理中的"牛顿定理资料库"等。资料库中的内容是与选择的主题相关的多媒体素材,以及教学参考、学习指导等教学资料。

3. 多媒体课件库

也可以建立资料库对课程的多媒体课件进行管理。这种库中主要的内容包括有关该课程的优秀教学管理软件、题库、多媒体课件、电子备课系统以及课件制作平台等。

4. 图书、音像资料库

另外,可以建立与特定课程无关的图书、音像资料库,实现对图书、音像资料的计算机管理,这样可以在计算机上对图书资料、音像资料进行检索和浏览。

8.3　资料型课件的制作

由于电子书主要是以文本内容体现,其主要通过菜单链接实现书目内容的查询和阅读,所涉及的新知识不多,因此,为拓宽本书的知识面,本节主要以资料库型多媒体课件为主体,介绍资料型课件的设计与制作理念。

8.3.1　制作要点

考虑到课件内容的扩充性和应用的灵活性,在内容设计上,该类课件强调知识积件的组织与管理,每个菜单链接的内容为某一学科或某一知识范畴的小知识点,知识点不求大,求小而精,每个知识点没有融入太多设计者个人的教学策略的思路,主要是实现资料收集和展示,这样的设计打破了自成整体的课程教学课件固有教学思路对不同教学风格教师的限制,实现了教学应用的灵活性与可扩展性。在功能设计上,为了方便教学素材内容的随时增加与扩充,在程序编制上主要采用外部文件链接的方式,实现对外部文件的随时添加与删除,因此,整个课件案例重点需掌握用于导入外部图像和 swf 文件的 URLRequest 和 addChild()函数和用于导入外部视频文件的 NetConnection()、NetStream()、Video()等用于控制视频媒体流导入和播放的函数功能的应用。

课件的菜单项主要以素材类型进行分类,当用户单击相应素材类型的子菜单时,在屏幕中间将显示该菜单所指向的某个知识点内容,图 8.1 为资料型课件运行的显示效果。

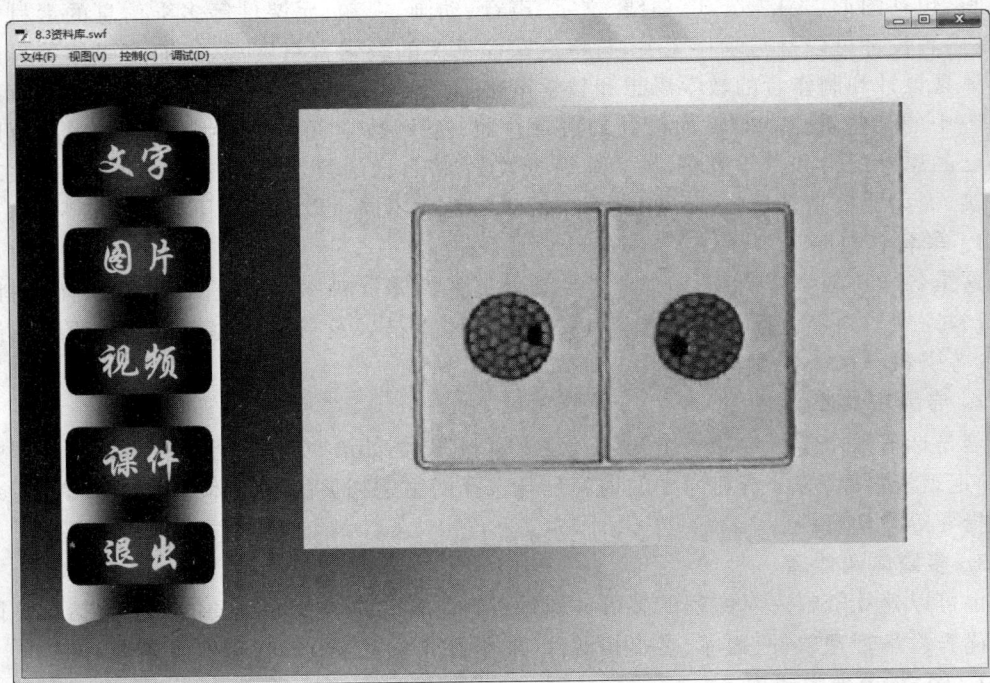

图 8.1　资料型课件运行显示画面

8.3.2　制作步骤

1. 创建新文档

（1）启动 Flash CS6，出现"新建文档"界面，或在已开启的 Flash CS6 界面中单击"文件"|"新建"菜单命令，弹出"新建文档"对话框。

（2）在界面和对话框中选择"Flash 文件（ActionScript 3.0）"选项，创建一个遵循 ActionScript 3.0 语法规则的 Flash 文档。

（3）选择菜单栏上"修改"|"文档"命令，进入文档"属性"面板，设置文档大小为 1024×768。

2. 对时间轴进行统筹规划

（1）单击"时间轴"面板中的"插入图层"按钮，分别新建 7 个图层，并命名为"封面背景"、"封面"、"菜单背景"、"菜单"、"子菜单"、"内容"和"脚本"。

（2）在"封面背景"和"封面"图层第 1 帧插入空白关键帧，这两个图层主要用于编排课件的封面内容。

（3）在"菜单背景"图层第 2 帧同样插入空白关键帧，并在第 10 帧插入普通帧，以保证背景图像能延续到课件结束，该图层主要用于放置菜单的背景画面。

（4）在"菜单"图层的第 2 帧插入空白关键帧，并在第 10 帧插入普通帧，该图层主要用于设置课件的主菜单内容。

（5）在"子菜单"图层的第 3～6 帧分别插入空白关键帧，该图层主要用于设置主菜单的 4 个子菜单的显示内容。

（6）在"内容"图层的第 7～10 帧插入空白关键帧，该帧主要用于放置各菜单单击后的显示内容。

（7）在"脚本"图层的第 1～10 帧插入空白关键帧，用于日后的 ActionScript 的编写。

（8）时间轴规划完成后显示效果如图 8.2 所示。

图 8.2　资料型课件时间轴的规划

3. 制作课件封面内容

（1）执行"文件"|"导入"|"导入到库"菜单命令，将一个背景图片导入到该文件库中以备用。

（2）选中"时间轴"面板的"封面背景"图层第 1 帧，将库中的背景图像拖放到场景舞台中，建立课件的封面背景，并用锁键将该层锁死，以免日后编辑其他层时影响该层的设置。

（3）选择"封面"图层，将菜单"窗口"|"公用库"|"按钮"选项中 buttons rect bevel 类目中的 rect bevel bronze 按钮拖放到该层第 1 帧舞台场景的右下方，并在该按钮上方用静态文字输入"点击进入"字样，文字颜色采用"红色"，字体为"华文行楷"，字号 45。

（4）同样，在该图层的第 1 帧，用静态文字在场景舞台中央输入课件标题文字"高中生物资源库——有丝分裂篇"，文字颜色采用"红色"，字体为"华文行楷"，"高中生物资源库"几个字字号为 95，"——有丝分裂"在第二行，字号为 80，课件封面编辑后的显示效果如图 8.3 所示。

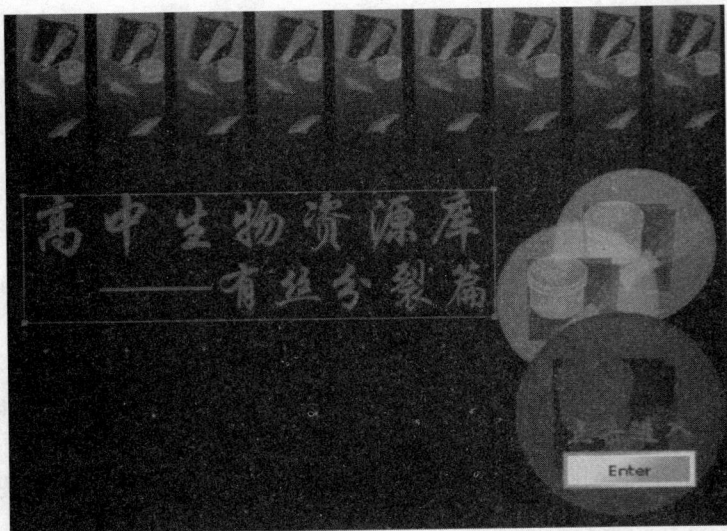

图 8.3　资料型课件封面

4. 制作课件的主菜单与子菜单

（1）执行"文件"|"导入"|"导入到库"菜单命令，将一个背景图片导入到该文件库中以备用。

（2）选中"时间轴"面板的"菜单背景"图层第 2 帧，将库中的背景图像拖放到场景舞台中，建立课件的菜单背景，并用锁键将该层锁死，以免日后编辑其他层时影响该层的设置。

（3）执行"插入"|"新建元件"菜单项，建立一个名为"导航背景"的图形元件，在该元件编辑窗口绘制一个长条的中间黑色、两边白色的渐变圆角矩形块。

（4）执行"插入"|"新建元件"菜单项，建立一个名为"主菜单"的按钮元件，在该元件时间轴的"弹起"帧绘制一个圆角矩形，颜色选择红黑色圆形渐变，在"指针经过"帧和"按下"帧插入关键帧，并将"指针经过"帧图像的 Alpha 值设为 50，在"按下"帧利用图像变形工具，将圆角矩形适当缩小一定尺寸。

（5）选中"时间轴"面板"菜单"图层第 2 帧，将库中绘制好的"导航背景"拖放到舞台左侧，并适当调整大小，然后再从库中依次拖放 5 个"主菜单"按钮元件放置在"导航背景"上方，利用"修改"|"对齐"菜单项将 5 个按钮均分对齐，然后分别在 5 个按钮上输入"文字"、"图片"、"视频"、"课件"和"退出"几个静态文字，文字字体为"华文行楷"，字体颜色为黄色，字号为 45，并为 5 个菜单设置实例名称分别为"CaiDan1"、"CaiDan2"、"CaiDan3"、"CaiDan4"、"CaiDan5"，设置后的主菜单画面效果如图 8.4 所示。

（6）执行"插入"|"新建元件"菜单项，建立一个名为"子菜单"的按钮元件，在该元件时间轴的"弹起"帧绘制一个圆角矩形，颜色选择蓝黑色圆形渐变，在"指针经过"帧和"按下"帧插入关键帧，并将"指针经过"帧图像的 Alpha 值设为 50，在"按下"帧利用图像变形工具，将圆角矩形适当缩小一定尺寸。

（7）选中"时间轴"面板"子菜单"图层第 3 帧，将库中的"子菜单"按钮元件拖放 6 个纵向排列在"文字"主菜单按钮的右侧，利用变形工具，设置 6 个子菜单按钮的大小，并分别在菜单上输入相应的内容文字，字体为"华文行楷"，字体颜色为黄色，字号为 35，同样为 6 个

图 8.4　资料型课件主菜单

子菜单设定实例名称，分别为"zCaiDan1"、"zCaiDan2"、"zCaiDan3"、"zCaiDan4"、"zCaiDan5"、"zCaiDan6"，设置后的子菜单画面显示效果如图8.5所示。

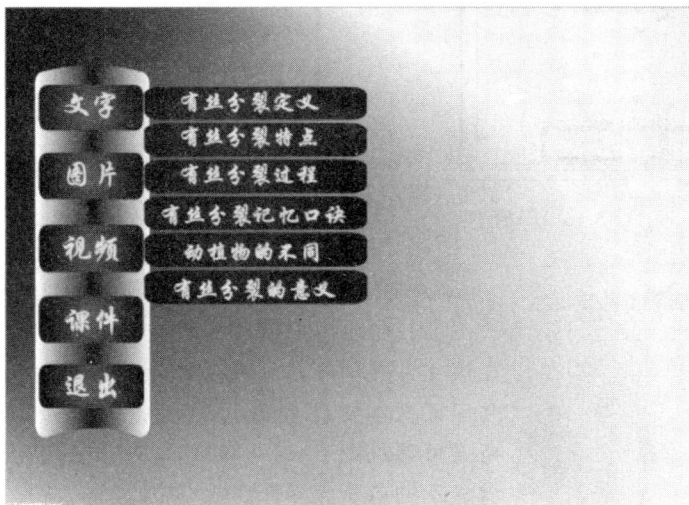

图 8.5　资料型课件子菜单的设置

（8）分别选中"时间轴"面板"子菜单"图层第 4～6 帧，采用步骤（7）的方法依次放置和制作其他主菜单项的子菜单内容。至此，菜单界面设置完成。

5．制作文字素材内容的显示页面

（1）选中"时间轴"面板的"内容"图层第 7 帧，选择工具栏中的文本工具，并设定文本类型为"动态文本"，在该帧舞台的合适位置拖放出一个文本框，在"属性"面板中，为该文本框的实例名称命名为"NeiR"，该文本框字体为"华文行楷"，字号 35，字体颜色为黄色，"段落"的"行为"选项为"多行"。单击"属性"面板"字符"选项卡里"样式"的"嵌入"按钮，激活"字体嵌入"对话框，将该对话框右侧"字符范围"选项里的"全部"选项勾选，然后单击"确定"按钮

233

就完成了字体的嵌入。

（2）选择"窗口"|"组件"菜单项，打开"组件"面板，并在该面板中的 User Interface 类中找到 UIScrollBar 组件，详情可参见图 8.6。

（3）将该组件拖放到 NeiR 文本框右侧，以保证程序运行时该文本框内输入较多文字时可实现滚动显示，为保证滚动条组件与动态文本框融合，拖放时应注意该组件"属性"面板里的 scrollTargetName 的名称是否自适应与动态文本框实例名称同名，并将该组件的 direction 参数设置为 vertical，这样才能保证该滚动条对该文本框下拉生效。该文本框及滚动条组件的参数设置如图 8.7 和图 8.8 所示，设置后的画面效果如图 8.9 所示。

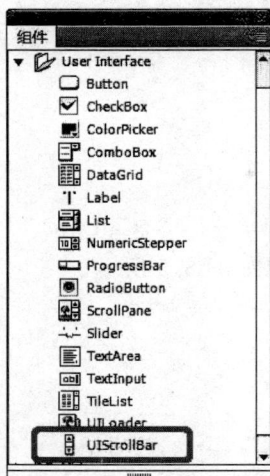

图 8.6　UIScrollBar 组件

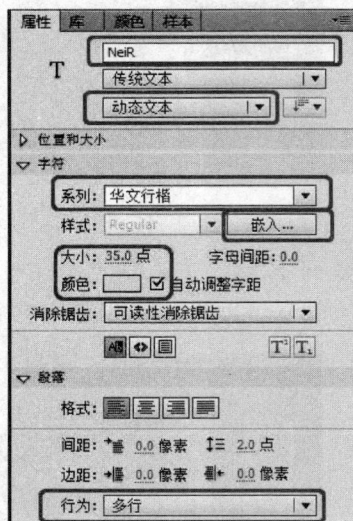

图 8.7　动态文本框的属性设置

图 8.8　滚动条组件参数设置

6. 制作"文字"菜单中各子菜单需调用的外部文本文件

（1）在硬盘中新建一个文件夹，名字为"资料库课件"，在该文件夹内新建一个文本文件，文件名称为"wenzi. txt"并保证文本文件存盘的编码格式为 Unicode，其存储编码格式可参见图 8.10。该文本文件主要存放本课件文字素材显示的各子菜单项的文字内容。

（2）wenzi. txt 的文本内容如下所示。

CT1 ＝　　　有丝分裂，又称为间接分裂，由 W. Fleming（1882）年首次发现于动物及 E. Strasburger（1880）年发现于植物。特点是有纺锤体染色体出现，子染色体被平均分配到子细胞，这种分裂方式普遍见于高等动植物（动物和低等植物）。是真核细胞分裂产生体细胞的过程。

&CT2＝　　　细胞进行有丝分裂具有周期性。即连续分裂的细胞，从一次分裂完成时开始，到下一次分裂完成时为止，为一个细胞周期。一个细胞周期包括两个阶段：分裂间期和分裂期。

图 8.9　文字素材显示画面

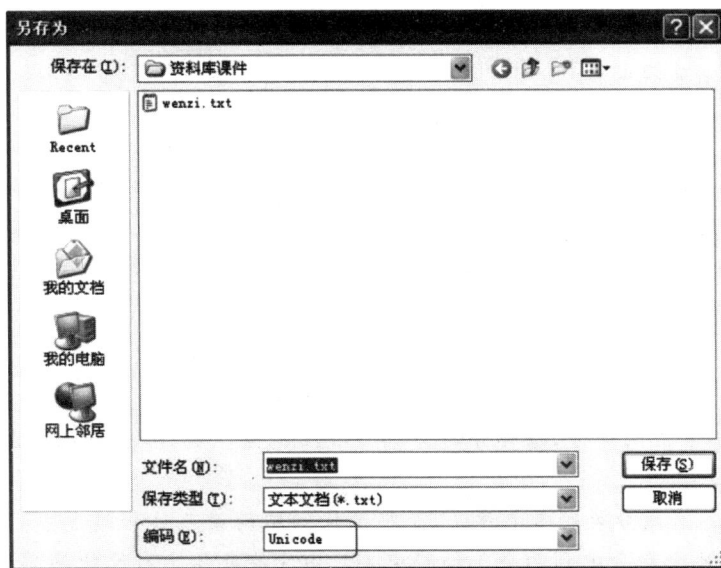

图 8.10　wenzi. txt 文件编码格式

&.CT3＝前期(prophase)：

　　染色质逐渐凝缩变粗,起先是卷曲为一团乱麻,继而能分清各个染色体,且明显可以见到每条染色体都是由两条染色单体构成的,两条染色单体共用一个着丝点。核仁和核膜逐渐变得模糊不清。纺锤丝(spindle fiber)开始形成。

　　中期(metaphase)：

　　核仁和核膜完全消失,纺锤体(spindle)明显可见。从细胞的侧面观察,各个染色体的着丝点均排列在纺锤体中央的赤道面上,而其两臂则自由地伸展在赤道面的两侧。此时,染色体具有典型的形状,适于观察和记数。

　　后期(anaphase)：

每个染色体的着丝粒分裂为二，每条染色体的两条染色单体各自分开而成为两条独立的染色体，并在纺锤丝的牵引下分别移向两极。移向两极的染色体数目是完全一样的，且同分裂前母细胞的染色体数目、形态完全一样。

末期（telophase）：

染色体已移至两极（图 mitosis-telophase），围绕着染色体重新出现核仁核膜，染色体又重新变得松散细长，恢复为染色质的状态。至此，一个母细胞内形成了两个子核。接着在纺锤体的赤道板区域形成细胞板，细胞质被分隔开，一个母细胞分裂为两个完全相同的子细胞。继而，子细胞又进入 G1 期。

有丝分裂的全过程是一个连续的过程，划分为前，中，后，末 4 个时期是人为的，只是为叙述方便而已，在实际分裂过程中绝无明显的间隔。有丝分裂所需时间，因物种和外界环境而异，在 250c 下，蚕豆根尖细胞约需 2hr，而豌豆根尖细胞只需 83 分钟。在 30c 下，蚕豆根尖细胞则需 880 分钟。在分裂过程中，前期持续的时期最长，约占整个分裂时间的一半甚至更多。

&CT4＝有丝分裂并不难

间前中后末相连

前期：膜仁消失现两体

中期：形定数晰赤道齐

后期：点裂数加均两极

末期：两消两现重开始

&CT5＝动物细胞有丝分裂的过程，与植物细胞的基本相同。不同的特点是：

1. 动物细胞有中心体，在细胞分裂的间期，中心体的两个中心粒各自产生了一个新的中心粒，因而细胞中有两组中心粒。在细胞分裂的过程中，两组中心粒分别移向细胞的两极。在这两组中心粒的周围，发出无数条放射线，两组中心粒之间的星射线形成了纺锤丝。

2. 动物细胞分裂末期，细胞的中部并不形成细胞板，而是细胞膜从细胞的中部向内凹陷，最后把细胞缢裂成两部分，每部分都含有一个细胞核。这样，一个细胞就分裂成了两个子细胞

&CT6＝　　有丝分裂的重要意义，是将亲代细胞的染色体经过复制（实质为 DNA 的复制）以后，精确地平均分配到两个子细胞中去。由于染色体上有遗传物质 DNA，因而在生物的亲代和子代之间保持了遗传性状的稳定性。可见，细胞的有丝分裂对于生物的遗传有重要意义。

7. 制作"视频"菜单中各子菜单需调用的外部视频文件

（1）单击 Windows 的"开始"菜单，找到 Adobe Media Encoder CS6 程序的快捷键，并激活该程序，该程序的运行界面如图 8.11 所示，此程序是将 avi 格式的视频文件转换为可被 Flash 调用的 flv 格式文件的视频编码程序，转换后的 flv 格式的后缀名为 f4v。

（2）利用图 8.11 中显示的"＋"按钮，将已存到硬盘的 sw01101.avi 和 swg1106b.avi 两个视频文件添加到 Adobe Media Encoder CS6 的编码队列。

（3）单击图 8.11 中的 ▆▆ 按钮，将两个视频进行 flv 视频格式编码，当两个文件编码进度条显示为 100％时，文件编码行为完成，此时编码后的文件将自动存储在原 avi 文件存储的位置。

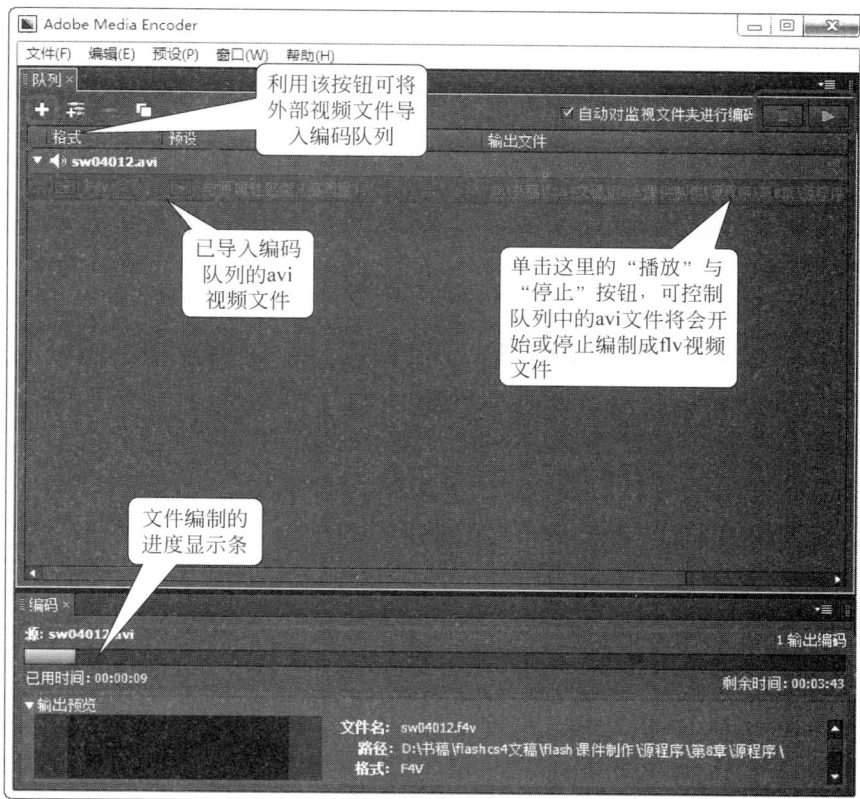

图 8.11　Adobe Media Encoder CS6 程序运行界面

（4）关闭 Adobe Media Encoder CS6 文件，将已编码好的两个 flv 视频文件放置在"资料库课件"文件夹内。

【提示】　默认情况下，执行调用的 SWF 文件和需加载的外部文件应处在同一域中，因此，凡是用该课件调用的外部文件都必须和该课件存储在同一个文件夹内，因此步骤 6 和步骤 7 生成的文本文件和视频文件都必须与本课件放在"资料库课件"文件夹内。

8. 利用 ActionScript 为课件制作交互行为

（1）选择"脚本"图层的第 1 帧，在"动作—帧"面板中输入如下脚本代码：

```
stop()
JR.addEventListener(MouseEvent.CLICK, clickJR);
function clickJR(event: MouseEvent): void {
    gotoAndPlay(2)
}
//单击封面的 Enter 按钮进入第 2 帧的菜单界面
```

（2）选择"脚本"图层的第 2 帧，在其"动作—帧"面板中输入如下代码：

```
stop()
CaiDan1.addEventListener(MouseEvent.MOUSE_OVER, moCD1);
function moCD1(event: MouseEvent): void {
```

237

```
    gotoAndPlay(3)
    rect2.graphics .clear()
    rect1.graphics.clear()
    //清除上一个子菜单单击后出现的图片内容
}
```

//鼠标滑到"文字"菜单,将跳去第 3 帧显示该菜单的子菜单项

```
CaiDan2.addEventListener(MouseEvent.MOUSE_OVER, moCD2);
function moCD2(event: MouseEvent): void {
    gotoAndPlay(4)
    rect1.graphics .clear()
    rect2.graphics.clear()
    //清除上一个子菜单单击后出现的图片内容
}
```

//鼠标滑到"图片"菜单,将跳去第 4 帧显示该菜单的子菜单项

```
CaiDan3.addEventListener(MouseEvent.MOUSE_OVER, moCD3);
function moCD3(event: MouseEvent): void {
    gotoAndPlay(5)
    rect2.graphics.clear()
    rect1.graphics .clear()
    //清除上一个子菜单单击后出现的图片内容
}
```

//鼠标滑到"视频"菜单,将跳去第 5 帧显示该菜单的子菜单项

```
CaiDan4.addEventListener(MouseEvent.MOUSE_OVER, moCD4);
function moCD4(event: MouseEvent): void {
    gotoAndPlay(6)
    rect2.graphics.clear()
    rect1.graphics .clear()
    //清除上一个子菜单单击后出现的课件内容
}
```

//鼠标滑到"课件"菜单,将跳去第 6 帧显示该菜单的子菜单项

```
CaiDan5.addEventListener(MouseEvent.CLICK, clickCD5);
function clickCD5(event: MouseEvent): void {
    import flash.system .fscommand
    fscommand("quit")
}
```

//鼠标单击"退出"菜单,将关闭播放器,退出整个程序

（3）选择"脚本"图层的第 3 帧,在其"动作—帧"面板中输入如下代码：

```
stop()
var WBSC: Number
zCaiDan1.addEventListener(MouseEvent.CLICK, clickZCD1);
function clickZCD1(event: MouseEvent): void {
    WBSC = 1
    gotoAndPlay(7)
}
zCaiDan2.addEventListener(MouseEvent.CLICK, clickZCD2);
function clickZCD2(event: MouseEvent): void {
    WBSC = 2
    gotoAndPlay(7)
}
```

```
zCaiDan3.addEventListener(MouseEvent.CLICK, clickZCD3);
function clickZCD3(event: MouseEvent): void {
    gotoAndPlay(7)
    WBSC = 3
    }
zCaiDan4.addEventListener(MouseEvent.CLICK, clickZCD4);
function clickZCD4(event: MouseEvent): void {
    WBSC = 4
    gotoAndPlay(7)
}
zCaiDan5.addEventListener(MouseEvent.CLICK, clickZCD5);
function clickZCD5(event: MouseEvent): void {
    WBSC = 5
    gotoAndPlay(7)
}
zCaiDan6.addEventListener(MouseEvent.CLICK, clickZCD6);
function clickZCD6(event: MouseEvent): void {
    WBSC = 6
    gotoAndPlay(7)
}
```

//各子菜单按钮单击后为 WBSC 变量进行赋值,以在第 7 帧用于判断显示什么文字内容,然后跳到第 7 帧进行文字内容的显示

```
ns.close()
vid.clear()
```

//清除视频菜单选项的视频内容

```
ldr1.unload()
```

//清除课件菜单选项的课件内容

(4) 选择"脚本"图层的第 4 帧,在其"动作—帧"面板中输入如下代码:

```
stop()
var TPSC: Number
zCaiDan7.addEventListener(MouseEvent.CLICK, clickZCD7);
function clickZCD7(event: MouseEvent): void {
    TPSC = 1
    gotoAndPlay(8)
}
zCaiDan8.addEventListener(MouseEvent.CLICK, clickZCD8);
function clickZCD8(event: MouseEvent): void {
    TPSC = 2
    gotoAndPlay(8)
}
zCaiDan9.addEventListener(MouseEvent.CLICK, clickZCD9);
function clickZCD9(event: MouseEvent): void {
    TPSC = 3
    gotoAndPlay(8)
}
zCaiDan10.addEventListener(MouseEvent.CLICK, clickZCD10);
function clickZCD10(event: MouseEvent): void {
    TPSC = 4
    gotoAndPlay(8)
```

240

```
}
```
//各子菜单按钮单击后为 TPSC 变量进行赋值,以在第 8 帧用于判断显示什么图片内容,然后跳到第 8 帧进行图片内容的显示
```
ns.close()
vid.clear()
```
//清除视频菜单的视频内容
```
ldr1.unload()
```
//清除课件菜单选项的课件内容

（5）选择"脚本"图层的第 5 帧,在其"动作—帧"面板中输入如下代码:

```
stop()
var SPSC: Number
zCaiDan11.addEventListener(MouseEvent.CLICK, clickZCD11);
function clickZCD11(event: MouseEvent): void {
    SPSC = 1
    gotoAndPlay(9)
}
zCaiDan12.addEventListener(MouseEvent.CLICK, clickZCD12);
function clickZCD12(event: MouseEvent): void {
    SPSC = 2
    gotoAndPlay(9)
}
```
//各子菜单按钮单击后为 SPSC 变量进行赋值,以在第 9 帧用于判断显示什么视频画面,然后跳到第 9 帧进行视频内容的播放
```
ns.close()
vid.clear()
```
//清除视频菜单的视频内容
```
ldr1.unload()
```
//清除课件菜单选项的课件内容

（6）选择"脚本"图层的第 6 帧,在其"动作—帧"面板中输入如下代码:

```
stop()
var KJSC: Number
zCaiDan13.addEventListener(MouseEvent.CLICK, clickZCD13);
function clickZCD13(event: MouseEvent): void {
    KJSC = 1
    gotoAndPlay(10)
}
zCaiDan14.addEventListener(MouseEvent.CLICK, clickZCD14);
function clickZCD14(event: MouseEvent): void {
    KJSC = 2
    gotoAndPlay(10)
}
```
//各子菜单按钮单击后为 KJSC 变量进行赋值,以在第 10 帧用于判断显示什么课件内容,然后跳到第 10 帧进行课件内容的显示
```
ns.close()
vid.clear()
```
//清除视频菜单的视频内容
```
ldr1.unload()
```
//清除课件菜单选项的课件内容

（7）选择"脚本"图层的第 7 帧,在其"动作—帧"面板中输入如下代码:

```
stop();
var loader: URLLoader = new URLLoader();
loader.addEventListener( Event.COMPLETE, handleComplete );
// 定义数据加载成功与否的事件监听器
loader.dataFormat = URLLoaderDataFormat.VARIABLES;
// 配置 loader,以加载 URL 编码变量
loader.load( new URLRequest( "wenzi.txt" ) );
//载入存有测验标题名称的 wenzi.txt 文件
function handleComplete( event: Event ): void {
  switch (WBSC) {
    case 1 :
      NeiR.text = loader.data.CT1;
      break;
    case 2 :
      NeiR.text = loader.data.CT2;
      break;
    case 3 :
      NeiR.text = loader.data.CT3;
      break;
    case 4 :
      NeiR.text = loader.data.CT4;
      break;
    case 5 :
      NeiR.text = loader.data.CT5;
      break;
    case 6 :
      NeiR.text = loader.data.CT6;
      break;
  }
}
//根据第 3 帧给 WBSC 变量赋的值为 NeiR 文本框进行文本赋值
```

（8）选择"脚本"图层的第 8 帧,在其"动作—帧"面板中输入如下代码:

```
stop();
var rect1: Shape = new Shape();
//创建一个名为 rect1 的图形对象
import flash.net.URLRequest;
//导入 Flash 的 URLRequest 对象,实现外部数据的导入
rect1.graphics.beginFill(0xFFFFFF);
rect1.graphics.drawRect(50, 50, 1000,1000);
addChild(rect1);
//绘制一个长宽分别为 800 像素的黑色矩形,矩形的绘制起始位置的横纵坐标分别为 100 像素
var ldr: Loader = new Loader();
//定义一个名为 ldr 的 Loader 对象,实现外部数据的导入操作
ldr.mask = rect1;
//将创建的名为 rect1 的矩形对 ldr 对象进行遮罩处理
var url: String;
switch (TPSC) {
```

241

```
      case 1 :
        url = "植物细胞有丝分裂.jpg";
        break;
      case 2 :
        url = "动物细胞有丝分裂.jpg";
        break;
      case 3 :
        url = "有丝分裂细胞周期.jpg";
        break;
      case 4 :
        url = "有丝分裂过程图.jpg";
        break;
}
//根据在第 4 帧给 TPSC 所赋的值为 url 变量赋值
var urlReq: URLRequest = new URLRequest(url);
//创建一个新的 URLRequest 对象，并把 url 变量指定的图片文件传给该对象
ldr.load(urlReq);
addChild(ldr);
//调用图片文件的内容并在场景中进行加载
ldr.x = 300;
ldr.y = 100;
//界定图片显示横纵坐标的起始位置
```

（9）选择"脚本"图层的第 9 帧，在其"动作—帧"面板中输入如下代码：

```
stop();
var nc: NetConnection = new NetConnection();
//创建一个名为 nc 的 NetConnection 对象，实现视频的网络导入
nc.connect(null);
//本地 FLV 文件，则使用 NetConnection 类，通过向 connect( ) 方法传递值 null，来从 HTTP 地址或本
地驱动器播放流式 FLV 文件.
var ns: NetStream = new NetStream(nc);
//创建一个名为 ns 的 NetStream 对象，用于视频的流媒体播放
ns.client = this
ns.addEventListener(AsyncErrorEvent.ASYNC_ERROR, asyncErrorHandler);
//侦听流媒体的同步播放状况
switch (SPSC) {
    case 1 :

      ns.play("swg1106b.f4v");
      break
    case 2 :

      ns.play("sw01101.f4v");
      break;
}

//根据第 5 帧给 SPSC 变量所赋的值控制导入和播放的视频文件
function asyncErrorHandler(event: AsyncErrorEvent): void {
    // 忽略错误
}
```

```
var vid: Video = new Video(640,480);
//定义新 Video 对象,并将该对象的显示分辨率设置为 640×480 像素
vid.x = 300;
vid.y = 100;
//设定视频对象显示的起始位置
vid.attachNetStream(ns);
addChild(vid);
//把导入的视频文件定义为视频对象在场景中载入
```

（10）选择"脚本"图层的第 10 帧,在其"动作—帧"面板中输入如下代码:

```
stop();
var rect2: Shape = new Shape();
//创建一个名为 rect2 的图形对象
import flash.net.URLRequest;
//导入 Flash 的 URLRequest 对象,实现外部数据的导入
rect2.graphics.beginFill(0xFFFFFF);
rect2.graphics.drawRect(100, 100, 900,900);
addChild(rect2);
//绘制一个长宽分别为 900 像素的黑色矩形,矩形的绘制起始位置的横纵坐标分别为 100 像素
var ldr1: Loader = new Loader();
//定义一个名为 ldr1 的 Loader 对象,实现外部数据的导入操作
ldr1.mask = rect2;
//将创建的名为 rect2 的矩形对 ldr1 对象进行遮罩处理
var url1: String;
switch (KJSC) {
    case 1 :
      url1 = "animal.swf";
      break;
    case 2 :
      url1 = "zhouqi.swf";
      break;
}
//根据在第 6 帧给 KJSC 所赋的值为 url1 变量赋值
var urlReq1: URLRequest = new URLRequest(url1);
//创建一个新的 URLRequest 对象,并把 url1 变量指定的课件文件传给该对象
ldr1.load(urlReq1);
addChild(ldr1);
//调用课件文件的内容并在场景中进行加载
ldr1.x = 300;
ldr1.y = 100;
//界定课件显示横纵坐标的起始位置
```

9. 测试运行结果并保存文件

（1）按 Ctrl＋Enter 键测试影片动画。

（2）执行"文件"|"保存"菜单命令保存作品。

243

小　结

本章依据资料型课件的含义和特点,介绍了资料型课件的类型、设计原则和内容设计的具体方法,并通过一个具体的资料型课件案例完整系统地从理论和实际制作的角度介绍了

244

资料型课件的设计与制作方法。在理论方面,本章阐述了资料型课件的含义、特点、设计原则和内容设计方法;在技术上,本章通过一个资料库课件的具体制作过程,探讨了弹出菜单的制作方法、UI组件的 UIScrollBar 的运用、URLLoader() 函数加载外部文本文件和 swf 文件方法、NetConnection()、NetStream() 和 Video() 函数导入和播放外部视频文件的方法和运用 Adobe Media Encoder CS6 制作 flv 视频文件等实际应用内容。

思考与练习

制作一个小学语文古诗赏析的资料库课件,课件内容要求有封面、主菜单、弹出式子菜单;菜单内容要有适合古诗欣赏的文字、图片、视频和 Flash 动画,课件主界面如图 8.12 所示。

图 8.12　上机练习课件主界面

制作要点:

(1) 创建按钮元件,并利用元件"属性"面板中的"滤镜"制作立体按钮。

(2) 运用 addEventListener 的 MouseEvent. MOUSE_OVER 侦听事件制作弹出子菜单。

(3) 运用 UI 组件的 UIScrollBar 制作文本的滚动显示。

(4) 运用 URLLoader() 函数加载外部文本文件和 swf 文件并利用 unload() 函数卸载加载的 swf 文件。

(5) 运用 Adobe Media Encoder CS6 制作 flv 视频文件。

(6) 运用 NetConnection()、NetStream() 和 Video() 函数导入和播放外部视频文件。

第4部分

Flash课件设计与制作
综合应用篇

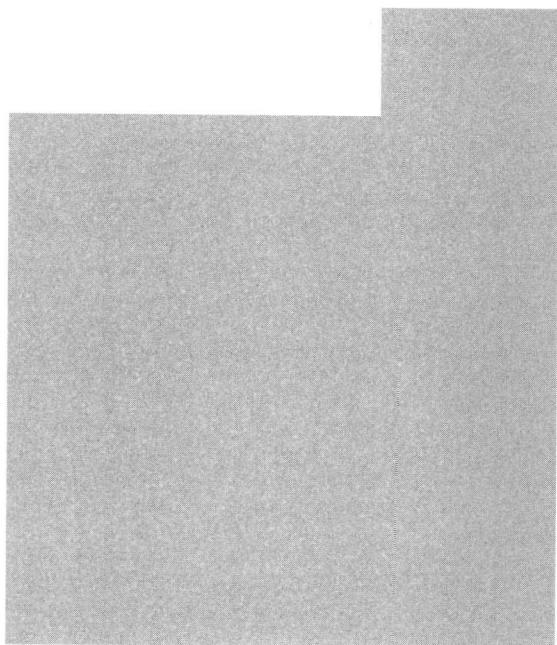

第9章 学生自主学习型综合性课件的设计与制作

▶▶▶

【本章学习导读】

【知识重点】
(1) 了解学生自主学习型课件的特点。
(2) 掌握学生自主学习型课件的设计。
(3) 掌握学生自主学习型课件的制作。
(4) 应用 Flash 制作一个自主学习型多媒体课件。

【学习任务】
(1) 学生自主学习型课件概述。
(2) 学生自主学习型课件的设计。
(3) 学生自主学习型课件《江雪》的制作。

9.1 学生自主学习型课件概述

学生自主学习型课件主要是模拟教师讲授的教学情景,完成对学生个别化学习的辅导。学生自主学习型课件应具有完整的知识结构,能反映一定的教学过程和教学策略,主要用于呈现知识或示范技能,从而实现系统、完整地进行某一内容的教学。

9.1.1 学生自主学习型课件的特点

学生自主学习型课件一般具有如下的特点。

1. 高度的交互性

自主学习型课件利用计算机扮演辅导者和教师的角色,通过人机交互会话来传递交流信息。在利用自主学习型课件进行教学的过程中,要充分运用计算机与人的交互性,实现教学信息的双向交流,确保学生积极参与学习,体现学生在学习上的主体地位,这有利于学生学习积极性的充分发挥,加深对知识内容的理解与认识。

2. 因材施教,适应学生的个别需求

通过交互,自主学习型课件为学生的学习提供服务,系统能够实现对教学过程的控制,允许学生按照自己的学习策略进行学习,学生也可以根据自己的情况控制学习进度,达到因材施教的目的。一般来说,学生的学习速度(如阅读、答题时间等)可以由自己控制,学生的学习进度(如难易度、层次度等)可由自身掌握,也可以由计算机来控制。对一些重要的知识序列内容、必备的知识技能可以由软件控制显示,系统可以根据学习者的学习情况,提供学习建议,决定下一步显示的内容,为实现以学生为中心的教学活动创造了环境。而对于一般的教学内容、顺序,则允许学习者通过菜单等方式来选择,一些辅助的功能模块,如背景音乐控制、视频动画的播放等,也应该允许学生控制。

3. 学生积极参与学习

在自主学习型课件中可以充分利用多媒体计算机高速处理多媒体信息的特长,使某些抽象的、难以表现的教学过程得以实现,使教学内容的表现不受时间、空间、微观、宏观的限制,将教学内容涉及的事物、现象、过程全部再现于课件中,为学习者营造了一个学习的意境,让学生在生动、鲜明、形象的情境中获取知识、认识世界,使学生能积极参与学习,从而提高学习效率。

4. 创设学习情景、界面友好

为了能够符合学生的学习认知规律,在自主学习型课件中通过设计精美的画面、感人的配乐朗诵、形象生动的动画,并根据学生不同年龄、学科和认知发展阶段的特征,选择不同的媒体素材,采用不同的教学策略,以多种方式向学生提供学习材料,画面直观、形式多样、生动活泼,便于学生理解,充分调动学生的学习积极性,为学生提供了多种认知路径,可以让学生全方位地感知、理解问题。

5. 诊断准确、反馈迅速

学生自主学习型课件能够根据学生的操作,迅速作出反应,能够根据学习者的学习特征、学习情况、学习任务提供即时的帮助、反馈信息,并能够提出学习建议。

6. 提供学习工具

为了帮助学生自主学习,自主学习型课件一般会提供各种学习工具,如相关资源、讨论工具、笔记本、电子邮件、扩展知识、书签、相关名词术语解释、资料检索、帮助、导航等。此外,根据学科的不同,还可以提供学科专用工具等,以满足学生个性化学习需要,充分发挥计算机的交互功能,使自主学习型课件成为帮助学生学习的认知工具;此外,系统一般要求提供导航,学习者可在需要时随时激活导航帮助系统,获得系统的即时帮助信息,了解当前的学习位置和下一步的学习方向。

9.1.2 学生自主学习型课件的一般教学过程

学生自主学习型课件扮演教师角色,向学生传授新的知识或技能,主要是使学习者通过计算机学习新知识和技能,适合于学生的自学,它应具备一定的教学策略。学生自主学习型课件的基本教学过程是:将教学内容划分为一系列小的教学单元,将知识分解成许多相关的知识点,每个单元只介绍一个概念或一个知识点;计算机先向学生呈现一小段教学内容,讲解某个概念或技能,然后针对所学的内容向学生提出有关问题,检测学生对学习内容的掌握情况,对学生的学习情况进行评估。在教学过程中,计算机时刻监控学生的学习进程,并根据学生的反应,决定是让学生进入新的内容单元,还是转入补充的内容单元,或重新学习。无论在哪个环节,只要学生不能达到系统所规定的成绩标准,就要退回重新矫正,直至达到

标准后才能进入下一个单元,通过上述的教学过程完成教学任务。具体来说,学生自主学习型课件的教学环节包括:

1. 导入新课

通过适当地运用一些生动的画面或动画和视频,可以引起学生的学习兴趣。也可以在课件中通过呈现以前相关的知识内容,或呈现日常生活中或社会、自然界中的一些现象,提出问题等形式引入新的教学内容。

2. 讲授新课

在每个教学单元的教学中,充分利用多媒体计算机技术,将教学内容用文字、图形、图像、声音、动画或视频等表现出来,通过在屏幕上讲解概念、知识,演示技能或示范例子,让学生进行充分的感知,以加强学生对教学内容的理解和记忆。

3. 练习提问

在教学单元或学习结束时,计算机就针对所学过的内容进行提问,这相当于平时的单元复习或总复习检查,主要是培养学生对新知识内容的运用能力,同时还可以根据练习的结果对学习者提出学习建议。

4. 反馈强化

主要针对学生的练习情况提供反馈与评价,同时也使学生对所学的知识内容起巩固作用。计算机还可以根据学生的反应,决定让学生学习新内容还是退回到原来的内容重新学习,或者是进入补充学习部分。

5. 进行小结

主要是对所教授的知识内容进行归纳与总结,以便让学生对所学习的内容从感性认识上升为理性认识。

9.2　学生自主学习型课件的设计

9.2.1　选择课题

选择好课题是制作多媒体课件的首要环节,只有通过认真的可行性分析选择的课题而设计的多媒体课件,才真正具有作用大、效率高、最具代表性,才能充分地利用人力、物力和财力。自主学习型课件主要用于学生自学新的知识,作为补充课堂教学的一种手段。选择课题的原则主要有:

1. 教学重点和难点的教学内容

自主学习型课件的选题必须符合现行教学大纲和教材,必须明确大纲对教学内容的要求,并处理好教材与课件的关系,教材中编写的知识比较全面、比较系统,而课件应依据教学目标,抓住重点和难点。

2. 主题单一的教学内容

课题内容尽量集中,涉及面不要太宽。

3. 能充分发挥计算机多媒体技术优势的教学内容

在选题上应选择用其他媒体难以表现而又适合于计算机多媒体表现的课题。如利用计算机模拟,直观性强,教学效果好,有利于开发和树立形象;利用计算机创设情境,提出并解决问题,要体现计算机多媒体交互性的优势,突破传统教学模式的束缚。

4. 需以学生为教学活动的主体的教学内容

学生自主学习型课件所表现的教学内容、教学方法，是教师教学思想的具体体现，因此，在确定选题时，一定要符合教育规律，体现现代的、先进的教学思想，必须以先进的教育理论作指导，以学生为教学活动的主体，要符合认知心理学的原理，要考虑开发学生非智力因素。

9.2.2 系统设计

1. 人机界面设计

人机界面是人和计算机进行信息交换的通道，用户通过交互界面向计算机输入信息进行询问、操纵和控制，计算机则通过交互界面向用户提供信息以阅读、分析、判断。在设计学生自主学习型课件时，要特别注意友好的交互界面的设计，界面的设计应针对不同学科、学习者特征进行，要注意版面的易读性、清晰性、条理性、美观性，使用户对屏幕提供的界面能很容易被理解、被接受，并能容易掌握和使用。

2. 系统结构设计

课件的系统结构反映了课件中各部分教学内容的相互关系及其发生联系的方式，在学生自主学习型课件中一般采用非线性的超媒体结构。在各个部分的排列上，既有一个逻辑上的先后顺序，同时还应提供一个灵活的跳转，使用者随时可以从当前部分跳转到另外的部分，给使用者的操作提供更大的灵活性，为学生提供多种认知路径，让学生全方位地感知、理解问题。

3. 交互设计

在自主学习型课件中，由于学生接受能力不同，所以应特别注意对交互的设计。在设计自主学习型课件的交互时，交互不仅体现在课件提供适当的练习，还体现在使用者能对教学内容进行选择和取舍，对教学流程和模拟操作的控制，对学习速度与进度的控制等，以及在问题的解答时有计算机及时的针对性的提示和帮助，等等。总之，交互的设计应充分体现学习者的主体性、参与性。

4. 导航设计

在学生自主学习型课件中，为便于学习者随时查询学习内容和自己所处的位置，有利于学习者更好地学习，不易在非线性的结构中迷失方向，需要系统提供引导措施。导航策略实际是教学策略的体现，是一种避免学生偏离教学目标、引导学生进行有效学习，以提高学习效率的策略。课件中导航设计包括：一是尽可能提供简单的操作手段，使学习者不需要大量的预备技能都能使用课件，否则，无论系统提供的功能是多么先进，如果学习者要花太多的时间来学习掌握该功能，都会影响学习者对课程学习的兴趣，因此，要考虑系统的易用性和操作的简便性；二是对于学习者不熟悉的功能，必须设计在线帮助信息，便于学习者随时可取得操作帮助，以提高学习者的学习效率。

9.3 学生自主学习型课件《江雪》的制作

9.3.1 《江雪》课件教学设计

1. 背景资料

《江雪》是唐代诗人柳宗元被贬到永州之后写的一首诗，这首诗描绘出了一幅肃穆感人的江山的雪景图。全诗的意境,在"孤"和"独"二字上。诗中充满了寒意,令人读之不寒而栗,从而受到感染和教育。在诗人笔下,那位"蓑笠翁"的形象,是那样鲜明,令人难以忘怀。但这首诗,并不是单纯地在描绘中国江山的雪景,它的立意是很高远的。它不是为了写雪景而写雪景,而是通过雪景来赞美老翁"独钓寒江"的精神,更是诗人想借诗中寒江独钓的渔翁来抒发自己孤独郁闷的心情。古代诗人在字词的使用上十分讲究,力求完美。教学古诗时,应抓住诗句中的关键字,品味玩索,深挖细抠,使学生在学习古人用词准确、深刻的同时,体会作者的情感,认识中国文字博大精深的美。

2. 学习目标

(1) 理解千山、绝、万径、踪、灭、蓑笠翁等词的意思,在想象诗中意境深远的画面中理解诗意。

(2) 体会《江雪》的语言美及意境美。

3. 教学过程

(1) 看图说话,新课引入

出示一幅画面,画面中白雪茫茫,只有一人在江面上,坐在小船上垂钓。请学生组织语言说说画面的情景(从训练学生根据画面说完整话开始,同时引出下面的古诗语言的品味与欣赏学习)。

(2) 反复朗读,品味诗语

师:有一位诗人是这样描述这幅画面的。出示古诗全文。

① 学生读诗,直至成诵。

② 学生品味诗语言。

师:画面好空旷,情景好凄凉,背景好寥廓,这么一幅凄清的山水画作者却只用了 20 个字就表现出来了,赢得了众多人的称赞,你们喜欢这首诗吗,为什么?

(如柳宗元的诗具有一种对称美,"千山"对"万径","灭"对"绝","孤"对"独","蓑笠翁"对"寒江雪"。这首诗展现的画面是一种凄凉美,语言具有对称美。同样的意思,同样是这样的组合,是组合得这么巧妙,这种妙的组合叫人赞叹,更让人叹为观止的是其间蕴含的情意。)

(诗意、诗味、诗情仅存在于诗的言语形式中,改变了言语形式,诗意、诗味、诗情也就随之改变甚至完全消失了。在学生述说自己为什么喜欢这首诗之际,诗美的表达方式也潜移默化于学生头脑之中。)

(3) 了解背景,体会感情

① 你们猜一猜,作者写这首诗可能是什么时候。

老师随即介绍读者:柳宗元,山西人(唐代河东,所以人们称他柳河东),二十多岁考中进士,博学多才。32 岁那年参加改革,成为核心人物,名气很大,谁知改革失败,被贬到永州降几级,10 年后才被召回,后又被贬到更偏远的柳州,46 岁那年在忧闷中病逝。这首古诗,就是诗人被贬到永州时所作。当他看到眼前茫茫白雪,毫无生机的世界里,有一位老人在江面上独钓的情景,他会怎么想呢?

② 指导朗读,读出苦闷、烦恼,或者读出坚贞不屈,在读熟的基础上背诵课文(这里的背景介绍不是由教师直接传授于学生,而是让学生从诗的字里行间体会出来。教师的"导"也是在学生认知基础上的引导)。

（4）尝试运用，加深体会

① 师：我们现在学古诗，一是为了了解我国灿烂的古代文化；二是积累优美丰富的言语；三是学会正确运用，提高语言能力。出示

山道上，空旷无人，俱寂无声，颇有一种："_____"的感觉。

② 虽然不被人理解，但是我还是坚持走自己的道路，希望在向我招手，诗句"_____"不正是告诉我们这个道理吗？

（5）拓展阅读，开阔视野

柳宗元46年的人生生涯中，现留下存世的有约一百五十余首诗，大多是抒写被贬后心情愁闷，只得寄情山水田园的诗。我们来看其中两首诗，出示：

柳州二月榕叶落尽偶题

宦情羁思共凄凄，

春半如秋意转迷。

山城过雨百花尽，

榕叶满庭莺乱啼。

与浩初上人同看山寄京华亲故

海畔尖山似剑芒，

秋来处处割愁肠。

若为化作身千亿，

散向峰头望故乡。

你又如何明白诗中蕴涵着凄凉、苦愁与悲伤呢？引导学生从字里行间体察作者的情感杂思。

把体会到的情感通过朗读表现出来。

（食物的味道需咀嚼后才能知道，水果的营养要吃下去才能吸收，所以，教学古诗要让学生咬文嚼字，反复吟诵，在体悟情味中赏析语言，在推敲语言中领悟意境。）

（6）总结学习，抄默古诗

提醒容易写错的字：蓑、笠、独，先抄写生字，再抄写或默写古诗。

9.3.2 《江雪》课件系统设计

1. 封面

封面中有课件名称，设计动画形式表现该课件的精彩内容，以增强吸引力，课件的封面如图9.1所示。单击右下角的 Enter 按钮后，进入内容学习。

2. 内容部分

这部分主要表现以下内容：①呈现学习目标；②作者简介；③朗读全诗，以图、声、动画表现诗中的意境；④识记生字，能以动画的形式帮助生字的记忆；⑤理解词语，能以动画的形式帮助生字的理解；⑥讲读诗句，以图、声、动画表现诗中的意境；⑦欣赏全诗，配以图、声、动画等表现；⑧表现重点难点，对教学内容中的重点和难点，在多媒体课件设计中要体现出来。对难点内容主要通过形象的描述，包括画面和声音的配合，帮助学习者理解知识、

图 9.1　《江雪》课件封面

加深印象、强化记忆；⑨注重渗透学习策略的应用。在课件中，要通过具体问题的分析，尽可能为学习者提供思维方法，启发他们去寻求答案，掌握规律，促进其知识结构的发展与知识迁移；⑩适时归纳总结，为了巩固所学知识，加深记忆，应适时地进行归纳和复习，以激发学习者回忆已学过的知识，充分利用认知结构中已有的概念来完善和丰富知识体系。课件的内容界面如图 9.2 所示。

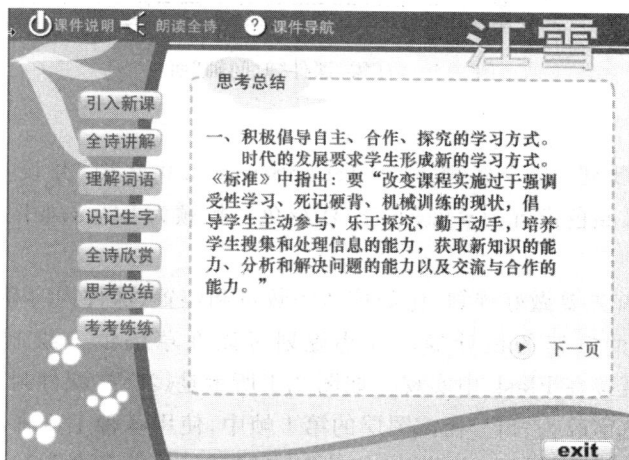

图 9.2　《江雪》课件内容界面

《江雪》课件系统结构如图 9.3 所示。

3. 练习部分

设计并制作实现下列效果的题目。

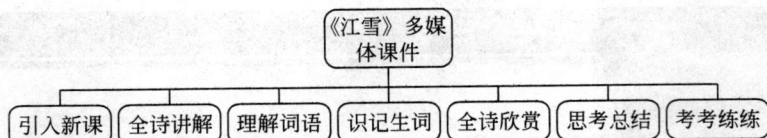

图 9.3 《江雪》课件系统结构图

1）填空题

效果说明：例如光标出现在一条横线上，要求学习者输入回答，学习者输入回答后，能判断回答是否正确，并以不同的方式提示回答的正确或错误。使用者可以任意选择一个空进行填写回答。

2）选择题

包括单选题和两道多选题，并能判断正误，在提交之前，可以任意修改答案。

9.3.3 《江雪》课件制作

由于本书既牵涉到 ActionScript 2.0 知识，也牵涉到 ActionScript 3.0 知识，为使读者掌握更多的课件编制方法，《江雪》课件以 ActionScript 2.0 版本来完成，制作完成后的"时间轴"面板如图 9.4 所示。

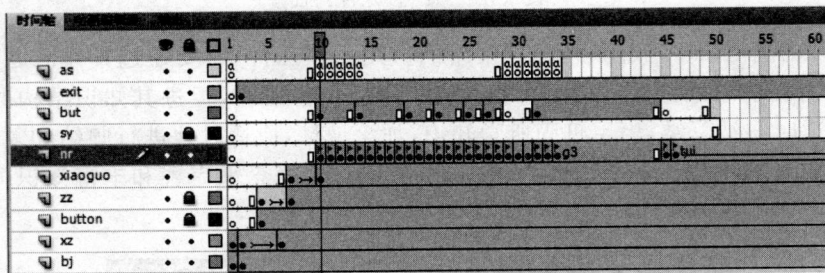

图 9.4 《江雪》课件"时间轴"面板

1. 准备工作

单击"文件"|"新建"命令新建一个 ActionScript 2.0 文档，并设置文件大小尺寸为640×480 像素，背景颜色设置为♯99FFFF（浅绿色），帧频为 24fps，如图 9.5 所示。

2. 封面制作

课件界面设计首先要做好规划，比如按钮的数量和位置、课件内容显示窗口的位置和大小、文字的设计、辅助按钮的设计等。这些规划可以在草稿纸上绘制出来，然后再使用 Photoshop 软件或直接在 Flash 中实现。如图 9.1 所示是《江雪》课件封面。

（1）将图层 1 名字改为"bj"，在该图层的第 1 帧中，使用各种工具画出封面背景图，如图 9.6 所示，选中制作好的背景图，在菜单"修改"中选择"转换为原件"命令，将背景转换为原件，名字为"bj"。

（2）在菜单"窗口"中选择"公用库"中的"按钮"命令，在打开的按钮库中选择一个合适的按钮，例如 button rect bevel 下的 rect bevel green，如图 9.7 所示，并将其用鼠标拖到场景 1 的背景上，如图 9.1 所示右下角的按钮。

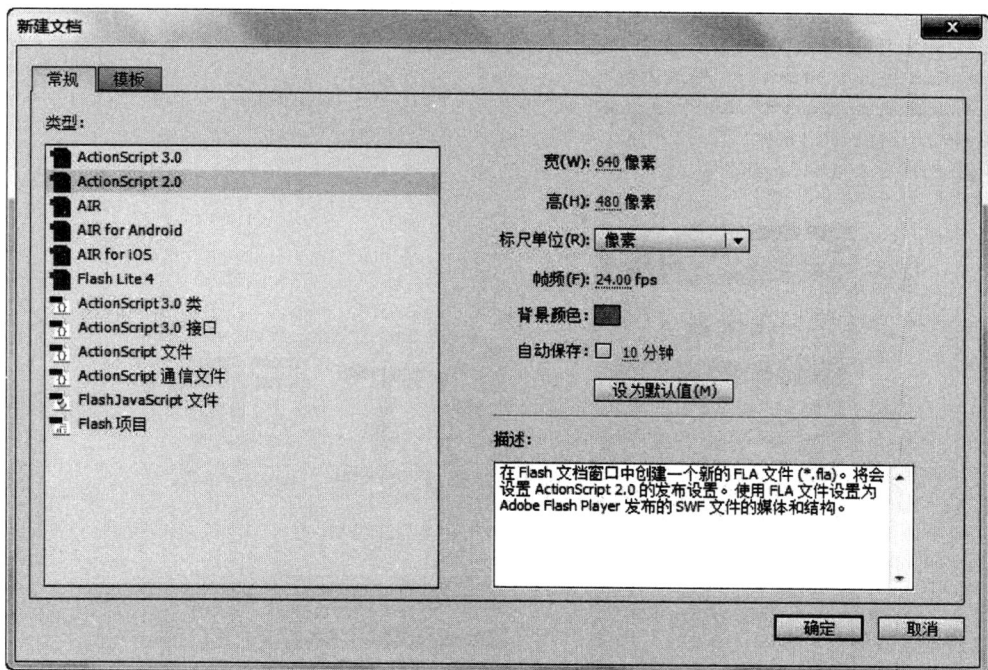

图 9.5　修改 Flash 文档属性

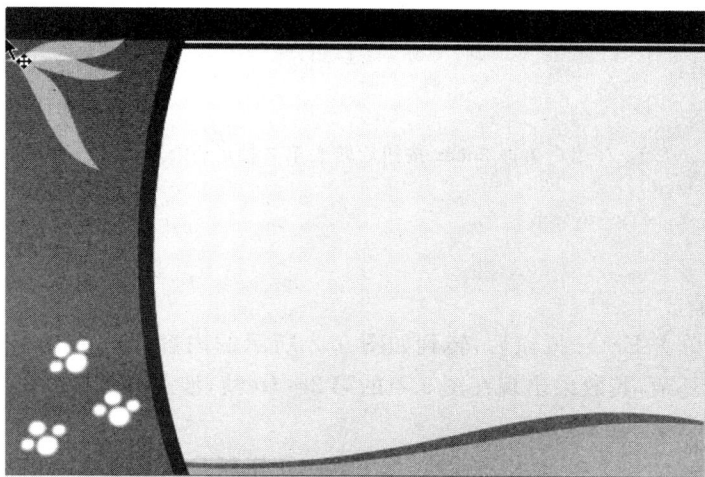

图 9.6　《江雪》课件封面背景

（3）选择菜单"插入"|"新元件"命令新建"影片剪辑"元件 dbt，在元件制作时间轴图层 1 中制作动作渐变动画文字"江雪"由很大且全透明的字，渐变为清晰、大小适中的字；图层 2 是文字阴影效果，形成如图 9.8 所示的标题运动效果。

（4）回到场景 1，新建图层，取名为"xz"（如图 9.4 所示），将元件 dbt 拖入第 1 帧中。

（5）新建图层，取名为 as（图 9.4 所示），选中第 1 帧单击右键或按 F9 键打开"动作"面板，输入下列 ActionScript 语句：

255

```
stop(); //屏幕停留在第1帧,显示封面,等待用户单击 Enter 按钮
fscommand("fullscreen", true); //设置全屏显示状态
mysound = new Sound();//播放声音
mysound.attachSound("xiao");
mysound.start(0, 1000);
_global.soundIsPlaying = 1;
```

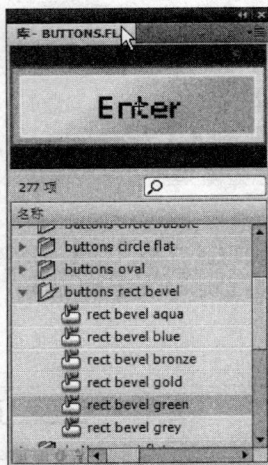

图 9.7　打开按钮库　　　　　图 9.8　标题动画

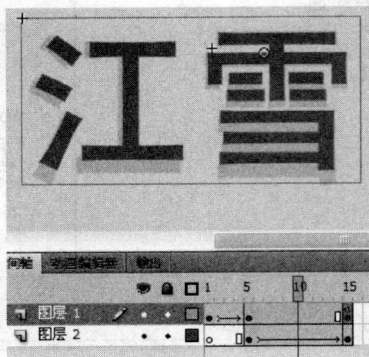

（6）选中 bj 层中的 Enter 按钮,单击右键或按 F9 键打开"动作"面板,输入下列 ActionScript 语句：

```
on(release){
    gotoAndPlay(2); //用户单击 Enter 按钮后转去第2帧运行
    mysound.stop();
    _global.soundIsPlaying = 0;
    }
```

3. 内容界面

用户在封面单击 Enter 按钮后,转到如图 9.2 所示的内容界面,为了后续工作准备,此界面的制作比较复杂,其效果出现在图 9.4 的第 2~10 帧,涉及图层 xz、button、zz、xiaoguo、nr、but 和 exit 等,制作步骤如下：

（1）在图层 bj 的第 2 帧插入关键帧,把 Enter 按钮删除,并在第 90 帧按 F5 键补帧。

（2）新建图层 exit,选中第 2 帧,插入空白关键帧,按照上面的步骤（2）制作 Exit 按钮后,拖入第 2 帧,并在第 90 帧按 F5 键补帧。

（3）选择菜单"插入"|"新元件"命令新建"影片剪辑"元件 dbt1,在元件制作时间轴图层 1 中制作文字"江雪",然后回到场景 1,在图层 xz 第 2 帧插入空白关键帧,将元件 dbt1 拖入,并在第 2~6 帧制作动作渐变效果,将元件 dbt1 中的文字"江雪"移动到屏幕的右上角。并在第 90 帧按 F5 键补帧

（4）新建图层 xiaoguo,使用元件,在第 7~10 帧制作动作渐变,实现图 9.2 中的虚线框由小变大效果,并在第 90 帧按 F5 键补帧。

（5）新建图层 nr，在第 10 帧使用文字工具 T，在课件界面顶端输入"引入新课"，在课件内容显示窗口中输入文字内容，并将该帧命名为"a1"，最终完成效果如图 9.9 所示。

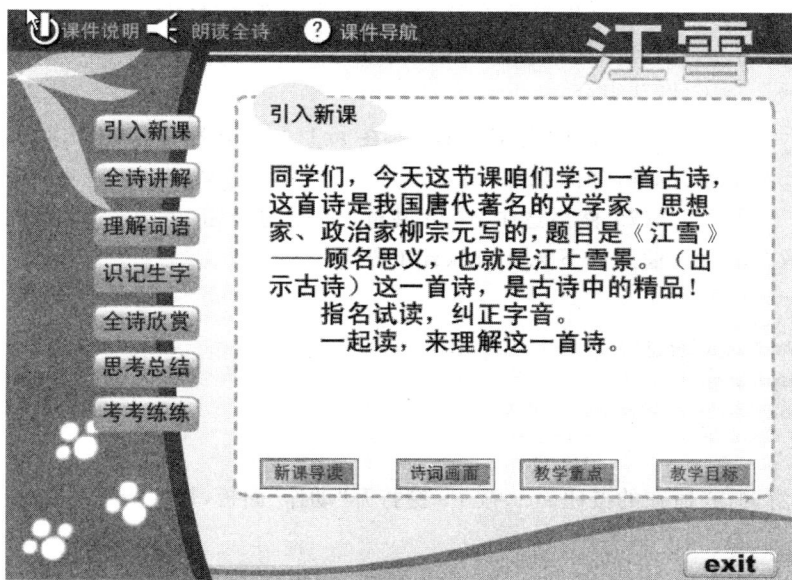

图 9.9　内容界面

（6）在图层 as 的第 10 帧按 F9 键打开"动作"面板，输入下列 ActionScript 语句：

stop();//屏幕停留在第 10 帧，等待用户操作

4．制作导航按钮

在课件界面的左侧设计了 7 个按钮，如图 9.9 所示，制作步骤如下：

（1）新建图层 button，选中第 4 帧，选择矩形选框工具，然后打开"属性"面板，将矩形边角半径的值设置为 2。

（2）绘制出与按钮大小一致的矩形框。双击选中矩形框，单击右键，选择"转换为元件"命令。在弹出框中将其命名为"an1"，并选择"按钮"选项，将其转换为按钮元件。

（3）双击 an，进入编辑界面，将"指针经过"设置为关键帧，并修改"指针经过"帧中按钮的大小和颜色，实现鼠标经过按钮时，按钮变化的效果，如图 9.10 所示。

图 9.10　导航按钮制作

（4）返回场景 1 中，选中按钮 an1，按 F9 键打开"动作"面板，输入如下 ActionScript 语句，并在 an1 上面输入文字"引入新课"：

```
on(release){
    gotoAndStop(a1);
    mysound.stop();
    _global.soundIsPlaying = 0;
}
```

a1 帧是图 nr 中的第 10 帧，里面放的是"引入新课"的内容（参见上面的第 6 步，以下的

含义相同），作用是单击该按钮，将跳转到并停止在名称为 a1 的帧。

（5）按住 Alt 键，单击选中 an1 并向下拖动，即可直接复制。重复此操作，复制出另外 6 个 an1。并使用对齐工具 将其排列整齐，分别一一对应课件界面中的按钮位置。框选中全部 7 个 an1，按快捷键 Ctrl+G 将其组合。

（6）使用文字工具 ，在 an1 上方分别输入按钮名称，调整好大小和位置，如图 9.11 所示。

（7）然后选中"全诗讲解"所在的按钮 an1，按 F9 键打开"动作"面板，输入如下 ActionScript 语句：

图 9.11　设置按钮

```
on(release){
    gotoAndStop("全诗");
    mysound.stop();
    _global.soundIsPlaying = 0;
}
```

选中"理解词语"所在的按钮 an1，按 F9 键打开"动作"面板，输入如下 ActionScript 语句：

```
on(release){
    gotoAndStop(c1);
    mysound.stop();
    _global.soundIsPlaying = 0;
}
```

选中"识记生字"所在的按钮 an1，按 F9 键打开"动作"面板，输入如下 ActionScript 语句：

```
on(release){
    gotoAndStop(d1);
    mysound.stop();
    _global.soundIsPlaying = 0;
}
```

选中"全诗欣赏"所在的按钮 an1，按 F9 键打开"动作"面板，输入如下 ActionScript 语句：

```
on(release){
    mysound.stop();
    gotoAndStop(e1);
    mysound.start(0 , 1);
    _global.soundIsPlaying = 1;
}
```

选中"思考总结"所在的按钮 an1，按 F9 键打开"动作"面板，输入如下 ActionScript 语句：

```
on(release){
    gotoAndStop(f1);
    mysound.stop();
    _global.soundIsPlaying = 0;
}
```

选中"考考练练"所在的按钮 an1,按 F9 键打开"动作"面板,输入如下 ActionScript 语句:

```
on(release){
    gotoAndStop(g1);
    mysound.stop();
    _global.soundIsPlaying = 0;
}
```

(8)为了实现按钮出现时候的动画效果,新建图层 zz,在第 4 帧使用工具 ▣ 画一个无边框的白色矩形,宽度与按钮的宽度一样,高度设置为很小,位置放在"考考练练"按钮的下方,然后到第 7 帧插入关键帧,把第 7 帧中的矩形高度拉大到覆盖所有 7 个按钮,并设置"形状补间"动画,最后在 zz 层上单击右键,在弹出菜单中选择"遮罩层"命令。

5. 制作"引入新课"

"引入新课"的内容在上面的"3. 内容界面"的第(5)步已经制作完成,下面制作"引入新课"界面中位于底部的 4 个交互按钮以及它们跳转的效果,如图 9.9 所示。

(1)新建图层 but,在第 10 帧里利用上面的方法或直接使用公用库中的按钮,制作 4 个按钮,并在上面分别写上文字:"新课导读"、"诗词画面"、"教学重点"、"教学目标",并在第 13 帧按 F5 键补帧。

(2)选中"新课导读"所在的按钮,按 F9 键打开"动作"面板,输入如下 ActionScript 语句:

```
on (release) {
    gotoAndStop(a1);
}
```

选中"诗词画面"所在的按钮,按 F9 键打开"动作"面板,输入如下 ActionScript 语句:

```
on (release) {
    gotoAndStop(a2);
}
```

选中"教学重点"所在的按钮,按 F9 键打开"动作"面板,输入如下 ActionScript 语句:

```
on (release) {
    gotoAndStop(a3);
}
```

选中"教学目标"所在的按钮,按 F9 键打开"动作"面板,输入如下 ActionScript 语句:

```
on (release) {
    gotoAndStop(a4);
}
```

(3)制作上面 4 个按钮对应的内容,都制作在图层 nr 中。其中"新课导读"的内容在第 10 帧,上面的"3. 内容界面"第(5)步骤已经制作完成。剩下的三个内容分别在 11、12、13 帧中。把第 11 帧命名为 a2,并插入一幅图,如图 9.12 所示,其中边框以及 4 个按钮是上面已经完成制作的效果,这里不用再制作了(下面相同)。

图 9.12　"诗词画面"内容

把第 12 帧命名为 a3，输入如图 9.13 所示的内容。

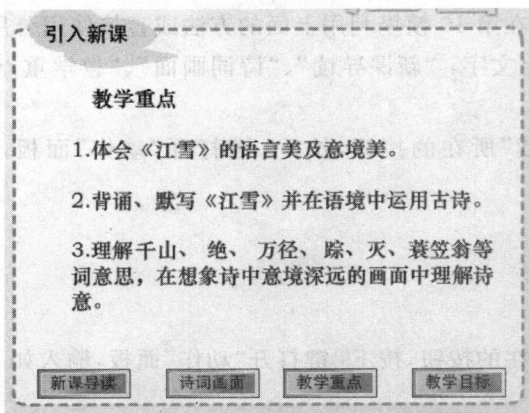

图 9.13　"教学重点"内容

把第 13 帧命名为 a4，输入如图 9.14 所示的内容。

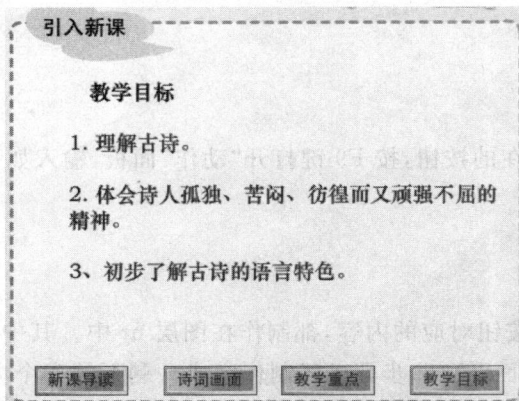

图 9.14　"教学目标"内容

（4）在图层 as 的第 10～14 帧中都输入如下 ActionScript 语句：

```
stop( );  //目的是显示到该帧时,程序能停止下来
```

6. 制作"全诗讲解"

（1）在图层 but 的第 14 帧里利用上面相同的方法制作 4 个按钮,并在上面分别写上文字："作者简介"、"诗词环境"、"作者心情"、"诗词精神",并在第 18 帧按 F5 键补帧。

（2）选中"作者简介"所在的按钮,按 F9 键打开"动作"面板,输入如下 ActionScript 语句：

```
on (release) {
    gotoAndStop(b1);  //跳转到作者简介画面
}
```

选中"诗词环境"所在的按钮,按 F9 键打开"动作"面板,输入如下 ActionScript 语句：

```
on (release) {
    gotoAndStop(b2);  //跳转到诗词环境画面
}
```

选中"作者心情"所在的按钮,按 F9 键打开"动作"面板,输入如下 ActionScript 语句：

```
on (release) {
    gotoAndStop(b3);  //跳转到作者心情画面
}
```

选中"诗词精神"所在的按钮,按 F9 键打开"动作"面板,输入如下 ActionScript 语句：

```
on (release) {
    gotoAndStop(b4);  //跳转到诗词精神画面
}
```

（3）制作上面 4 个按钮对应的内容,制作在图层 nr 中的第 14～17 帧中,把第 14 帧命名为 b1,输入如图 9.15 所示的内容,其中边框以及 4 个按钮是上面已经完成制作的效果,这里不用再制作了(下面相同)。

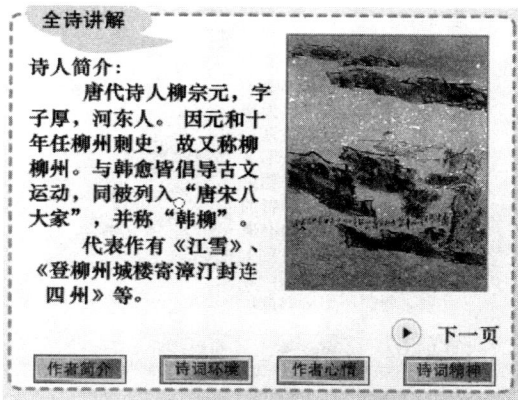

图 9.15　"作者简介"内容

把第 15 帧命名为 b2，输入如图 9.16 所示的内容。

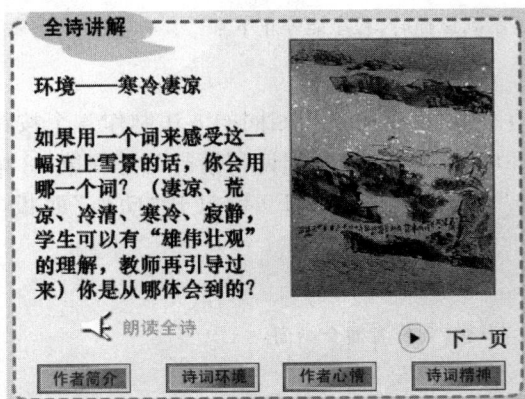

图 9.16　"诗词环境"内容

把第 16 帧命名为 b3，输入如图 9.17 所示的内容。

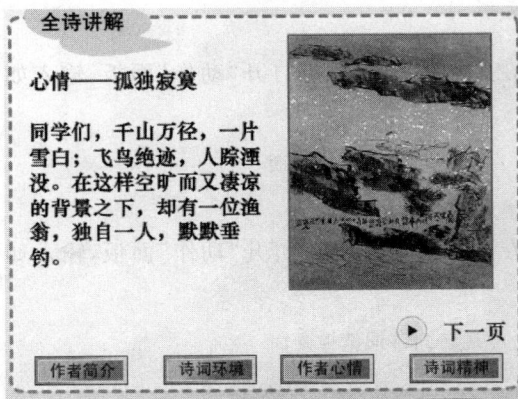

图 9.17　"作者心情"内容

把第 17 帧命名为 b4，输入如图 9.18 所示的内容。

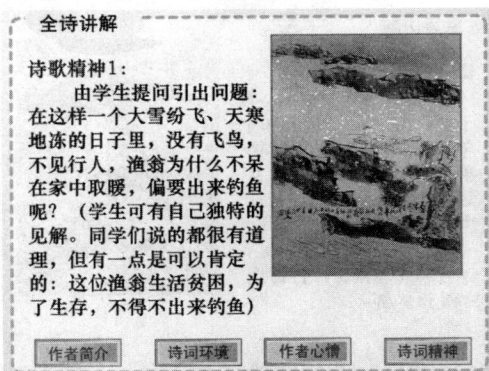

图 9.18　"诗词精神"内容

（4）在图层 as 的第 14～17 帧中都输入如下 ActionScript 语句：

```
stop( ); //目的是显示到该帧时,程序能停止下来
```

（5）本部分的 4 个内容中,每个都有超过一个画面,可以设置"下一页"按钮实现页面跳转,"下一页"的页面也都放在图层 nr 上紧接着上一画面的帧,这就是本部分内容在图层 nr 上实际占用了第 14～21 帧的原因了。

7. 制作"理解词语"、"全诗欣赏"、"思考总结"

（1）按照同样的方法在图层 nr 的第 22～24 帧制作"理解词语"中的"阅读全诗"、"诗词分析"、"诗句分析"、"诗词精神"对应的内容,并把第 22 帧命名为 c1,如图 9.19 所示。

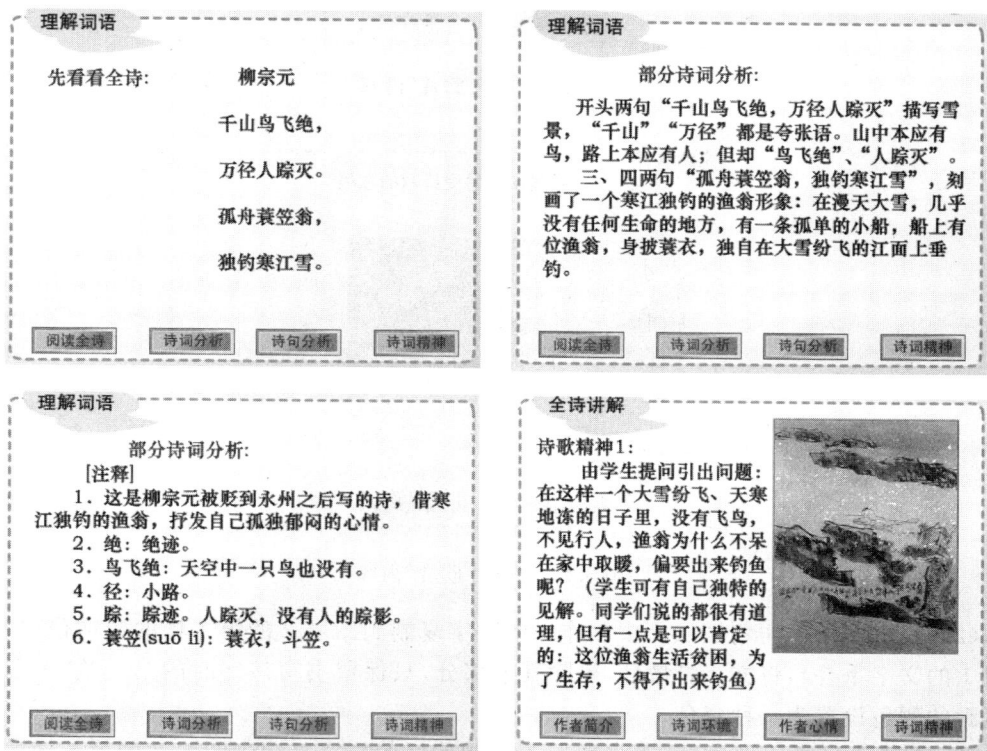

图 9.19　"理解词语"内容

（2）按照同样的方法在图层 nr 的第 27 帧和 28 帧制作"全诗欣赏"中的"朗读欣赏"、"图片欣赏"对应的内容,并把第 27 帧命名为 e1,如图 9.20 和图 9.21 所示。

（3）按照同样的方法在图层 nr 的第 29～31 帧制作"思考总结","思考总结"共有三个页面,并把第 29 帧命名为 f1,如图 9.22 所示。

8. 制作"识记生词"

这部分制作了两个文字"径"和"踪"的笔画动画效果,在第 25 和 26 帧里完成,如图 9.23 所示,制作步骤如下：

（1）新建影片剪辑元件"jing",在元件制作窗口的图层 1 的第 1 帧输入文字"径",字体设置为粗笔画(例如黑体),颜色设置为黑色。

263

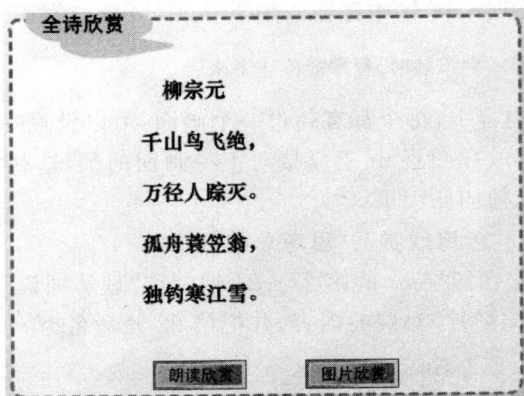

图 9.20 "朗读欣赏"内容

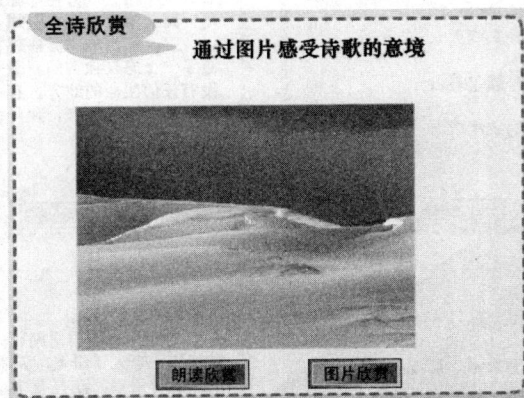

图 9.21 "图片欣赏"内容

（2）新建图层 2，再将图层 1 中制作好的文字复制到图层 2 的第 1 帧的当前位置（即与图层 1 的文字重叠），将文字打散后，删除其余部分，只保留书写该字时的第 1 笔"丿"，并将该笔画的颜色设置为一种彩色。

（3）在第 6 帧插入关键帧，并将图层 1 中制作好的文字复制到图层 2 的第 6 帧的当前位置（即与图层 1 的文字重叠），将文字打散后，删除其余部分，只保留书写该字时的第 2 笔"丿"，并将该笔画的颜色设置为一种彩色。

（4）使用同样的方法制作第 11、16、21、26 帧的剩余笔画，最后效果的"时间轴"面板如图 9.24 所示。

（5）使用同样的方法制作另一个字"踪"动画效果的元件，最后效果的"时间轴"面板如图 9.25 所示。

（6）回到场景 1 中，选择图层 nr 的第 25 帧，命名为 d1，在其中输入左上角的文字，拖入元件 jing 到屏幕中间；在图层 but 的第 25 帧按照前面的方法制作并拖入下面两个按钮，并按照前面的方法制作通过这两个按钮实现两个动画跳转的效果。

9. "考考练练"之"填空题"制作

单击"考考练练"后显示如图 9.26 所示的画面，在这个画面中有 5 个空，学习者可以使

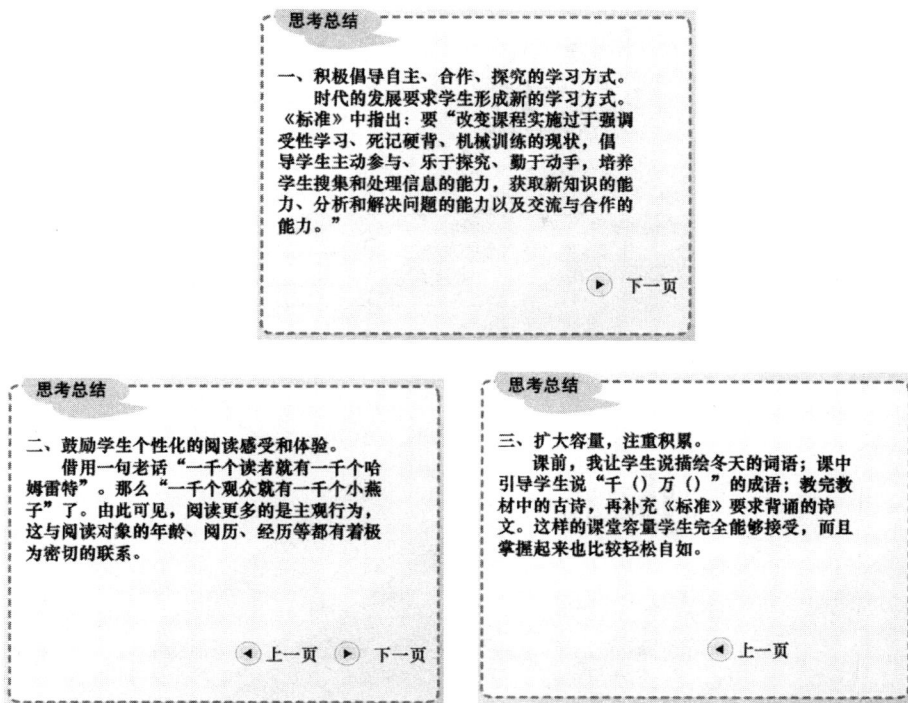

图 9.22 "思考总结"内容

图 9.23 文字"径"的笔画动画效果

用鼠标单击任何一个空后,在横线上填写答案,然后单击右下角的"判断"按钮,课件会对填写的答案进行判断,并将判断结果显示在界面的中下位置。制作步骤如下:

(1) 在图层 but 的第 32 帧采用前面的方法制作图 9.26 中的"填空题"、"单选题"、"多选题"三个按钮,并使用 ActionScript 语句,产生单击按钮后分别跳转到第 32 帧、第 33 帧和第 34 帧的效果。

(2) 选择图层 nr 的第 32 帧,输入如图 9.27 所示的内容,其中包括制作右下角的按钮。

(3) 在工具栏中选择文字工具 **T**,然后在"属性"面板中设置文字类型为"输入文本",

图 9.24　文字"径"的笔画动画效果的"时间轴"面板

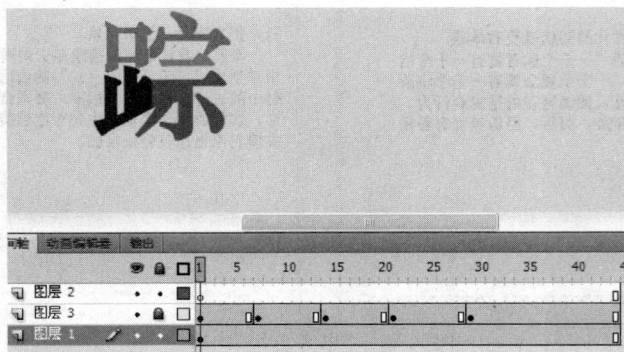

图 9.25　文字"踪"的笔画动画效果的"时间轴"面板

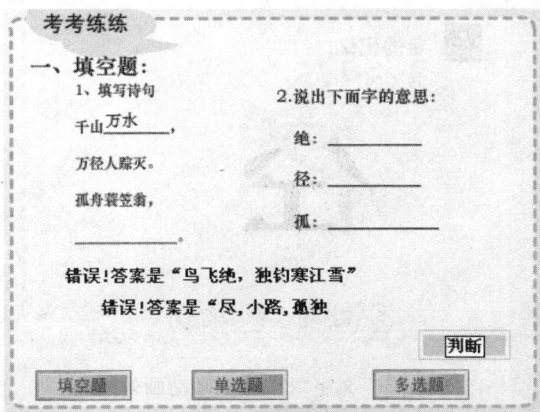

图 9.26　填空题效果

以及将来输入文字的颜色等属性，如图 9.28 所示。

（4）然后在题目窗口中空白位置拉出一个文字输入框，将此框拖到第一个空的横线上，调整好大小，如图 9.29 所示。

（5）并在此框被选中的情况下，在"属性"面板中设置此框的变量名称为"tk11"，如图 9.30 所示。

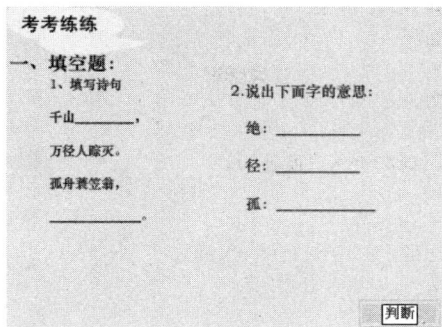

图 9.27　输入题目

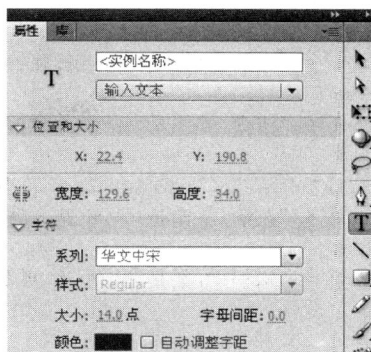

图 9.28　选择文字类型

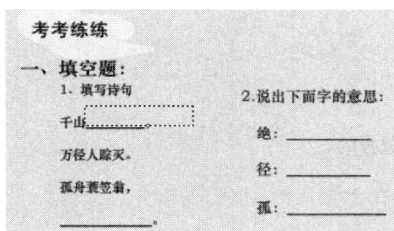

图 9.29　文字输入框

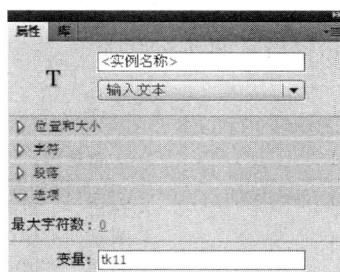

图 9.30　设置文字输入框变量名

（6）依次制作其他 4 个空的文本输入框，并分别将变量命名为 tk12、tk21、tk22、tk23，如图 9.31 所示。

（7）图 9.31 中下面两条长的虚框是用来显示判断信息的，要将其文字类型设置为"动态文本"，将上面一个框变量命名为 pan1，下面的框命名为 pan2，如图 9.32 所示。

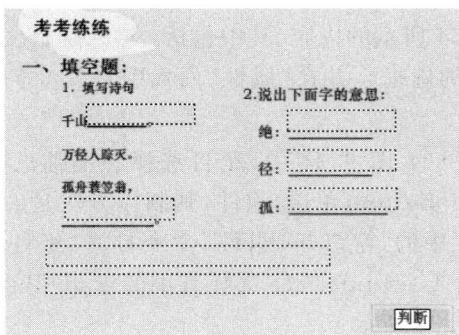

图 9.31　设置填空文字输入框

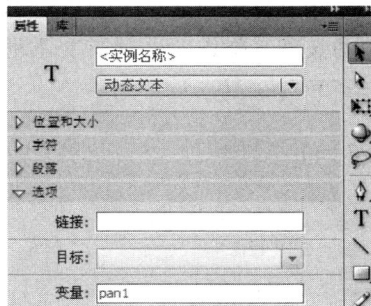

图 9.32　设置动态文字输入框

（8）用鼠标选中右下角的"判断"按钮，按 F9 键打开"动作"面板，输入如下 ActionScript 语句：

267

```
on (release) {
    if ((tk11 == "鸟飞绝") && (tk12 == "独钓寒江雪")) {
        pan1 = "正确!答案是'鸟飞绝,独钓寒江雪'";
    } else {
        pan1 = "错误!答案是'鸟飞绝,独钓寒江雪'";
    }
    if ((tk21 == "尽") && (tk22 == "小路") && (tk23 == "孤独")) {
        pan2 = "正确!答案是'尽,小路,孤独'";
    } else {
        pan2 = "错误!答案是'尽,小路,孤独'";
    }
}
```

10. "考考练练"之"单选题"制作

单击"考考练练"后显示如图 9.33 所示的画面，单击下面的"选择题"按钮出现选择题，学习者选择答案，然后单击右下角的"判断"按钮，课件会对选择的答案进行判断，并将判断结果显示在题目后。制作步骤如下：

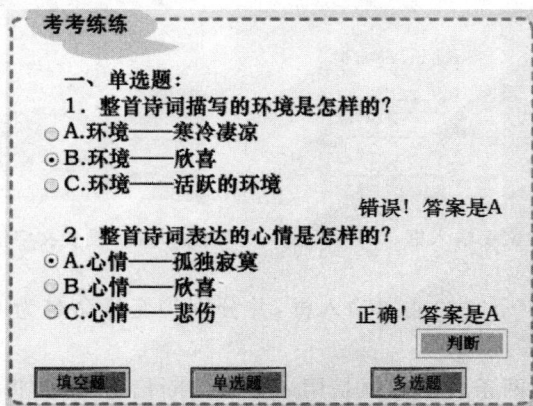

图 9.33　选择题效果

（1）选择图层 nr 的第 33 帧，输入如图 9.34 所示的内容，其中包括：输入题目文字；制作右下角的按钮；制作两个动态文本框（图中的虚框），并在"属性"面板中将变量名分别命名为"pan3"和"pan4"。

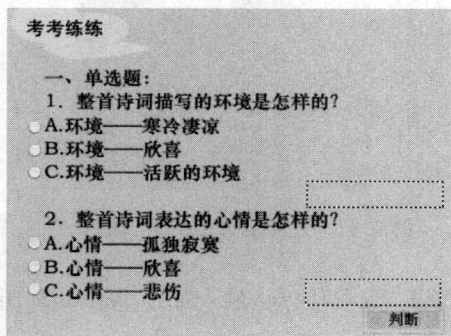

图 9.34　输入题目

（2）图 9.34 中，题目选择答案前的 ◯ 称为 RadioButton（单选）组件，其制作方法是：选择菜单栏中的"窗口"|"组件"命令打开"组件"面板，打开 User Interface 选择其中的 RadioButton，如图 9.35 所示。

然后按住鼠标拖到题目的答案前，共拖 6 个，每个答案前一个，选中每个 RadioButton 在"属性"面板中分别命名，第一题的三个分别为 i11、i12、i13，第二题的三个分别为 i21、i22、i23，如图 9.36 所示。

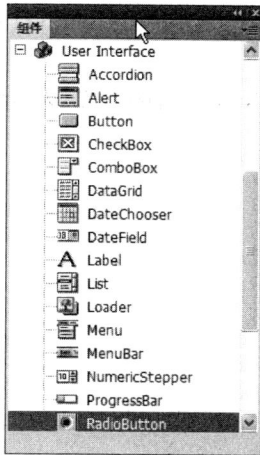

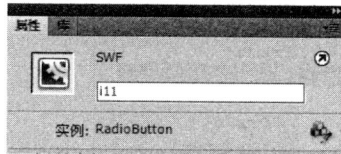

图 9.35　单选组件　　　　　图 9.36　单选组件命名

（3）用鼠标选中右下角的"判断"按钮，按 F9 键打开"动作"面板，输入如下 ActionScript 语句：

```
on (release) {
  if (i11.getState()) {
    pan3 = "正确!答案是 A";
  } else {
    pan3 = "错误!答案是 A";
  }
  if (i21.getState()) {
    pan4 = "正确!答案是 A";
  } else {
    pan4 = "错误!答案是 A";
  }
}
```

11. "考考练练"之"多选题"制作

（1）使用制作单选题同样的方法在图层 nr 的第 34 帧制作多选题，如图 9.37 所示。

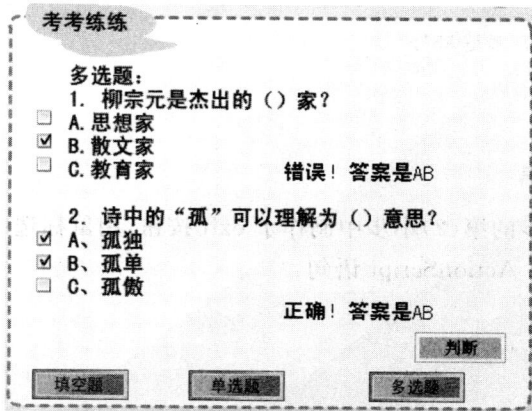

图 9.37　多选题效果

第9章　学生自主学习型综合性课件的设计与制作

与制作单选题不同的是，答案前使用的不是 RadioButton（单选）组件，而是 CheckBox（复选）组件，如图 9.38 所示。

第一题的三个复选组件分别命名为 c11 c12 c13，第一题的三个复选组件分别命名为 c21 c22 c23，如图 9.39 所示。

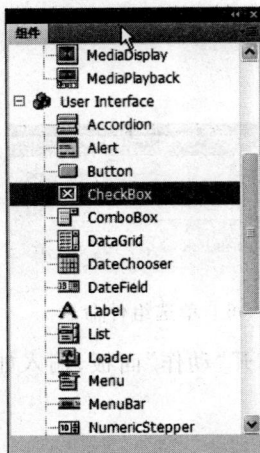

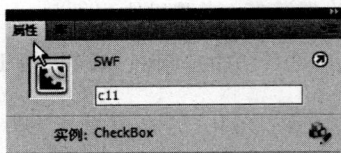

图 9.38　复选组件　　　　图 9.39　复选组件命名

（2）用鼠标选中右下角的"判断"按钮，按 F9 键打开"动作"面板，输入如下 ActionScript 语句：

```
on (release) {
    if ((c11.selected == 1) && (c12.selected == 1) && (c13.selected == 0)) {
      pan5 = "正确!答案是 AB";
    } else {
      pan5 = "错误!答案是 AB";
    }
    if ((c21.selected == 1) && (c22.selected == 1) && (c23.selected == 0)) {
      pan6 = "正确!答案是 AB";
    } else {
      pan6 = "错误!答案是 AB";
    }
}
```

12. 制作"退出"效果

（1）前面的第 2 大步的第（2）小步中制作了 exit 按钮，用鼠标选中这个按钮，按 F9 键打开"动作"面板，输入如下 ActionScript 语句：

```
on(release){
    gotoAndStop("tui1");
    mysound.stop();
    _global.soundIsPlaying = 0;
}
```

（2）将图层 nr 的第 45 帧命名为"tui1"，输入退出提示文字，在第 90 帧插入关键帧，设置动作补间，制作文字渐渐消失的效果，如图 9.40 所示。

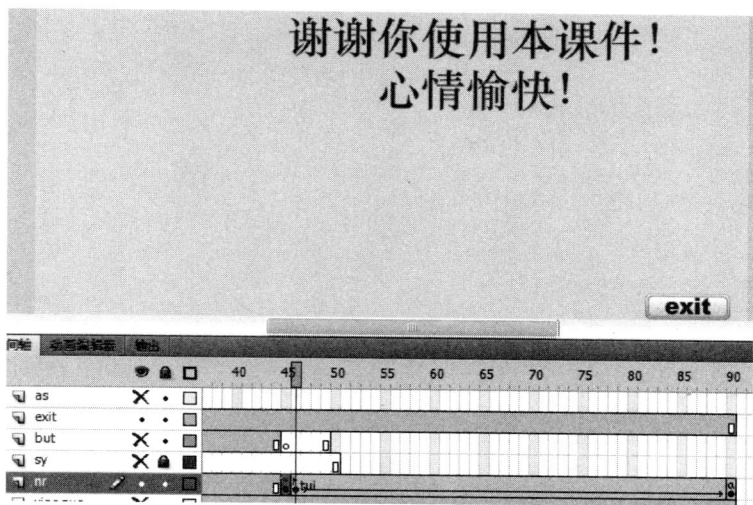

图 9.40　制作退出效果

（3）在第 90 帧插入空白关键帧，然后按 F9 键打开"动作"面板，输入如下 ActionScript 语句，实现程序结束：

```
fscommand("quit");
```

至此一个自主学习型多媒体课件就制作完成了。

小　　结

在所有类型课件中，自主学习型多媒体课件所涵盖的教学内容和教学功能是最全面的。本章以自主学习型课件为例，从理论、过程和制作三方面下手，介绍了一个自主学习型课件从设计到开发的完整过程。为从理论上正确指导课件的开发，本章同样涵盖理论与实际操作两个部分，理论介绍了学生自主学习型课件的特点、教学过程和设计原理，操作则以一个具体实例从教学设计、系统设计和软件成形三个方面具体介绍了自主学习型课件的完整制作方法。

思考与练习

1. 选择一个你所熟悉的教学内容，设计成课件，并写出相应的脚本，课件的内容要求有教学目标的说明、有关知识的讲授或演示、练习等环节。

2. 用 Flash 将第 1 题的设计结果制作成学生自主学习型课件。

图 书 资 源 支 持

感谢您一直以来对清华版图书的支持和爱护。为了配合本书的使用，本书提供配套的资源，有需求的读者请扫描下方的"书圈"微信公众号二维码，在图书专区下载，也可以拨打电话或发送电子邮件咨询。

如果您在使用本书的过程中遇到了什么问题，或者有相关图书出版计划，也请您发邮件告诉我们，以便我们更好地为您服务。

我们的联系方式：

地　　址：北京海淀区双清路学研大厦 A 座 707

邮　　编：100084

电　　话：010－62770175－4604

资源下载：http://www.tup.com.cn

电子邮件：weijj@tup.tsinghua.edu.cn

QQ：883604（请写明您的单位和姓名）

用微信扫一扫右边的二维码，即可关注清华大学出版社公众号"书圈"。

资源下载、样书申请

书圈